주역 64괘 384효의 본질

우환(憂患)의식, 예방과 치료의 배려 미학

주역 64괘 384효의 본질

우환(憂患)의식, 예방과 치료의 배려 미학

신창호

역사인

일러두기

- 이 책은 胡廣(1370~1418)이 편찬한 『周易傳義大全』를 저본으로 하고, 원문 표점은 今井宇三郎, 『易經』(東京: 明治書院, 1988)에 근거하여 정돈하였다.
- 괘효사(卦爻辭)의 원문 번역은 직역을 기초로 하되, 가능한 한 현대인들이 이해하기 쉽도록 의역하여 현재성을 부여하였다.(예시: 吉→좋다, 凶→나쁘다, 大人→훌륭한 사람 등)
- 384효의 자리를 구체적으로 인식할 수 있도록, 매 효의 왼쪽 부분에 점[●]으로 표시하였다.
- 64괘의 번역 및 해설과 관련하여 참고한 내용은 편의상 출처를 일일이 표기하지 않고, 『참고문헌』에서 일괄적으로 제시하였다.
- 저서명은 겹 꺽쇠(『 』), 장절이나 편명은 홑 꺽쇠(「 」), 인용문이나 강조문은 따옴표(" " 또는 ' ')로 표기하였다.

'우환(憂患)—삶의 걱정 근심'을 해소하려는 열망,
『주역』

1

『주역』은 우리에게 널리 알려져 있는 고전이다. 그 만큼 『주역』에 관한 번역서나 연구서, 해설서도 많다. 수많은 저술들은 나름대로 『주역』을 이해하는 데 의미가 있으리라. 이 글도 그런 해설 가운데 하나다. 『주역』은 무엇보다도 우환(憂患)의식에서 우러나오는 원초적 점복서(占卜書)다. 삶에서 발생하는 걱정과 근심을 고려한다. 그 우환의식을 64개의 모형으로 정돈한 것이 64괘(卦)다. 그런 만큼 64괘는 삶의 예방(豫防)과 치료(治療)에 관한 담론을 형성한다. 64괘(卦)를 구성하는 384개의 효(爻) 하나하나도 우환을 둘러싼 예방과 치료를 심사숙고 하고 있다. 이 글은 64괘에 담긴 우환의식, 그 걱정과 근심의 문제를 배려의 미학으로 분석한 것이다.

2

엄밀하게 말하면, 인간의 우환에 대한 조치인 '예방과 치료'는 의학(醫學) 개념이다. 그러나 예방과 치료의 문제는 의학의 차원을 넘어서 있다. 기본적으로 삶의 진보를 가능케 하는 인간의 자기 정화(淨化) 사업 가운데 존재한다. 이런 점에서

『주역』은 인간의 삶에 대한 진단, 그 예방과 치료를 위한 고민을 담은 일종의 인생 마당이다. 인생 마당에서 예방과 치료는 심신(心身)의 건강과 질병 문제에 관한 인식을 토대로, 인간의 삶을 이끌어가는 배려의 방식이다. 이때 건강은 존재 자체가 아니라 존재의 양태(樣態)다. 그런데 존재의 양태는 존재 일반으로 말할 수 있는 사태가 아니고, 생명이 활력을 드러내는 존재의 방식이다. 그런 만큼 무생물에는 건강이 없다!

건강은 살아 움직이는 생명의 존재 양식이다. 생명력이 충실하고 그 기능을 십분 발휘하고 있는 상태다. 그러므로 한 인간이 건강하기 위해서는 섭생(攝生)을 해야 하고, 타인과의 관계에서 생명이 활력을 가질 수 있도록 배려해야 한다. 이는 도덕성을 고양하는 작업으로 예방의 차원에서 이해할 수 있다. 반면, 질병은 생명 현상이 장애를 받은 상태다. 그것은 우리 삶의 과정에서 너무나 다종다양하다. 생명의 단계에 따라 이해하는 방식조차도 달라진다. 질병을 논의하려면 신체적으로, 정신적으로, 사회적으로 어떤 차원에서건 건전한 인식이 필요하다. 이런 의미에서 질병은 정신적·육체적으로 통상의 사회 활동에 지장이 있는 상태로 다가온다. 그러기에 질병은 치료(治療)와 치유(治癒)를 요청한다. 치료는 병변(病變)을 제거하거나 돌보아 줌으로써 환자를 건강체로 되돌리는 작업이다. 어떤 구체적 질병에 대한 내과·외과적 처치를 하는 행위다. 치유는 병이 다스려져 나았다는 의미가 강하다. 건강과 질병에 대해 우리는 진찰(診察)과 진단(診斷)이라는 치료 행위를 감행한다. 진단은 치료할 질병의 결정이며, 진찰은 그 진단을 도출하기 위한 준비 단계다.

3

『주역』 64괘 384효의 사례에서 감지할 수 있듯이, 인간의 삶은 복잡한 상황으로 얽혀 있다. 그것은 개체[개인]와 공동체[사회]의 성숙과 지속, 유지와 발전을 향해 진보하는 가운데 존재한다. 여기에는 삶의 전 영역에서 발생하는 건강과 질병이 관계한다. 개인이나 사회, 인간이 관계하는 모든 존재는 건강과 질병의 사이세계에 가로 놓여 있다. 이 지점에서 건강과 질병에 대한 예방과 치료적 차원은 삶에 대한 성찰과 배려의 미학으로 등장한다. 건강한 개인과 사회를 회복하려는 노력! 그 삶에 관한 배려의 미학적 차원이 우리의 현실 삶으로 『주역』을 이끌어낸다.

4

그렇다면, 왜 『주역』이 배려의 미학을 상징하는가? 배려(配慮)는 글자 그대로, '배(配)'와 '려(慮)'라는 한자를 바탕으로 형성된 개념이다. 일상에서는 흔히 '마음을 쓰다'는 뜻으로 자주 쓰인다. 문자적으로 분석해보면, '배(配)'는 글자의 모양이 '술을 담그는 항아리'[酉] 옆에 사람이 '꿇어 앉아 있는 모습'[己]이다. 원래는 항아리에 담가 놓은 술이 익어가면서 변하는 '술의 색깔'을 가리키는 말이었다. 나중에 배필(配匹)이라는 뜻으로 바뀌었다. '려(慮)'는 호(虍)와 사(思)가 합쳐진 글자이다. 호(虍)는 소리를 나타내고 사(思)는 의미를 담고 있는 부분이다. 때문에 려(慮)는 필연적으로 '생각'이라는 의미를 함축하고 있다. 생각[思]은 머리를 나타내는 전(田)과 가슴을 상징하는 심(心)으로 이루어져 있다. 따라서 두뇌로 인식하고 가슴으로 정서를 느끼는 우리 몸의 작용과 연관되어, 사람이 온몸으로 관심을 갖고 신경을 쓰는 '마음 씀씀이'로 이어진다. 소리를 나타내는 호(虍)는 '아직 완전하게 나타나지 않은 호랑이의 표피 무늬', 즉 호랑이 가죽에 드러난 무늬를 의미한다. 이 '호(虍)+사(思)'로 구성된 려(慮)는 '무슨 일을 꾸미려고 생각한다.' '머리와 마음을 깊이 쓴다.' '세상과 사물을 헤아린다.'는 의미로, 일종의 '생각의 집'을 가리킨다. 그것은 내면[머리/마음]에 잠재되어 있는 사고로 언젠가는 외면으로 드러나 행동을 유발한다.

이렇게 한자에 내포된 의미를 토대로, 배려는 '사람이 이리저리 마음을 쓰다', '다른 사람에게 관심을 가지고 생각해주다', '염려해 주다', '마음을 써 주다', '남을 위해 여러모로 마음을 쓰다' 등으로 정의된다. 기본적으로 나의 마음 씀을 통해, 타인과의 관계를 전제한다. 다시 말하면, 사람과 사람 사이라는, '인(人)-간(間)'의 사회성에 기초하는 관계의 문제를 기획한다. 이 관계의 문제가 바로 우환(憂患)을 화두로 하는『주역』의 세계다. 때문에 64괘 384효를 통해, 우환의 관계와 그 삶이 짜내는 배려의 미학을 고민해 보려는 것이다.

5

『주역』을 이해하는 데 핵심이 되는 「계사전(繫辭傳)(상)」 1장은 다음과 같이 시작한다. "하늘은 높고 땅은 낮으니 건(乾)과 곤(坤)이 정해진다. 낮은 것과 높은 것이 진열되니 부귀와 빈천이 자리 잡는다. 움직임과 고요함이 늘 바뀌지 않고 그러하니 굳셈[剛]과 부드러움[柔]이 결단된다. 방향은 부류로써 모아지고 사물은 무리로써 나누어지니 길(吉)과 흉(凶)이 생긴다. 하늘에서는 모습[象]이 이루어지고 땅에서는 형체[形]가 이루어지니 변(變)과 화(化)가 나타난다." 자연과 인간에 관한 이런 인식에 대해, 주자는 간단하게 표현한다. 그것은 다름 아닌 '짝'이다. 짝! 초등학교에서 옆 자리에 앉는 '짝꿍'이라고 할 때의 바로 그 '짝'이다! 존재와 존재, 대상과 대상이 관계하는 사이 세계를, 배려(配慮)에서의 배(配)를 상징하는 '짝'으로 이해한 것이다. 넓고 큰 것은 '하늘−땅'과 짝하고, 바뀌고 두루 미침은 사계절과 짝하며, 밤과 낮의 순환은 해와 달과 짝하고, 쉽고 간단한 것은 우주자연의 최고 덕망과 짝한다.

이런 짝의 논리를 철학적 개념으로는 '대대(待對)'라고 한다. 대대는 존재를 기다리고 요청하면서 자신의 완성을 꾀한다. 상호존중을 통해 자신만을 고집하는 상대(相對)와는 그 의미가 다르다. 대대는 '상의상대(相依相對)'와 유사한 말로, '대립하면서도 상호 끌어당기는 관계'다. 이는 '상대가 존재하는 것'에 기초하여 '자기가 존재하는 것'을 보여준다. 이 대대 관계의 논리적 특성은 다양하게 설명된다. 첫째, 나의 상대편에 있는 타자를 적대적 관계로 이해하는 것이 아니라, 자신의 정체성을 확보하기 위한 필수적 존재로 요구한다. 적대(敵對)가 아니라 나의 결핍된 부분을 보완해주는 나 자신의 일부로서 스스로 요청하는 것이다. 둘째, 나의 상대편에 있는 타자를 반대 입장이나 상호 모순적으로 보고 배척하는 존재로 인식하는 것이 아니라, 상호 성취해 주는 관계에서 나의 활동을 추동해 가는 근거로 본다. 타자는 나를 일으켜 세우는 힘의 원천이다! 셋째, 나와 상대편에 있는 타자는 관계 그 자체만으로도 균형과 조화를 이루는 존재로 규정하려는 경향이 강하다. 불균형이나 부조화, 불평등이나 치우침의 차원이 아니라, 중용의 절도를 유지하고 지속하려는 속성을 지닌다. 이러한 대대의 관계는 존재와 존재, 대상과 대상 사이에서, 공간적 관계에만 머무르지 않고 시간적 관계성도 포섭한다. 대상의 특징과 속성 등 다양한 측면에서 유기체적 연관성을 보여준다. '천(天)-지(地)', '건(乾)-곤(坤)', '빈(貧)-천(賤)', '동(動)-정(靜)', '강(剛)-유(柔)', '길(吉)-흉(凶)' 등과 같이, 모두 하나의 짝인 동시에 서로를 요청하며 상호 성취해 주는 존재이고, 균형과 조화를 이루려는 특징을 지니고 있다. 그런 점에서 자연과 인간, 나와 너, 외형과 내면, 이성과 감성, 지성과 덕성 등 이 세상의 모든 영역이 양면을 융합하고 통섭하는 차원에서 통일성을 보인다.

상관적 사유(相關的 思惟)에서 볼 때, 세상의 모든 사물은 이것과 저것, 즉 짝이 서로 도움을 주어야 어우러져 온전하게 된다. 사람과 사람 사이, 인간 사회의 경우에도, 협력을 통해 서로 사귀어야 정상적 관계를 회복할 수 있다. 그것은 나와 관계를 맺고 있는 사람과 사람의 유기적 연관을 나타낸다. 엄밀하게 말하면, 인간은 하나의 개체로서만 존재할 수 없다. 우주 자연의 일원으로서, 한 사회에서 자신의 자리를 차지하고, 타자와 관계하는, 개체가 포함된 그 '안'에서만 살아갈 수 있다. 왜냐하면 인간은 철저히 사회적 동물이자 관계의 생물이기 때문이다. 이는 인간의 역사가 증명하고 있다. '배려'는 그런 인간의 삶 속에서 가장 의미 있는 관계의 윤리학을 요청한다. 그 실천의 원초적 모습이 『주역』 64괘 384효에 녹아들어 있다.

6

『주역』의 유래와 의미에 대해서는 다양한 학설이 존재한다. 『주례(周禮)』에는 "태복(太卜)이 세 가지 역(易)의 법도를 관장했다고 전한다. 하나는 '연산(連山)'이고 다른 하나는 '귀장(龜藏)'이며 또 다른 하나는 '주역(周易)'이다. 이 세 가지 역

(易)에서 공통적으로 근본이 되는 괘(卦)는 모두 8개다. 그것이 중첩된 개수[8×8]는 모두 64개라고 했다. 이른바 팔괘(八卦)와 육십사괘(六十四卦)다.

　중국의 수(隋)나라와 당(唐)나라 시기의 경학자(經學者)인 육덕명(陸德明)에 의하면, 복희씨(伏羲氏)가 8괘와 64괘를 창안했다. 그가 세상을 다스릴 때, 하늘을 우러러 천문(天文)을 보고 땅을 굽어보아 지리(地理)를 살폈다. 새와 짐승의 문양을 보고 땅의 이치를 탐구하면서, 가까이로는 자신의 몸에서 취하고 멀리서는 여러 사물에서 취하여 8괘를 그렸다. 이 8괘를 중첩하여 64괘를 만들었다. 주나라 때 문왕(文王)이 유리(羑里)에 갇혀 괘(卦)에 해설을 붙였다. 그 말이 괘사(卦辭)다. 그의 아들 주공(周公)이 효(爻)에 해설을 붙였다. 그 말이 효사(爻辭)다. 그 후, 공자는 「단사(彖辭)」·「상사(象辭)」·「문언(文言)」·「계사(繫辭)」·「설괘(說卦)」·「서괘(序卦)」·「잡괘(雜卦)」 등 십익(十翼)을 지었다. 후한(後漢) 때의 역사가인 반고(班固)의『한서(漢書)』「유림전(儒林傳)」에 의하면, 공자는 만년에 역(易)을 좋아하여, 가죽 끈이 세 번 끊어질 정도로 읽고 전(傳)을 지었다. 이때의 전(傳)이 다름 아닌 십익이다.

　공자 이후, 역(易)은 다양한 양상으로 발전했다. 어떤 부분은 사라지기도 하고 어떤 부분은 새로운 형식으로 펼쳐나가는 등, 학문의 성쇠가 거듭되었다.

　당나라 때 경학자인 공영달(孔穎達)은 그것을 다음과 같이 정돈했다.『주역』「계사전」에서 '하수(河水)에서 도(圖)가 나오고 낙수(洛水)에서 서(書)가 나오자 성인이 이를 본받았다.' 그러므로 공안국(孔安國)과 마융(馬融), 왕숙(王肅), 도신(姚信)과 같은 학자들은 모두 '복희가 하도를 얻어 역을 지었다.'라고 했다. 이런 점에서 보면, 복희가 하도를 얻었더라도, 반드시 다시 우러러 관찰하고 굽어 살피면서 서로 참조하고 교정한 뒤에 괘를 그렸으리라. 복희가 처음 8괘를 그리자 만물의 개략적인 모습이 그 가운데 있었다. 이에 「계사전」에서 '8괘가 가지런하게 나열되니 만물의 모습이 그 가운데 있다.'고 했다. 8괘와 그것에 비유되는 사물을 간략하게 정돈하면 다음과 같다.

8괘	건(乾☰)	태(兌☱)	이(離☲)	진(震☳)	손(巽☴)	감(坎☵)	간(艮☶)	곤(坤☷)
형태	하늘	연못	불	우레	바람	물	산	땅
성질	굳셈 건강	온화함 기쁨	밝음 아름다움	결단 분발	들어감 우유부단	정착 지혜	고요함 멈춤	온순함 조용함
가족	아버지	막내딸	중간 딸	장남	맏딸	중간 아들	막내아들	어머니
신체	머리[목]	입	눈	발	넓적다리	귀	손	배
사물	대천 평원	골짜기 입구	문서 편지	나무 수레	풀 나무	술 약	집 성읍	마루 음식
계절	늦가을 초겨울	가을	여름	봄	늦봄 초여름	겨울	이른 봄	늦여름 초가을
시각	21–23시	21시	12시 (정오)	5시	7–9시	24시 (자정)	1–2시	1–4시
방위	서북쪽	서쪽	남쪽	동쪽	동남쪽	북쪽	동북쪽	서남쪽
동물	말	양	꿩	용	닭	돼지	개	소

위의 표에서 보듯이, 8괘를 통해 만물의 모습을 개략적으로 유추할 수는 있다. 하지만 그것이 전부는 아니다. 8괘 자체가 만물이 변화하고 상통하는 이치를 갖추지는 못했다. 때문에 8괘를 따라 그것을 중첩하여 64괘(8괘×8괘)를 만들었다. 그 각각의 괘에 6개의 효(爻)가 있으므로, 전체 효의 수는 384개(64괘×6효)가 된다.

그러나 괘를 중첩한 사람에 대해서는 학자들마다 견해가 다르다. 대체로 네 가지 학설이 있다. 왕필(王弼)의 경우에는 복희가 괘를 중첩했다고 여겼다. 정현(鄭玄)은 신농(神農)이 괘를 중첩했다고 본다. 손성(孫盛)은 하우(夏禹)가 괘를 중첩했다고 판단했다. 그리고 사마천(司馬遷)은 문왕이 괘를 중첩했다고 생각했다. 그러나 하우와 문왕이 괘를 중첩했다는 논의는, 「계사전」에서 '신농의 시대에 이미 익(益)괘와 서합(噬嗑)괘를 취했다'고 언급한 것으로 볼 때, 그 신빙성이 떨어진다. 신농씨가 괘를 중첩했다는 주장도, 왕필이 논의한 것처럼, 복희가 8괘를 그렸을 때 저절로 64괘가 중첩되었다는 견해에 의해 무색해진다. 이 괘를 중첩한 뜻은 「설괘전」에 자세하게 나오므로, 이를 참조하면 좋겠다.

7

『주역』의 경(經)은 문왕과 주공이 지었고, 전(傳)은 공자의 저작이라고 한다. 사마담(司馬談)은 『논육가요지(論六家要指)』에서 『역』의 「대전」에 대해, '천하가 돌아감은 같으나 길은 다르며, 이치는 하나이나 생각은 제각기 다르다.'고 했다. 앞에서 언급한 것처럼, 반고(班固)는 『한서(漢書)』「유림전(儒林傳)」에서 '공자가 만년에 역을 배우기를 좋아하여 가죽 끈이 세 번 끊어질 정도로 읽고 전(傳)을 지었는데, 이때의 전(傳)이 바로 십익(十翼)이다.'라고 했다.

전한(前漢) 시대까지만 해도 육경(六經)과 전(傳)은 모두 별개로 성행했다. 그런데 후한(後漢)의 여러 학자들이 주(注)를 붙이면서 비로소 경(經)과 전(傳)이 합쳐져 하나가 되었을 뿐이다. 『삼국지문류(三國志文類)』「대문(對問)·위(魏)·고귀경공문제유경의(高貴鄕公問諸儒經義)」에 의하면 당시 고위급 관리들이 박사였던 순우준(淳于俊)에게 '지금 『주역』의 「단」과 「상」은 경문에 붙어 있지 않고, 주(注)는 이어서 붙어 있는데, 왜 그렇습니까?'라고 묻자, 순우준이 '정현이 『주역』에서 「단」과 「상」을 합쳐 놓은 것은 배우는 사람들이 쉽게 살펴보도록 하기 위해서 입니다.'라고 대답했다. 공자도 전(傳)을 붙이면서, 문왕이 지은 경(經)과 혼란스럽게 뒤섞일까봐 근심하여 합쳐 놓지 않았다고 한다. 때문에 정현이 육경에 주를 붙이기 전에는 『주역』의 「단」과 「상」이 경문과 붙어 있지 않았다.

8

『주역』의 64괘와 384효의 관계를 이해하기 위해서는 몇 가지 핵심 용어와 주요 범주를 고려할 필요가 있다. 이 부분은 정확하게 인지해야 한다. 그래야만 『주역』을 읽는 기본 방식을 터득할 수 있다. 그것은 '효(爻)', '괘(卦)', '때[時; 시기]', '자리[位; 지위]', '덕(德)', '호응[應]'과 '나란히 함[比]', '괘주(卦主)' 등이다.

  첫 번째는 효(爻)다. 『주역』 64괘에는 모두 384개의 효가 있다. 효는 음양(陰陽)을 나타내는 최소 단위의 부호다. 음은 ▬▬이고 양은 ▬로 나타낸다. 효가 세 번 거듭하여 ☰, ☳, ☵, ☷과 같은, 3개의 효가 있는 괘가 만들어진다. 이를 '소성괘(小成卦)'라 한다. 소성괘가 두 번 거듭하면 ䷀ ䷁ ䷂ ䷃과 같은, 6개의 효가 있는 괘가 만들어진다. 이를 '대성괘(大成卦)'라고 한다. 대성괘에서 효의 순서는 아래에서 위로 올라간다. 맨 아래 효는 초효(初爻)라 하고, 그 위의 두 번째 효를 이효(二爻), 위로 올라가면서 차례대로 삼효(三爻), 사효(四爻), 오효(五爻)라 하여, 맨 위의 여섯 번째 효를 상효(上爻)라 한다. 효의 특성에 따라 음양을 붙이는 경우에는 첫 번째 효부터 초양(初陽) 또는 초음(初陰)이라 하고 그 위로 이양(二陽) 또는 이음(二陰)의 순서로 올라가 맨 위의 효는 상양(上陽) 또는 상음(上陰)이라 한다. 일반적으로는 숫자로 표시하는데, 양(陽:━)은 구(九), 음(陰:--)은 육(六)으로 대표된다. 따라서 맨 아래 첫 번째 효가 양인 경우에는 초구(初九)라 하고 음인 경우에는 초육(初六)이라 한다. 두 번째 효가 양인 경우에는 구이(九二)라 하고 음인 경우에는 육이(六二)라 한다. 그렇게 하여 맨 위의 여섯 번째 효가 양인 경우에는 상구(上九)라 하고 음인 경우에는 상육(上六)이라 한다. 이 여섯 효를 인간의 사회적 지위나 계급, 신체 등에 간략하게 비유하면 다음과 같다.

육효		지위 및 계급 특성		
양(陽:━)	음(陰:--)	봉건계급	가족	신체
上九[上陽]	上六[上陰]	황제(皇帝[隱者])	할아버지	머리[頭]
九五[五陽]	六五[五陰]	군주(君主)	아버지	가슴[胸]
九四[四陽]	六四[四陰]	공·경(公·卿)	형[언니]	배[腹]
九三[三陽]	六三[三陰]	대부(大夫)	아우	허리[股]
九二[二陽]	六二[二陰]	사(士)	어머니	정강이[脛]
初九[初陽]	初六[初陰]	서인(庶人)	손자	아래 다리[下脚]

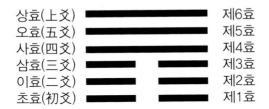

상효(上爻) ━━━━	제6효
오효(五爻) ━━━━	제5효
사효(四爻) ━━━━	제4효
삼효(三爻) ━━ ━━	제3효
이효(二爻) ━━ ━━	제2효
초효(初爻) ━━ ━━	제1효

두 번째는 괘(卦)다. 괘는 효가 세 번 거듭되어 8괘를 이루는 소성괘가 기본이다. 64괘는 소성괘가 2개 겹친 형태인 대성괘로 이루어져 있다. 대성괘의 경우, 내괘(內卦), 외괘(外卦), 호괘(互卦) 등으로 구분한다. 내괘(內卦)는 대성괘 가운데

아래에 있는 소성괘이므로 하괘(下卦)라고 하는데 하체(下體)라고도 한다. 외괘(外卦)는 대성괘 가운데 위에 있는 소성괘이므로 상괘(上卦)라고 하는데 상체(上體)라고도 한다. 괘는 아래[초효, 2효, 3효]와 위[4효, 5효, 상효]에 자리하는 내괘[하괘]와 외괘[상괘]가 소성괘의 기본이다. 그러나 내괘의 맨 아래에 있는 초효(제1효)와 외괘의 맨 위에 있는 상효(제6효)를 제외하고, 내괘의 위에 있는 두 효[2효, 3효]와 외괘의 아래에 있는 두 효[4효, 5효]가 순서에 맞추어 하나의 괘를 이룬다. 이를 호괘라 한다. 즉 '2효-3효-4효'를 내호괘(內互卦)라 하고 '3효-4효-5효'를 외호괘(外互卦)라 한다. 대성괘의 모양을 해석할 때는 일반적으로는 내괘와 외괘로 설명한다. 하지만 그것만으로 설명하기 어렵거나 미흡하다고 판단될 때는 호괘로 보충하기도 한다. 예를 들면, 다음과 같은 하나의 괘[☰]가 있다고 하자. 여기에서 내괘[하괘]는 ☷이고 외괘[상괘]는 ☰이다. 내호괘는 ☷이고 외호괘는 ☰이다.

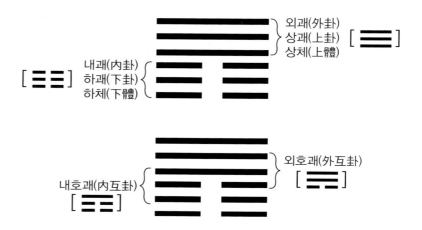

세 번째는 '때[時: 시기]'다. 때를 의미하는 상황에 네 가지가 있다. ①줄어들고 늘어나며 가득 차고 텅 비는 상황, ②일을 가리키는 경우, ③이치로 확인하는 경우, ④모습[象]으로 말한 것 등이다. 이 때를 어떻게 파악하고 대비하느냐에 따라 삶의 운세가 정해질 수도 있다. 그런 점에서 『주역』은 때를 고민하는 일이 관건이자 주요 열쇠로 작용한다. 그래서 흔히 '때를 기다려라!' '때에 맞게 하라!' '때를 놓쳤다!' 등등 때와 관련한 말들이 항상 등장한다.

　네 번째는 '자리[位: 지위]'다. 자리는 귀함과 천함, 위와 아래의 지위를 가리킨다. 왕필(王弼)에 의하면, 한 괘의 여섯 효에서 가운데 네 효는 자리가 있다. 하지만 맨 아래에 있는 초효(1효)와 맨 위에 있는 상효(6효), 이 두 효는 자리가 없다. 이때 자리는 음(陰 --) 또는 양(陽 —)의 자리가 없음을 말하는 것이 아니다. 관직에서 벼슬의 위계, 즉 작위(爵位)에서 지위를 의미한다. 여섯 효 가운데 위 괘의 가운데 자리에 있는 제5효는 최고지도자인 군주의 자리다. 그 아래 제4효는 군주와 가까운 신하의 자리다. 아래 괘의 맨 윗자리인 제3효는 군주와 가깝지는 않지만 존귀한 사람이다. 그 아래의 제2효는 아래 괘의 가운데 자리에 있으면서, 제3효와 제4효처럼 존귀하지는 않지만, 위 괘의 가운데 자리에 있는 제5효와 바르게 호응한다. 제2효에서 제5효까지 이 네 효는 모두 자신의 자리에 해당하는 때 일을 하고 있으므로 합당한 지위가 있다. 그러나 초효와 상효는 단지 때의 시작과 끝으로 논의하는 것이 많다. 때문에 자리를 가지고 논의하면 초효는 처음 나아가지만 일을 담당하지 못하는 사람이다. 상효는 이미 물러나 일에서 열외 받은 사람이므로 지위가 없다. 물론 이에 딱 들어맞지 않는 예외도 있다.

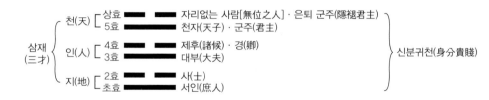

삼재
(三才) {
천(天) [상효 ■■ 자리없는 사람[無位之人]·은퇴 군주(隱退君主)
         5효 ■■ 천자(天子)·군주(君主)
인(人) [4효 ■■ 제후(諸侯)·경(卿)
         3효 ■■ 대부(大夫)
지(地) [2효 ■■ 사(士)
         초효 ■■ 서인(庶人)
} 신분귀천(身分貴賤)

　　다섯 번째는 '덕(德)'이다. 덕은 '굳셈[剛:—]과 부드러움[柔:--]이 알맞고[中] 바르냐[正]'를 가늠한다. 즉 '중(中: 알맞음)·정(正: 바름)하냐? 중·정하지 못하냐?'다. 중정(中正)에서 중(中)은 내괘에서는 가운데 있는 제2효고, 외괘에서는 가운데 있는 제5효다. 정(正)은 양효가 양의 자리[초효, 3효, 5효]에 있고 음효가 음의 자리[2효, 4효, 상효]에 있는 것을 말한다. 효가 제 자리에 있지 못하는 경우, 부정(不正)이 된다. 특히, 내괘와 외괘의 가운데 효인 제2효와 제5효가 바른 자리인 음과 양에 있을 때, '중정(中正)'이라 한다. 굳셈과 부드러움에는 각각 착함과 착하지 않음이 있다. 마땅히 굳셈을 사용해야 하는 때라면 굳셈이 착함이 되고, 마땅히 부드러움을 사용해야 하는 때라면 부드러움이 착함이 된다. 따라서 알맞고 바른 경우, 착하지 않음이 없다. 그러나 바름[正]은 알맞음[中]에서의 착함만 못하다. 그러므로 정자(程子)는 '바름[正]은 반드시 알맞음[中]이 아닐 수도 있지만, 알맞으면[中] 바르지[正] 않음이 없다.'고 했다. 여섯 효가 모두 자리에 합당하다고 반드시 모든 효가 좋은 것[吉]은 아니지만, 제2효와 제5효가 알맞은[中] 경우, 좋은 것[吉]이 유독 많은 것은 바로 이 때문이다.

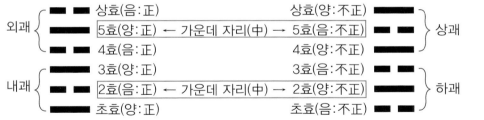

여섯 번째는 '호응[應]'과 '나란히 함[比]'이다. '호응'은 6개의 효 상호간의 관계를 일러준다. 호응 관계에 있는 괘인 상체(上體)와 하체(下體)가 서로 대응하는 효다. 앞에서 언급한 것처럼, 상체(上體)는 상괘(上卦) 또는 외괘(外卦)라고도 하고, 하체(下體)는 하괘(下卦) 또는 내괘(內卦)라고도 한다. '나란히 함'은 자리의 순서상 서로 나란히 연결된 효다. 위아래로 가까이 있어 '가까이 함' 또는 '친함'이라고도 한다. 하괘의 초효와 상괘의 초효[제4효], 하괘의 제2효와 상괘의 2효[제5효], 하괘의 3효와 상괘의 상효는 서로 응대하는 호응 관계다. 호응하는 두 효가서로 다른 음(⚋)과 양(⚊)인 경우에는 정당하게 호응하는 '정응(正應)'이라 하고, 둘 다 음이거나 양인 경우에는 정당하게 호응하지 못하는 '불응(不應)'이라 한다. 또한 위아래 서로 이웃하고 있는 두 개의 효가 음양 관계에 있을 때 '나란히 함[比]'이라 한다. 나란히 함은 이웃해 있으면서 서로 가까이 지내는 친한 관계를 말한다. 즉, 초효와 제2효, 제3효와 제4효, 제5효와 상효가 음양으로 나란히 이웃하고 있을 때 '나란히 함'인 '비(比)'가 된다.

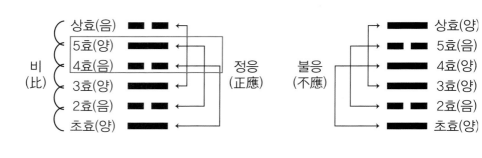

『주역』에서 '호응'과 '나란히 함'은 '제2효와 제5효'의 호응과 '제4효와 제5효'의 '나란히 함'이 가장 중요하다. 왜냐하면 제5효는 최고지도자로서 존귀한 자리인데, 바로 아래에 있는 제4효는 가까이에서 그를 받들고 있어 나란히 함이고, 제2효는 멀리에서 그에 호응하기 때문이다. 그러나 가까이에서 받드는 사람은 공손하고 조심하는 마음이 중요하므로, 곁에 있는 사람의 굳셈[剛]은 부드러움[柔]의 착함보다 못하다. 멀리에서 호응하는 사람은 강인하게 일을 도모하는 것이 중요하므로, 부드러움[柔]이 또한 굳셈[剛]의 착함보다 못하다. 제5효를 중심으로 볼 때, '호응'하고 '나란히 함'의 차원에서 제2효와 제4효는 역할이 같지만, 자리가 다르므로 그 착함이 같지 않다. 제2효는 칭찬이 많고 제4효는 두려움이 많은데, 이는 군주의 자리와 가깝고 멀기 때문이다. 부드러움[柔]을 발휘하는 일은 멀리 있을 경우에 유리하거나 이롭지 않다. 그렇지만 허물이 없는 것은 그 작용이 부드러움[柔]으로 알맞은[中] 자리에 있어서다. 이로 미루어볼 때, 굳셈[剛]의 경우, 가까운 것이 이롭지 않음을 알 수 있다. 즉 '호응'과 '나란히 함'의 상황에서, 부드러움은 가까운 것이 이롭고 굳셈은 먼 것이 이롭다.

'호응'과 '나란히 함'은 반드시 한 번 음(陰:--)하고 한 번 양(陽:—)하여, 그 실제의 정황을 서로 구하고 서로 얻는다. 그런데 굳셈이 굳셈에 호응하고 부드러움이 부드러움에 호응한 경우, '호응이 없다.' 굳셈이 굳셈에 나란히 하고 부드러움이 부드러움에 나란히 한 경우에도 또한 서로 구하고 서로 얻는 실제의 정황이 없다. 제2효와 제5효 이외에도 '호응'이 있고, 제4효와 제5효 이외에도 '나란히 함'이 있다. 그러나 그 뜻은 제5효와 호응하고 제5효와 나란히 하여 받드는 일보다 중요하지는 않다.

'호응'으로 말하면, 초효와 제4효는 간혹 서로 응대하지만, 제3효와 상효는 호응의 의미가 매우 약하다. 이유는 간단하다. 제4효는 최고위급 관료인 대신(大臣)의 자리다. 대신은 최고지도자인 군주를 섬겨야 한다. 반드시 아래에 있는 현명한 덕망으로 스스로 도와주는 사람을 원한다. 그러므로 서로 응대할 수 있다. 그런데 상효는 맡은 일 없이 밖에 자리하고 있다 그런 사람이 아래에 일을 맡은 사람과 응대하고 있다면, 맑고 고결한 절개를 잃은 꼴이 된다. 제3효는 신하의 자리인데, 최고지도자인 제5효의 군주를 뛰어넘어 상효와 호응하면, 어찌 되겠는가? 두 사람의 군주를 섬겨서는 안 되기 때문에 신하의 마음을 잃을 수 있다. 이것이 호응해서는 안 되는 까닭이다. 제4효가 초효와 호응하여 좋은 경우는, 오직 제4효가 음(--)인 육사(六四)이고 초효가 양(—)인 초구(初九)에 호응할 때다. 왜냐하면 초구는 굳센[剛] 덕망을 지닌 현명한 사람이고, 육사는 자신을 잘 낮추는 아름다운 덕망을 지닌 사람이기 때문이다.

'나란히 함'으로 말하면, 5효와 상효가 간혹 서로 나란히 하는 의미를 취할 뿐, 나머지 효에서 나란히 하는 의미를 취하는 것은 아주 적다. 이유는 간단하다. 제5효는 최고지도자인 군주의 자리이므로 존귀함이 그보다 높은 것이 없다. 그럼에도 상효에게 자신을 낮출 수 있는 것은, 그 어질고 현명함을 숭상하기 때문이다.

이것이 바로 나란히 하여 취함이 있다는 말이다. 그러나 제5효가 음(--)인 육오(六五)가 상효가 양(—)인 상구(上九)를 만나면 바로 그 의미를 취한다. 왜냐하면 상구는 세상을 초월한 현명한 사람이고, 육오는 마음을 텅 비운 군주이기 때문이다. 초효와 제2효, 제2효와 제3효, 제3효와 제4효는 바른 호응이 아니면서 서로 나란히 하는 것으로, 무리를 지어 사사로움을 꾀하는 과실에 빠지므로 중요한 의미를 부여하기 어렵다.

일곱 번째는 '괘주(卦主)'다. 괘주는 '괘에서 중심이 되는 효', 즉 '괘의 주효'를 말한다. '괘의 중심이 되는 효'에는 '괘를 이루는 주효'가 있고, '괘를 주재하는 주효'가 있다. '괘를 이루는 주효'는 괘가 그것으로 말미암아 이루어지는 경우다. 지위의 높고 낮음, 덕망의 선함이나 악함과 무관하게, 괘의 의미가 그것으로 인해 생겨난다면 모두 괘를 이루는 주효가 된다. '괘를 주재하는 주효'는 반드시 덕망이 선하고 때에 맞게 자리를 얻기 때문에, 제5효의 자리에서 취하는 경우가 많고, 다른 효에서도 간혹 취한다. '괘를 이루는 주효'가 바로 '괘를 주재하는 주효'인 경우, 반드시 그 덕망이 선하고 때와 지위를 아울러 얻은 사람이다. '괘를 이루는 주효'가 '괘를 주재하는 주효'가 되지 못하는 것은 반드시 '덕망'과 '때'와 '지위'가 서로 어긋나 알맞음을 얻지 못한 경우다. 한 괘에서 '괘를 이루는 주효'가 바로 '괘를 주재하는 주효'라면 그것은 그 괘에서 하나의 주효이고, '괘를 이루는 주효'가 있고 또한 '괘를 주재하는 주효'가 있으면 두 효가 모두 괘의 주효이다. 한 괘를 이루는 것이 두 효를 아울러 취하면 두 효가 모두 괘의 주효이고, 한 괘를 이루는 것이 두 상을 아울러 취하면 두 상의 양효가 모두 괘의 주효이다. 때문에 매 괘마다 하나하나 분별해서 살펴보아야 한다. 『주역』은 우주자연과 인간 세상의 큰 사업을 이루는 데 기여하는 지침이다. 큰 사업을 이루는 것은 반드시 덕망이 있고 지위가 있는 사람에게 귀결된다. 그러므로 제5효가 괘의 주효가 되는 경우가 많다. 때에 따라서는 제5효를 최고지도자인 군주의 자리로 취하지 않은 것도 있지만, 몇 개의 괘에 불과할 뿐이다.

9

『주역』「서괘전」에 의하면, 64괘에는 순서가 있다. 공자는 64괘의 순서를, 괘 이름에 담긴 '의미'에 근거하여 차례 매겼다. 차례는 그 순서에 따라, 자연의 질서에서 채워짐과 비워짐, 사그라짐과 자라남을 따르고, 인간사에서 얻음과 잃음, 보존과 멸망을 고려하며, 국가 운영에서 그 흥성과 쇠퇴, 다스려짐과 어지러워짐, 이른바 '우환의식'을 충분히 반영했다. 64괘가 의미에 따라 순서대로 나열된 양상은 아래와 같다.

먼저, 『주역상경(周易上經)』에 수록된 건(乾)에서 리(離)에 이르는 30개 괘의 차례다.

하늘과 땅이 있은 뒤에 만물이 생겨난다. 하늘은 건(乾)괘로 상징되고 땅은 곤(坤)괘로 대변된다. 이 하늘과 땅 사이에 가득한 것이 만물이기 때문에 준(屯)괘로 받았다. 준(屯)은 가득함이다. 준(屯)은 만물이 처음 생겨나는 것이다. 만물이 생겨나면 반드시 어리기 때문에 몽(蒙)괘로 받았다. 몽(蒙)은 어린 것을 뜻하므로 만물을 어린 차원으로 본다. 만물이 어리면 기르지 않을 수 없기 때문에 수(需)괘로 받았다. 수(需)는 음식을 상징하는 역할을 한다. 음식이 있으면 반드시 그것을 다투는 분쟁이 생기기 때문에 송(訟)괘로 받았다. 분쟁은 반드시 여럿이 일어남이 있기 때문에 사(師)괘로 받았다. 사(師)는 무리다. 무리는 반드시 친하게 여기는 것이 있다. 때문에 비(比)괘로 받았다. 비(比)는 친함이다. 친하면 반드시 모이는 것이 있기 때문에 소축(小畜)괘로 받았다. 만물이 모인 뒤에 예(禮)가 있다. 때문에 예의를 실천하는 리(履)괘로 받았다. 실천해서 태평한 뒤에 편안하기 때문에 태(泰)괘로 받았다. 태(泰)는 통함이다. 만물은 끝내 통할 수 없기 때문에 비(否)괘로 받았다. 비(否)는 막힘인데, 만물은 끝내 막힐 수 없기 때문에 동인(同人)괘로 받았다. 다른 사람과 함께 하는 사람에게는 만물이 반드시 돌아오기 때문에 대유(大有)괘로 받았다. 큰 것을 가진 사람은 가득 채워서는 안 되기 때문에 겸(謙)괘로 받았다. 큰 것을 가지고도 겸손할 수 있으면 반드시 즐겁기 때문에 예(豫)괘로 받았다. 즐거우면 반드시 따름이 있기 때문에 수(隨)괘로 받았다. 기쁨으로 남을 따르는 사람은 반드시 일이 있기 때문에 고(蠱)괘로 받았다. 고(蠱)는 일이다. 일이 있은 뒤에 커질 수 있기 때문에 임(臨)괘로 받았다. 임(臨)은 큼이다. 만물이 커진 뒤에 볼 만하기 때문에 관(觀)괘로 받았다. 볼 만한 뒤에 합쳐지는 것이 있기 때문에 서합(噬嗑)괘로 받았다. 합(嗑)은 합쳐짐이다. 만물은 구차하게 합쳐져서는 안 되기 때문에 비(賁)괘로 받았다. 비(賁)는 꾸밈이다. 꾸밈을 최고로 한 뒤에 형통하면 다 발휘하기 때문에 박(剝)괘로 받았다. 박(剝)은 깎이는 것이다. 만물은 끝내 다 없앨 수 없다. 깎여지는 것이 위에서 다하면 아래로 돌아오기 때문에 복(復)괘로 받았다. 회복하면 망령되지 않기 때문에 무망(无妄)괘로 받았다. 망령됨이 없어진 뒤에 쌓을 수 있기 때문에 대축(大畜)괘로 받았다. 만물이 쌓인 뒤에 기를 수 있기 때문에 이(頤)괘로 받았다. 이(頤)는 기름이다. 기르지 않으면 움직일 수 없기 때문에 대과(大過)괘로 받았다. 만물은 끝내 지나쳐서는 안 되기 때문에 감(坎)괘로 받았다. 감(坎)은 빠짐이다. 빠지면 반드시 걸리는 것이 있기 때문에 리(離)괘로 받았다. 리(離)는 걸림이다. 이와 같이 『주역상경』은 30개의 괘로 마무리 된다.

다음으로, 『주역하경(周易下經)』에 수록된 함(咸)에서 미제(未濟)에 이르는 34개 괘의 차례다.

하늘과 땅이 있은 뒤에 만물이 있다. 만물이 있은 뒤에 남성과 여성이 있다. 남성과 여성이 있은 뒤에 남편과 아내가 있고, 남편과 아내가 있은 뒤에 부모와 자식이 있으며, 부모와 자식이 있은 뒤에 임금과 신하가 있고, 임금과 신하가 있은 뒤에 위와 아래가 있다. 위와 아래가 있은 뒤에 예의(禮義)가 시행될 곳이 있다. 이 예의의 근간이 되는 남편과 아내의 도리를 상징한 것이 함(咸)괘다. 남편과 아내의 도리는 오래하지 않을 수 없기 때문에 항(恒)괘로 받았다. 항(恒)은 오래함이다. 만물은 제자리에 오랫동안 머물 수 없기 때문에 둔(遯)괘로 받았다. 둔(遯)은 물러남이다. 만물은 끝까지 물러날 수 없기 때문에 대장(大壯)괘로 받았다. 대장은 크게 자라남이다. 만물은 끝까지 장성할 수 없기 때문에 진(晉)괘로 받았다. 진(晉)은 나아감이다. 나아가면 반드시 손상됨이 있기 때문에 명이(明夷)괘로 받았다. 이(夷)는 손상됨이다. 밖에서 손상된 사람은 반드시 그 집으로 돌아오기 때문에 가인(家人)괘로 받았다. 집안의 도리는 곤궁하면 반드시 어그러지기 때문에 규(睽)괘로 받았다. 규(睽)는 어그러짐이다. 어그러지면 반드시 어려움이 있기 때문에 건(蹇)괘로 받았다. 건(蹇)은 어려움이다. 만물은 끝까지 어려울 수 없기 때문에 해(解)괘로 받았다. 해(解)는 늦춤이다. 늦추면 반드시 잃는 것이 있기 때문에 손(損)괘로 받았다. 덜어내고 그치지 않으면 반드시 더하기 때문에 익(益)괘로 받았다. 더하고 그치지 않으면 반드시 터지기 때문에 쾌(夬)괘로 받았다. 쾌(夬)는 터짐이다. 터지면 반드시 만나는 것이 있기 때문에 구(姤)괘로 받았다. 구(姤)는 만남이다. 만물이 서로 만난 뒤에 모이기 때문에 췌(萃)괘로 받았다. 췌(萃)는 모이는 것이다. 모여서 올라가는 것을 오른다고 말하기 때문에 승(升)괘로 받았다. 올라가고 그치지 않으면 반드시 곤경에 처하기 때문에 곤(困)괘로 받았다. 위에서 곤경에 처한 사람은 반드시 아래로 돌아오기 때문에 정(井)괘로 받았다. 우물의 속성은 변혁하지 않을 수 없기 때문에 혁(革)괘로 받았다. 만물을 변혁하는 것은 가마솥만 한 것이 없기 때문에 정(鼎)괘로 받았다. 기물(器物)을 주관하는 사람은 맏아들만 한 존재가 없기 때문에 진(震)괘로 받았다. 진(震)은 움직임이다. 만물은 끝까지 움직일 수 없어 멈추기 때문에 간(艮)괘로 받았다. 간(艮)은 멈춤이다. 만물은 끝내 멈출 수 없기 때문에 점(漸)괘로 받았다. 점(漸)은 나아감이다. 나아가면 반드시 돌아오는 것이 있기 때문에 귀매(歸妹)괘로 받았다. 돌아갈 곳을 얻은 사람은 반드시 커지기 때문에 풍(豊)괘로 받았다. 풍(豊)은 큼이다. 큰 것을 끝까지 추구하는 사람은 반드시 그 거처를 잃기 때문에 여(旅)괘로 받았다. 여는 나그네다. 나그네가 되면 받아들여질 곳이 없기 때문에 손(巽)괘로 받았다. 손(巽)은 들어감이다. 들어간 뒤에 기뻐하기 때문에 태(兌)괘로 받았다. 태(兌)는 기뻐함이다. 기뻐한 뒤에 흩어지기 때문에 환(渙)괘로 받았다. 환(渙)은 떠남이다. 만물은 끝내 떠날 수 없기 때문에 절(節)괘로 받았다. 절도를 지켜 그것을 믿기 때문에 중부(中孚)괘로 받았다. 믿음을 가지고 있는 사람은 반드시 실행하기 때문에 소과(小過)괘로 받았다. 남보다 지나침이 있는 사람은 반드시 구제하기 때문에 기제(旣濟)괘로 받았다. 만물은 다하여 없어질 수 없기 때문에 미제(未濟)괘로 받았다. 이렇게 『주역하경』에는 34개의 괘를 배치했다. 『주역상경』의 30개와 『주역하경』의 34개를 합쳐 모두 64괘다.

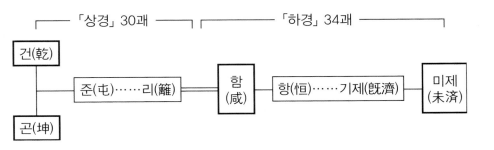

10

어떤 설명을 덧붙이건, 『주역』은 '우환(憂患)'의식에 근거한다. 「계사전(하-7)」에서 '역(易)이 흥기한 것은 주나라가 세워질 무렵인 중고 시대였을까? 역을 지은 사람은 우환이 있었을까?'라고 했듯이, 특히 문왕(文王)이 유리(羑里)에 갇혀 '우환' 속에 있었을 때가 화제의 중심이다. 사회 기풍은 점점 경박해지고, 시대는 혼란으로 떨어졌다. 인간의 몸, 특히 공동체를 지탱하는 구심인 지도자의 마음은 이미 우환으로 가득 찼다. 무엇을 할 것인가? 간단하다. 세상을 걱정해야 한다. 사회를 고민해야 한다. 삶을 근심해야 한다.

이 세상, 이 사회, 인간 개체의 좋고 나쁨, 그 길흉(吉凶)은 어디에 어떻게 무엇으로 존재하는가? 사람들이 뜻하는 바에 통달하지 못하면 그들과 함께 살 수 없다! 그들과 함께 잘 살 수 있는 방법은, 다름 아닌 이 세상의 걱정 근심, 우환에 대처하는 도리를 터득하는 작업이다!

세상의 혼미함을 걱정하고, 곤경에 처하여 무엇을 근심해야 하는가? 발생할 수밖에 없는 잘못을 최소화하기 위해, 이른바 허물이 없는 무구(無咎)의 세계를 어떻게 지향할 수 있는가? 인간을 둘러싼 모든 우환을, 길흉의 상황 속으로 파고들어 진지하게 고려하는 거대한 텍스트가, 바로 『주역』이다! 이 지점에서 『주역』 64괘 384효가 상호 작용하며 배려하는 삶의 미학을 진지하게 고민할 필요가 있다. 왜냐하면 『주역』의 원리와 우환의식이 우리 삶을 건전하게 헤쳐 나가는 데 하나의 지침이 될 수 있기 때문이다.

차례

周易

주역상경

1. 건(乾☰): 하늘의 특성을 지닌 삶

乾上
乾下

위 괘도 건(乾☰ 天)이고 아래 괘도 건(乾☰ 天)이다.
이에 '건위천(乾爲天)' 또는 '중천건(重天乾)'이라 한다.

괘의 뜻

건[乾☰ 하늘의 특성을 지닌 삶]은 엄청나게 형통하는 상황이다. 그러므로 곧게 행동해야
이롭다(乾, 元亨. 利貞.)

우주의 본질에 자리하고 있던 원기(元氣)가 세상에 움터 나올 때, 맨 처음에는 순
수한 양(━)의 기운으로만 드러난다. 이 양의 기운은 그 특성이 본래 굳세고 씩씩
하다. 때문에 이 건괘에 해당하는 사람은 곧은 마음과 밝은 기상을 지녀야 한다.
건(乾☰)은 위아래가 모두 '하늘[乾☰]'을 나타내는 괘로 이루어져 있다. 때문에
이 괘를 '건위천(乾爲天)', 또는 '중천건(重天乾)'이라 한다. 건(乾)이 하늘을 뜻하므
로, 건이 중첩된 이 괘는 하늘을 상징한다. 하늘의 운행은 질서정연하다. 그러기
에 건괘는 인간도 이런 하늘의 운행을 본받아 질서정연한 삶을 가꾸도록 노력하

라는 염원을 담고 있다. 그만큼 건괘는 인간 삶의 대원칙이자 대전제다. 인생의 큰 원리이자 기본 도리를 일러주는 우주론적 근거다.

건(乾☰)의 여섯 획은 복희씨가 그었다. '양효(━)'는 홀수로 양(陽)을 나타낸다. 건(乾)은 강건함을 나타내고 양의 특성을 지닌다. 양의 특성은 강건하고, 형체를 이룬 것 가운데 큰 것이 하늘이다. 때문에 세 홀수로 된 괘를 건이라 하고 그것을 하늘에 빗대었다. 건괘의 여섯 획은 모두 홀수[陽]이고 위 괘와 아래 괘가 모두 건이어서, 양의 순수하고 강건함이 최고조에 이르렀다. 그러므로 건이라는 명칭과 하늘[天]이라는 모습[象]을 모두 담보했다.

건(乾☰)을 중첩하면 큰 건(乾☰)이 되고, 이 건을 하늘[天]로 이해했다. 천(天)은 하늘의 형체이고, 건(乾)은 하늘의 성정(性情)으로 굳셈을 대변한다. 특히, 굳세고 굳세어 쉼 없는 것을 건이라 한다. 하늘[天]을 전반적으로 통틀어 길[道]이라고도 한다. 이른바 '천도(天道)'다. 이 길은 어길 수 없는 원칙이자 도리가 된다. 그것을 여러 차원으로 나누어 표현하면 다음과 같다. 형체나 모습으로는 하늘[天]이다. 세상을 주재하는 것으로는 임금[帝]이다. 일을 베푸는 것으로는 펼치고 오므리는 귀신(鬼神)의 상황이다. 사람의 품성과 기질인 성정(性情)으로 보면 건(乾)이다. 건(乾)은 만물의 시작이다. 때문에 하늘[天]이고 양(陽)이며, 집안에서는 아버지고 나라에서는 군주에 해당한다.

효의 뜻

 초구(一): 잠겨있는 용이다. 그러므로 쓰지 말라.(初九, 潛龍. 勿用.)

제1효는 하늘로 올라가기 위해 연못에 잠복해 있는 용을 상징한다. 이는 이제 막 움트기 시작하는 식물의 싹과도 같다. 집안사람으로 보면 손자에 해당하고, 교육으로 보면 초등학교에 들어가기 전 유아 수준의 인생 단계다. 그러므로 아직 세상에서 멋대로 활용할 때가 아니다.

 구이(一): 나타난 용이 밭에 있는 상황이다. 훌륭한 사람을 보는 것이 이롭다.(九二, 見龍, 在田. 利見大人.)

제2효는 연못 속에 잠복하고 있던 용이 하늘로 올라가기 위해 연못 위로 머리를 쳐들고 있는 형상이다. 세상으로 막 나오기 직전의 인생 상황이다.

 구삼(一): 군자가 종일토록 애쓰며 저녁까지 긴장을 놓치지 않는다. 그러기에 위태롭지만 잘못은 없다.(九三, 君子, 終日乾乾, 夕惕若. 厲无咎.)

제3효는 세상에 나와 어느 정도 성장한 건전한 생각을 지닌 사람의 자기배려 상황이다. 자신의 뜻을 마음에 간직하고 열심히 노력하라! 이런 위치에 있는 사람은 주변을 돌아보면서 걱정하고 근심하는 마음으로 일거수일투족을 삼가야 한다.

구사(一): 뛰어오르기도 하고 연못에 있기도 하다. 이런 경우에 잘못이 없다.(九四, 或躍在淵. 无咎.)

제4효는 수면 위로 몸을 드러낸 용이 이제 뛰어오를 때를 맞았다. 연못의 아래에 있건 위에 있건 관계없이, 위로 뛰어 올라도 아무런 방해가 없고 거리낌도 없다.

구오(一): 날아다니는 용이 하늘에 있다. 그러기에 훌륭한 사람을 만나는 것이 이롭다.(九五, 飛龍, 在天. 利見大人.)

제5효는 이제 용이 날아올라 하늘에 있으므로 제때를 만났다. 원하던 최고의 자리도 차지했다. 그만큼 덕도 갖추었다. 용이 자유자재로 구름을 타고 비를 내리며 세상을 적셔 삶을 비옥하게 만든다.

상구(一): 끝까지 가장 높은 곳으로 올라간 용의 형국이다. 이런 상황에서는 반드시 뉘우침이 있으리라.(上九, 亢龍. 有悔.)

제6효는 용이 끝까지 올라간 모습이다. 인간의 삶은 최고조에 이르면 반드시 쇠퇴한다. 그럼에도 불구하고 나아갈 줄만 알고 후퇴할 줄 모르면 뉘우치게 마련이다.

구(一)를 쓰는 일은 여러 용이 머리를 내미는 형상이 없는 상황이다. 그러므로 좋으리라.(用九, 見羣龍. 无首, 吉.)

제1효에서 제6효까지 6개의 양효를 쓰는 일에 대한 견해다. 1효에서 5효까지는 사용하되, 제6효인 상구는 쓰지 말라! 사람이 제6효의 가장 높은 최고의 자리에서 강하고 굳세게 앉아 있으면 위험하다. 때문에 제1효의 잠복해 있는 용인 '잠룡(潛龍)'의 단계에서, 나타난 용인 '현룡(見龍)', 뛰노는 용인 '약룡(躍龍)', 날아가는 용인 '비룡(飛龍)'에 해당하는 사람을 상황에 맞게 중용하라. 무엇보다도 최고의 자리인 '항룡(亢龍)'의 역할을 할 때는 심각하게 고민하면서, 그 활동을 경계하고 조심하라.

대비: 예방/치료의 배려

건(乾)은 '무한하게 넓고 큰 하늘'을 의미한다. 그 특성은 굳세고 강하다. 올바른 사람은 그만큼 막히는 일 없이 정정당당하게 앞으로 나아갈 수 있다. 이는 사람이라면 원만한 성품을 지니고 건실하게 바른 도리로 삶을 영위하려고 노력해야 함을 암시한다.

이 괘는 여섯 효가 모두 양효(陽爻)로 되어 있다. 그것은 여섯 마리의 용(龍)이 노니는 모습을 비유한다. 용[지도급 인사]으로 성장할 훌륭한 인간이 '쉬지 않고 노력'함을 강조한다. 그런 사람은 언제나 건전한 자세로, 일상에서 게으르지 않고 꾸준하게 일관된 행동을 실천함으로써 혼란스런 현실을 뚫고 나갈 수 있다. 그러나 그 사람의 생활 양태는, 늘 기운이 향상되어 오르지만, 그에 맞게 실질적이지 못하다. 관념에 사로잡히거나 지배당하여 일이 헛되게 진행되는 경우가 많다. 발을 땅에 붙이지 못하고 들뜬 상황이다.

현재 자신의 처지가 건괘(乾卦)에 해당하는 경우, '너무 올라간 용'이기 때문에 더 이상 발전할 여지가 없을 수 있다. 그것은 '내리막길에 들어섰다'는 의미다. 따라서 자신의 행위를 성찰하고 조심하며 경솔한 행동을 삼가야 한다. 최고의 위치에서 아래로 전락하면 초라한 신세가 되어 흉측한 자리로 밀려날 수밖에 없다.

2. 곤(坤☷): 땅의 특성을 지닌 삶

```
☷    坤上
     坤下
```

위 괘도 곤(坤☷ 地)이고 아래 괘도 곤(坤☷ 地)이다.
이에 '곤위지(坤爲地)' 또는 '중지곤(重地坤)'이라 한다.

괘의 뜻

곤[坤☷ 땅의 특성을 지닌 삶]은 엄청나게 형통하고 암컷 말의 곧은 행동이 이롭다. 군자
가 갈 곳이 있을 경우, 먼저 하면 혼미하고 나중에 하면 얻는데, 어떤 상황에서건 이로움
이 중심이 된다. 서남쪽에서 벗을 얻고 동북쪽에서 벗을 잃으니, 곧은 행동을 편안하게 여
기면 좋다.(坤, 元亨. 利牝馬之貞. 君子有攸往, 先迷, 後得主利. 西南得朋, 東北喪朋. 安
貞, 吉.)

우주의 강하고 굳센 기운이 땅으로 내려와 부드럽고 약한 기운으로 바뀌었다. 그
러므로 곤괘의 상황에 처해있는 사람들은 건괘처럼 웅장한 기상보다는 유순하면
서도 곧은 암컷 말처럼 부드러운 성질을 지녀야 한다.
　곤(坤☷)은 위아래가 모두 '땅[坤☷☷]'을 나타내는 괘로 이루어져 있다. 때문에

이 괘를 '곤위지(坤爲地)' 또는 '중지곤(重地坤)'이라 한다. 곤은 땅을 뜻하지만, 온순한 암컷 말[馬]에 비유된다. 온순한 암컷 말이 새끼를 낳아 유순하게 잘 길러가듯이, 땅 위에는 만물이 부드럽고 순조롭게 자라난다. 땅은 모든 존재를 포용한다는 의미가 강하게 녹아 있다. 이처럼 인간도 땅과 같이 온순하게 자신을 지키며, 다른 사람을 이해하고 포용력을 길러갈 수 있기를 염원했다. 곤괘는 인간 삶의 태도와 역할, 기능에 관한 활동의 지침이자 방침이다.

곤(坤☷)에서 '음효(--)'는 짝수로 음(陰)을 나타내는 수다. 곤(坤☷)은 유순함으로 음의 특성을 보여준다. 음이 형체를 이룬 것으로는 땅보다 큰 것이 없다. 곤(坤☷)에서 세 획이 모두 짝수[陰--]이기 때문에 곤(坤)이라 이름 붙여 땅을 상징했다. 작은 곤(坤☷)을 중첩하여 또 큰 곤(坤☷)을 얻었으므로 음이 순수함을 배가했다. 유순함이 최고조에 이르렀기에, 그 이름과 모습이 모두 음을 담보한다.

이 곤괘는 앞에서 본 건괘의 상대다. 건괘에서 말한 '원(元)-형(亨)-이(利)-정(貞)'의 네 가지 덕은 같으면서도, 그 '곧음[貞]'의 본질이 다르다. 건괘는 굳셈을 곧음으로 삼는다. 하지만 곤괘는 유순하여 곧다. 음은 양을 따르므로 선창(先唱)을 기다려 화답한다. 음이 양보다 앞서면 혼미하여 어지럽고, 뒤에 머물러야 떳떳한 도리를 얻을 수 있다. 음은 만물을 이롭게 하므로 곤괘에서 주관한다. 낳고 이루는 것이 모두 땅의 일이기 때문이다. 최고지도자인 군주를 대하는 신하의 도리도 그러하다. 군주가 명령하면 신하는 그것을 시행하여 수고로움을 마다하지 않아야 한다. 그것이 신하의 직분이다.

효의 뜻

 초육(--): 서리를 밟는 상황이다. 조금씩 밝아나가면 단단한 얼음이 되리라.(初六, 履霜. 堅冰至.)

제1효는 이슬과 서리가 얼음으로 변화해 나가는 대지의 기본 이치를 상징한다. 이슬과 서리는 땅 밑에서 올라오는 수증기가 땅 위의 찬 공기를 만나 냉각되면서 발생한다. 이 이슬과 서리가 응결하면 얼음이 된다.

 육이(--): 곧고 방정하다. 커서 익히지 않아도 이롭지 않음이 없다.(六二, 直方. 大, 不習无不利.)

제2효는 땅의 기운이 제 자리를 차지하고 있는 형상을 나타낸다. '곧고 방정하다'는 의미의 '직방(直方)'은 땅이 네모처럼 모가 난 모습을 일컫는 말이다. 그러므로 땅의 기운에 맞게 그 법칙을 본받아 때와 자리를 갖추었다.

육삼(--): 아름다움을 머금는다. 곧을 수 있다. 그러나 간혹 임금을 돕는 일에 종사할 수 있는데, 이 경우에 이루는 것이 없을지라도 끝맺음은 있다.(六三, 含章. 可貞. 或從王事, 无成有終.)

제3효는 음의 기운을 지닌 사람이 양의 자리에 있는 형상이다. 몸으로는 앞으로 나아가야 하지만, 마음으로는 그 자리를 굳게 지키려 한다.

육사(--): 자루를 묶어놓은 형국이다. 그러기에 잘못도 없고 칭찬도 없다.(六四, 括囊. 无咎, 无譽.)

제4효는 음의 기운을 지닌 사람이 음의 제 자리를 차지하고 있다. 그러나 위에 있는 제5효의 음의 기운에 막혀 저지당한다. 이것이 입을 여민 주머니의 모습과 같아, '자루를 묶어 놓은 것'으로 이해했다.

육오(--): 황색 치마를 입고 있다. 그만큼 아주 좋다.(六五, 黃裳. 元吉.)

제5효는 군주의 자리다. 하지만 곤괘의 제5효는 아무리 높은 자리에 있을지라도 신하에 머물 뿐이다. 누런 빛깔의 치마를 두른 신하이기는 하지만, 아무리 올라가봐야 군주가 될 수 없다. 여자라면 황후가 될 수는 있다. 남자는 신하로서 충성을 다해야 귀한 벼슬에 이른다.

상육(--): 용들이 들판에서 전쟁을 치른다. 때문에 그 피가 검고 누렇게 보이느니라.(上六, 龍戰于野. 其血玄黃.)

제6효는 음의 기운이 최고조에 달한 형상이다. 음의 기운이 최고조에 이르면 양의 기운으로 바뀐다. 이 과정에서 양의 기운이 서로 충돌하고 마찰하면서, 싸우게 되고, 그 핏빛이 검붉다.

육(--)을 쓰는 일은 오래도록 이어지고 곧게 처리되어야 이로우니라.(用六, 利永貞.)

제1효에서 제6효까지 6개의 음효를 쓰는 일에 관한 견해다. 즉 음의 기운을 운용하는 원리 원칙에 관한 언급이다. 음의 기운은 변화 가운데서도 오래도록 지속하는 힘을 중시한다. 언제든지 외면으로는 유순한 태도를 지니면서, 내면 으로는 마음을 곧고 바르게 해야 한다.

대비: 예방/치료의 배려

곤(坤)은 '한없이 넓은 대지(大地)'를 뜻한다. 대지는 조용하고 부드럽다. 그러면서 도 모든 사물을 담아 기르는 덕망을 지닌다. 어머니가 자식을 품고 양육하는 것 처럼 따스하다. 여성성(女性性)을 지닌 사물이 남성성(男性性)을 따라 순종하며 자 각한다. 그 가운데 평온함을 얻는다.

여섯 효가 음의 기운을 지닌 괘다. 그러므로 어떤 일에서 앞서 나가기보다는 조 용하고 잠잠하게 온순한 특성을 발휘하는 것이 좋다. 사람들 뒤에서 말없이 꾸준 하게 쓰이고, 명령을 받아 일한다. 뒤에서 다른 사람들의 일을 살펴주다 보면 많 은 사람들을 돌봐주어야 할 때가 있다. 이런 시기에는 고생도 많다.

현재 자신의 처지가 이 괘에 해당하는 경우, 만물을 낳고 기르는 땅의 덕성을 본받으며 세상을 배려해야 한다. 새끼를 낳아 기르는 암컷 말처럼 온순하고 유순 하게 자신을 지킬 필요가 있다. 그러면 모든 일이 순조롭게 이루어진다.

3. 준(屯䷂): 처음 시작

䷂ 坎上
　　震下

위 괘는 감(坎☵ 水)이고 아래 괘는 진(震☳ 雷)이다.
이에 '수뢰준(水雷屯)'이라 한다.

괘의 뜻

준[屯䷂ 처음 시작]은 엄청나게 형통하고 곧은 경우에 이롭다. 가야할 곳을 별도로 두지 말라. 나라를 세워 제후가 되는 것이 이롭다.(屯, 元亨, 利貞. 勿用有攸往. 利建侯.)

인간의 삶에서 처음으로 시작하는 단계에서는 크게 소통하면서 곧으며 바르게 행동해야 이롭다. 갈 곳이 있어도 함부로 가지 말고, 공동체를 이끌 수 있는 지도자를 세워 뭉쳐야 한다. 아래 괘는 하나의 양이 두 개의 음 아래에서 움직여 차츰 위로 올라가는 형상이다. 위 괘는 하나의 양이 두 개의 음 사이에 있어 험난한 곳에 빠져 있다. 처음 시작은 이런 형국일지라도 시간이 지나면서 그 험난함을 극복할 수 있다.

　준(屯䷂)은, '준'을 '둔'으로 읽어 '둔'괘라고도 한다. 위 괘는 감(坎☵)이고 아래 괘는 진(震☳)이다. 감(坎☵)은 물[水]을 나타내고 진(震☳)은 우레[雷]를 상징한다. 때문에 이 괘를 '수뢰준(水雷屯)'이라 한다. 위에서는 물이 빠지고 있고 아래에서는 천둥이나 우레가 우르릉 쾅쾅 움직이고 있는 형상이다. 그러므로 어떤 일을 하는 데 순조롭지가 않다. 이런 괘의 형상을 참고하여, 인간은 난국을 타개하고 돌파해 나가야 한다. 그만큼 노력을 통해 삶에 희망을 걸고, 참으며 견디라는 교훈을 담았다.

건(乾☰)과 곤(坤☷) 다음에 준(屯☳)이 자리하는 논리적 이유는 의미상 아래와 같이 설명된다. 천(天: 乾)과 지(地: 坤), 즉 우주자연의 세상이 있은 다음에 모든 존재가 생겨난다. 이 세상 가득한 것은 존재 그 자체일 뿐이다. 때문에 준괘로 받았다. 준(屯)은 세상에 만물이 꽉 차 있음을 형용한다. 꽉 차 있기에 거기서 사물이 처음 터져 나온다. 세상 만물이 처음 나올 때는 꽉 막혀 제대로 통하지 못한 상태에서 꿈틀댄다. 그러므로 막혀 있으나 터져 나오려고 부풀려 있는 상황을 이 세상에 꽉 차 있다고 표현했다. 하지만 세상에 나와 통하고 무성하게 되면, '막혔다'는 의미는 사라진다. 천지[건곤]가 만물을 낳는 상황에서, 준(屯)은 사물이 처음 나올 때를 말한다. 그러므로 건괘와 곤괘의 뒤를 이었다.

괘의 모양을 보면, 구름[坎☵: 水]과 우레[震☳: 雷]가 펼쳐 일어난다. 그것은 음과 양이 처음으로 사귀며 얽히는 양상이다. 진(震☳)이 아래에서 처음 사귀며 얽히고, 감(坎☵)이 중간에서 처음 사귀고 얽혔다. 이는 음과 양이 서로 사귀고 얽혀, 구름[물]과 우레를 만들어 낸 것이다. 음과 양이 처음 사귀고 얽혀 구름[물]과 우레가 서로 응대했다. 하지만 아직 비를 만들어 내리고 물이 고여 있는 연못을 이루지는 못했다. 또한 물과 우레가 뒤섞이며 쿵쾅대고는 있다. 그만큼 비를 만들어 내리기 전까지는 험한 가운데 꿈틀대는 움직임을 보여줄 뿐이다. 그것이 바로 처음 사귀고 얽혔으나 아직 통하지 않았다는 의미다.

효의 뜻

 초구(一): 주저하는 상황이다. 바르게 머물러 있는 것이 이롭고 나라를 세워 제후가 된다면 이로우리라.(初九, 磐桓. 利居貞, 利建侯.)

제1효는 양의 기운이 물 아래에서 움직여 우레 소리를 내고 있는 상황이다. 위로 올라갈 만한 군세고 지혜로운 능력은 얻었으나, 험난한 사회를 이겨나갈 때를 만나지 못했다. 이에 앞으로 나가지 못하고 머뭇거리는 형국이다.

 육이(--): 어려워하고 머뭇거리는 처지다. 말을 탔지만 말등에서 내려오니 도적이 아니라 혼인을 하려는 사람이다. 여자가 정조를 지켜 합당한 이름을 부르지 않다가 10년이 되어서야 그 이름을 부른다.(六二, 屯如邅如. 乘馬班如, 匪寇婚媾. 女子貞不字, 十年乃字.)

제2효는 음의 기운이 위에 있는 구오의 양과 마음이 맞아 호응한다. 그러나 아래에 있는 초구의 양이 이 음을 짝사랑하여 구오로 나아가지 못한다. 청혼을 해오는 초구에 대해 정조를 지키며, 때를 기다려 10년이 지난 뒤에 구오와 결합한다.

육삼(--): 사슴을 잡으려고 추격하는 데 길잡이가 없어 산림 속에 갇힌 꼴이다. 군자가 기미를 알아차리고 포기하는 것만 못하다. 계속 추격하면 부끄럽게 된다.(六三, 卽鹿無虞, 惟入於林中. 君子幾不如舍. 往吝.)

제3효는 양이 있을 자리에 음이 있어 정당하지 못하다. 또 아래 괘의 가장 윗자리에 있어 가운데 자리에서 보면 너무 올라갔다. 상육과 사이좋게 지낼 자리에 있으나 같은 음의 기운이라 아무런 힘이 없다. 그러므로 고독하고 유약하다. 나아가려고 해도 그럴 여유가 없다.

 육사(--): 말을 탔지만 내려온다. 혼인할 사람을 찾아 간다. 좋으므로 이롭지 않음이 없다.(六四, 乘馬班如. 求婚媾往. 吉無不利.)

제4효는 음의 기운이 있을 자리에 음이 있으므로 정당하다. 그러나 위 괘의 아래 자리에 있어 가운데 자리에서 보면 아래에 자리한다. 위에는 양인 구오가 강력하게 가로 막고 있어 도저히 올라갈 수 없다. 맨 아래 양인 초구와 호응하여 결합할 수 있다. 그래서 말을 탔지만 내려올 수밖에 없고, 혼인할 사람을 모색한다.

 구오(ㅡ): 은택을 베풀기 어려운 처지다. 조그마한 일의 경우에는 곧게 행동하면 좋고 큰일의 경우에는 곧게 행동해도 나쁘다.(九五, 屯其膏. 小貞吉, 大貞凶.)

제5효는 양의 기운이 있을 자리에 양이 있어 정당하다. 위 괘에서 가운데 있어 중정(中正)의 자리다. 하지만 육사와 상육의 두 음 사이에 빠져 있어 상황이 불리하다. 육이의 음과 호응하지만 멀리 떨어져 있어 힘을 얻지 못한다. 상육의 음기와 가깝지만 그것은 초구의 양기를 좋아하므로 배반당하고 있다.

䷂ 상육(--): 말을 타고 나아가지 못하는 형국이다. 그런 만큼 피눈물을 줄줄 흘리게 되리라.(上六, 乘馬班如. 泣血漣如.)

제6효는 음의 기운이 있어야 할 자리에 제대로 있다. 그러나 너무 높은 자리에 있어 힘을 쓰지 못한다. 육삼의 음과 호응해야 하는데, 둘 다 음의 기운이라 도움이 안 된다. 시대가 험난한 때라 더욱 힘들다.

대비: 예방/치료의 배려

준(屯)은 '정체되어 고민하며 몸부림치는 상황'을 뜻한다. 겨울에 땅 속에서 새싹이 봄을 기다리고 있는 모습이다. 이럴 때는 무조건 나아가는 것이 능사가 아니다. 때를 기다려야 한다. 중요한 것은 새싹을 틔울 수 있는 희망이 존재한다는 점이다.

문제는 시운(時運)이다. 아직 때와 운세가 성숙되지 않았다. 때문에 때와 운세를 열어줄 상담자나 협력자들을 기다려 함께 행동해야 한다. 혼자서 움직여서는 원하는 성과나 효과를 거두기 힘들다. 봄날의 따스한 기운이 움을 틔우는데 도움을 주듯이, 다른 사람들의 협력이 중요하다. 단독으로 일처리를 해서는 곤란하다.

현재 자신의 처지가 이 괘에 해당하는 경우, 순조롭지 않은 난국이 펼쳐진 만큼, 세상을 바로 잡으려는 고민을 깊이 해야 한다. 고뇌 속에 있을지라도 희망을 갖고 참고 견뎌야 한다. 뜻이 막혀 있더라도 신중하게 난국을 돌파하면, 서서히 그 뜻이 풀어나갈 수 있기 때문이다.

4. 몽(蒙䷃): 어리석음

䷃   艮上
     坎下

위 괘는 간(艮☶ 山)이고 아래 괘는 감(坎☵ 水)이다.
이에 '산수몽(山水蒙)'이라 한다.

괘의 뜻

몽[蒙䷃ 어리석음]은 형통할 가능성을 지니고 있다. 그러므로 내가 철부지 어린이에게 구하는 것이 아니라 철부지 어린이가 나에게 구한다. 처음에는 삶의 방향에 대해 점을 쳐서 알려주지만 두 번 세 번 그것을 요구하면 인생을 욕되게 만든다. 인생을 욕되게 만들 경우 알려주지 않는다. 마음가짐을 곧게 가질 때 이롭다.(蒙, 亨. 匪我求童蒙, 童蒙求我. 初筮告. 再三瀆, 瀆則不告. 利貞.)

무지몽매한 사람이나 지혜가 아직 발달하지 않은 어린이는, 지혜로운 사람에게 의뢰하여 올바른 삶의 방향에 관한 조언을 들어야 한다. 성실하게 일러주는 삶의 태도에 대해, 진지하게 고민하며 받아들여야 한다. 대충 스쳐 지나가는 말처럼 불성실한 자세로 임해서는 곤란하다. 막혀있는 몽매한 마음을 탁 트이게 하는 단초는 다른 사람의 말을 경청하면서, 충실하게 자신의 마음을 다지는 일이다.

몽(蒙䷃)의 모습을 보면, 위 괘는 간(艮☶)이고 아래 괘는 감(坎☵)이다. 간(艮☶)은 산(山)을 나타내고 감(坎☵)은 물[水]을 상징한다. 때문에 이 괘를 '산수몽(山水蒙)'이라 한다. '몽(蒙)'은 문자 그대로 '어둡다' '어리다' '어리석다'라는 뜻이다. 하지만 몽괘는 현재의 무지몽매함을 깨치고 미래의 발전가능성으로 전진하려는 의지를 담고 있다. 무지함은 단순하게 몽매한 상황으로만 전락하는 것이 아니다. 오히려 잠재력을 펼쳐나갈 수 있는 바탕이다. 무지(無知)는 일종의 발전가능성이다! 이런 점에서 인간은 장래를 고민하면서, 육중하게 버티고 있는 산처럼 무겁게, 인간으로서의 덕망을 길러가야 한다.

몽(蒙䷃)을 준(屯䷂) 다음에 배치한 이유는 간단하다. 준(屯)은 가득함이자 사물이 처음 생기는 형국이다. 사물이 처음 생길 때는 반드시 어리다. 때문에 몽괘로 이어 받았다. 몽(蒙)은 어린 것을 말하는데, 특히, 사물이 어린 상황이다. 그만큼 사물이 처음 생겨난 것을 상징한다. 사물이 처음 생겨나면 아주 여리고 작다. 몽매하고 계발되지 않았다. 그것이 몽괘가 준괘 다음에 있는 까닭이다.

괘의 모양은 산[艮☶: 山]이 위에 있고 물[坎☵: 水]이 아래에 자리한다. 간은 산을 나타내면서 '그치다'는 뜻을 담고, 감은 물을 상징하면서 '험하다'는 뜻을 품고 있다. 산 아래에 험한 것이 있고, 험한 것을 만나 멈출 경우, 어디로 가야 하는가? 약간 헤매면서 알지 못하는 것이 몽괘의 형상이다. 물은 샘에서 나와 반드시 흘러간다. 이제 처음으로 막 스며 나오기 시작하여 아직 갈 곳이 없다. 그러므로 몽매함이지만 나아가면서 형통함이 된다.

효의 뜻

초육(--): 몽매함을 일깨우는 상황이다. 그러기에 사람에게 형벌을 주어 질곡에서 벗어나도록 해주는 것이 이롭다. 하지만 그대로만 해나가면 부끄럽게 되리라.(初六, 發蒙, 利用刑人. 用說桎梏, 以往, 吝.)

제1효는 가장 아래에서 음의 기운으로 자리하고 있어 어둡고 암울한 특성을 띤다. 그래도 위쪽에 굳세고 가운데 자리한 양의 기운이 있다. 즉 구이와 가깝게 이웃하고 있어 어둡고 암울함을 명랑한 방향으로 바꾸어 나갈 수 있다.

구이(ー): 몽매함을 포용하면 좋다. 집안의 경우, 부인을 받아들이면 좋고 그 자식이 집안을 꾸려나간다.(九二, 包蒙, 吉. 納婦, 吉. 子克家.)

제2효는 양의 기운이 아래 괘의 가운데 자리하여 성질이 굳고 밝다. 그만큼 중도를 지키는 미덕을 갖추고 주동적 역할을 한다. 육오의 음과 호응하여 서로 사랑한다. 덕망 있는 여왕이 현명하고 충성스런 재상을 얻어 백성을 포용하여 지도해 나갈 수 있는 형상이다.

육삼(--): 여자를 맞이하지 말라. 돈이 많은 사내를 보고 몸을 지키지 못할 수 있다. 그만큼 이로울 것이 없다.(六三, 勿用取女. 見金夫, 不有躬. 無攸利.) 제3효는 양의 기운이 있어야 할 자리에 음이 있으므로 정당하지 못하다. 그만큼 힘이 약하고 음침하다. 상구의 양과 호응하지만 아래에 있는 구이의 양에 매여 있다. 자신이 사랑하는 여성이 돈 있는 이웃집 사나이에게 끌려간다. 이 사나이와 한 바탕 싸움을 벌이고 싶지만 도리어 해를 당할 수 있다.

 육사(--): 몽매함으로 곤란을 당한다. 그 만큼 부끄럽게 된다.(六四, 困蒙, 吝.) 제4효는 위 괘의 아래 자리에 있으면서 음의 기운을 지녀 부드럽고 힘이 약하다. 아래의 초육과 호응해야 하지만 같은 음의 기운이라 제대로 응대하지 못한다. 이웃의 육삼과 육오도 모두 음이라 또한 친근하게 지낼 수 없다. 그런 만큼 나면서부터 성질이 몽매하고 자신을 깨우쳐줄 사람도 없다. 참 곤란하고 부끄러운 형국이다.

 육오(--): 철부지 어린이에 해당한다. 그런 만큼 좋다.(六五, 童蒙, 吉.) 제5효는 아래 괘 구이의 굳세고 밝은 양의 기운과 호응하여 사이좋게 지낼 수 있다. 양이 있어야 할 자리에 음으로 자리하여 정당하지 않다. 하지만 위 괘의 가운데 자리에 있어 덕망을 지닐 수 있는 기운이다. 이 자리는 천진난만하고 장래성 있는 어린이를 상징한다. 현명한 스승이나 지도자 등 어린이를 보필할 수 있는 사람을 얻어 성인이 되면 훌륭한 인물로 성장해 갈 수 있다.

상구(一): 몽매함을 타파하는 일이다. 하지만 도적이 되는 경우에는 이롭지 않고 도적을 막는 경우에는 이로우리라.(上九, 擊蒙. 不利爲寇, 利禦寇)

제6효는 양의 기운이 밝고 강력한 힘을 지니고 있다. 그러기에 다른 네 개의 음을 주도한다. 힘이 지나치게 강할 경우, 어린이가 따라오지 못하고 반항할 수도 있다. 엄격하고 강직한 스승이 철모르는 어린이를 가르칠 때 지나치게 채찍을 치면, 어린 아이가 반감을 품을 수도 있다. 아이를 도둑 다루듯 가르치기보다는 도둑을 방지하는 차원에서 대처하면 도움이 된다.

대비: 예방/치료의 배려

몽(蒙)은 '인생에서 아동이나 젊은이들'을 가리킨다. 그만큼 아직 어른으로서 지녀야할 여러 사안에 대해 확실하지 않거나 확인하기 어렵고 밝지 않은 부분이 있다. 산기슭에서 샘물이 솟아오르고 물기가 가득차면서 안개로 변하여 주위 상황을 정확하게 확인하기 어려운 몽롱한 상태를 나타낸다. 교육으로 보면 학습자가 교수자에게 가르침을 구하고 계몽을 받는 상황이다.

현재는 캄캄하고 무지하여 뻗어나가지 못하고, 고민에 빠진 모습이다. 삶의 전망을 세우기 어렵기에 경솔하게 행동해서는 안 된다. 어린이가 선생님에게 가르침을 구하는 것처럼 선배나 윗사람의 지혜로운 의견을 들어야 한다.

현재 자신의 처지가 이 괘에 해당하는 경우, 장래에 희망을 걸고 산처럼 육중한 자세를 지닐 수 있도록 덕성을 길러야 한다. 그만큼 드넓은 바다로 나아가듯이 앞길이 탁 트여 있다. 이른바 전도양양(前途洋洋)이다. 현재는 저 산골짜기에서 흘러나오는 작은 샘처럼 보잘 것 없어 보이지만, 꾸준히 노력하면 냇물에 이르고 강물로 흘러 바다에 이르게 된다. 처음부터 모든 것을 알고 있는 사람은 없다. 무지하고 몽매하기 때문에 학습을 통해 깨닫고 배워 인격을 함양해 나가야 한다. 끊임없는 노력은 인격을 성숙하는 담보가 된다.

5. 수(需☵☰): 기다림

```
☵  坎上
☰  乾下
```

위 괘는 감(坎☵ 水)이고 아래 괘는 건(乾☰ 天)이다.
이에 '수천수(水天需)'라 한다.

괘의 뜻

수[需☵☰ 기다림]에는 믿음이 있어야 한다. 밝게 뚫리고 곧게 행동하면 좋다. 큰 냇물을 건너는 것이 이롭다.(需, 有孚. 光亨, 貞吉. 利涉大川.)

인생은 신뢰 속에서 기다림이다. 천천히 성실하게 기다리면 제대로 통한다. 저 강물은 특별한 장애물이 없는 한 똑바르게 흘러간다. 그와 같이 바르면 크게 통할 수 있다.

수(需☵☰)의 모습을 보면, 위 괘는 감(坎☵)이고 아래 괘는 건(乾☰)이다. 감(坎☵)은 물[水]을 나타내고 건(乾☰)은 하늘[天]을 상징한다. 때문에 이 괘를 '수천수(水天需)'라 한다. '수(需)'는 문자 그대로 '기다리다'는 뜻이다. 괘의 형상이 일러 주듯이, 물이 증발하여 하늘 위로 올라가 구름이 되었다. 비가 되어 땅 위로 떨어지기까지는 조금 기다려야 한다. '참고 기다려야 한다'는 말이다. 인간은 이런 모습을 참고하여, 서두르지 않고 기회를 엿보며 인격을 함양해 나가야 한다.

수(需☵☰)가 몽(蒙☶☵) 다음에 배치된 이유도 간단하다. 몽(蒙)은 사물의 어린 것이다. 사물이 어리면 기르지 않을 수 없다. 그러므로 수로 받았다. 어린 아이를 기르기 위해서는 음식이 필수적이다. 때문에 수(需)는 음식에 관한 의미 부여다. 인간을 비롯한 사물은 어릴 때부터 반드시 영양을 공급하고 양육해야 성장한다. 특히, 인간을 양육하는 데 필요한 것이 다름 아닌 음식이다.

괘의 모양으로 볼 때, 구름[坎☵: 水]이 하늘[乾☰: 天] 위에 자리하고 있는 것은 수증기가 증발하여 위로 올라가 적시는 형상이다. 음식이 인간에게 영양분을 제공하듯이, 모든 사물에 공급하는 영양분은 사물이 자라날 수 있도록 적셔 유익하게 만드는 일이다. 그것이 바로 수괘가 음식으로 상징되고 몽괘 다음에 있는 까닭이다. 인간에게 제공하는 음식으로 대변되는 수괘는, 그 큰 뜻이 '기다림'이다. 이 괘의 아래에 자리하고 있는 건(乾☰)은 굳센 성질을 지니고 있어, 반드시 나아가는 특징이 있다. 그런데 험한 성격을 지닌 감(坎☵)의 아래에 자리한다. 이는 험한 것이 나아가는 길을 막고 있기 때문에, 반드시 기다린 다음에 나아가야 함을 일러준다.

효의 뜻

 초구(━): 교외에서 기다리는 상황이다. 변하지 않음을 이롭게 여기면 잘 못이 없으리라.(初九, 需於郊. 利用恒, 无咎.)

제1효는 맨 아래에 있으면서 양의 기운이 육사의 음과 호응하여 불 려나가는 상황이다. 그러나 맨 아래지만 양의 기운이 자기 자리에 있으므로 갑자기 나가지 않고 때를 기다린다. 위험한 냇물을 건너 갈 때는 갑자기 서둘러서는 안 된다. 물이 줄어들 때까지 상당한 시 간을 기다렸다가 건너가야 탈이 없다.

 구이(━): 모래밭에서 기다리는 형국이다. 약간의 말썽은 있으나 끝내는 좋다.(九二, 需於沙. 小有言, 終吉.)

제2효는 성질이 굳세고 힘이 강하다. 아래 괘의 가운데 자리에 있 으므로 그만큼의 덕망은 지니고 있으나 음의 자리에 양이 있어 정 당하지 못하다. 아래의 초구와는 같은 양이므로 이웃끼리 약간의 충돌이 있다. 성질이 굳센 만큼 물을 빨리 건너가려고 하지만 파도 가 매우 세다. 그러므로 물결이 잔잔해질 때까지 가까운 모래밭에 서 기다려야 한다. 그러면 어느 정도의 의견 충돌이 있더라도 물에 빠지는 위험을 모면하고 무사할 수 있다.

구삼(━): 진흙에서 기다리는 상황이다. 진흙에서 뭉개고 있는 동안 도적이 오게 한다.(九三, 需於泥. 致寇至.)

제3효는 위험한 물가로 보다 다가가 진흙에 있는 형상이다 아래의 모래밭에 있는 구이의 양기보다 훨씬 더 나아갔다. 가운데 자리하지 못하고 너무 강하여 앞으로 움직이려고만 한다. 하지만 위에 있는 육사의 음이 반항한다. 냇물을 건너기 위해 처음에는 교외에서 대기했으나 조금 나아가 교외도 아니고 진흙도 아닌 모래밭에서 가다렸다. 그런 다음에는 물도 아니고 모래밭도 아닌 진흙에서 더 나아가지 못하고 뭉개고 있는 형국이다. 이 틈을 타서 도적떼가 몰려온다.

 육사(--): 도적들과 싸워 피가 얼룩진 곳에서 기다리는 형국이다. 그러나 우군의 도움으로 피구덩이에서 빠져나온다.(六四, 需於血. 出自穴.)

제4효는 구삼과 구오 두 양의 기운 사이에 끼어 진퇴양난이다. 구삼과 가까이 하려면 구오가 끌어당기고 구오와 가까이 하려면 구삼이 끌어당긴다. 그러나 아래 초구와 호응하여 위험한 골짜기에서 벗어난다. 진흙 밭에서 뭉개고 있을 때, 어둠을 틈타 도적떼가 몰려왔다. 이에 도적떼과 육박전을 벌이며 싸웠고 진흙 밭이 피로 물들었다. 이때 후방에 있던 우군의 도움으로 그 곳을 빠져 나온다.

구오(━): 승리의 기쁨으로 술과 음식으로 기다리는 상황이다. 그만큼 바르게 처신하면 좋다.(九五, 需於酒食. 貞吉.)

제5효는 위 괘의 가운데 자리하고 있어 정당하면서도 덕망이 있다. 육사와 상육의 음과는 모두 친근한 사이다. 문제는 아래 구이가 양의 기운을 지니고 있어 호응하기 어렵다. 냇물을 건너가는 도중에 벌어진, 도적들과의 싸움에서 돌아온 아군을 모아 놓고 음식을 차려 승리의 기쁨을 맛본다. 이때 승리에만 도취되지 말고 귀화하지 않은 도적을 경계하며 후환이 없도록 조치를 취해야 한다.

 상육(－－): 위험한 구덩이에 들어간 형국이다. 초대하지 않은 세 사람이 온다. 그들을 공경하면 끝내는 좋으리라.(上六, 入於穴. 有不速之客三人來. 敬之終吉.)

제6효는 큰 냇물을 건너간 사람에 비추어 보면, 험난한 물을 극복하고 승리의 축배를 들고 있는 상황이다. 그런데 초대에 응하지 않은 세 손님, 즉 초대에 잘 호응하지 않던 초구와 구이의 두 손님과 먼저 초대에 호응한 구삼이 온다. 하지만 능력이 좀 모자라는 주인은 여성적이며 힘도 약하다. 음의 기운이 있을 자리이기는 하지만 최고의 윗자리라 매우 위험하다. 그러므로 아래의 힘이 강한 구삼과 호응하여 새로운 변화를 모색해야 한다.

대비: 예방/치료의 배려

수(需)는 '성실하면서도 충분하게 기다린다'는 의미다. 힘이 쌓이면서 어려운 상황을 돌파해 가는 때다. 자신의 진심이나 능력이 밖으로 드러날 만큼 강력하게 되면 어떤 큰 사업도 감당할 수 있다.

자신의 소망이나 삶의 목적을 지키고 충실하게 힘을 기르며 기다려야 한다. 무엇보다도 자신의 인생을 열어나가는 기다림이기에, 초조하거나 당황하지 말아야 한다. 삶을 정상적으로 펼쳐간다는 생각으로 차분히 기다리면 좋다.

현재 자신의 처지가 이 괘에 해당하는 경우, 서두르지 말고 인내심을 발휘하며 기회를 엿보면서 때를 기다려야 한다. 어떤 목적을 위해 오랫동안 노력해 왔다면, 멀지 않아 긍정적인 결과가 기대된다. 선택의 기로에 서 있다면 조금만 더 참았다가 결정을 내릴 필요가 있다. 특히, 공부하는 과정에서 무지몽매한 사람을 교육한다면, 어떻게 기르고 가꾸어가야 할지 배려해야 한다. 어린 아이의 성장은 오랜 시간을 요구한다. 적당한 양과 적절한 질의 음식을 통해 아동이 조금씩 성장해 나가듯이, 아동이 학습할 분량과 내용은 아동의 발달 단계에 알맞아야 한다. 아무리 좋은 음식일지라도 한꺼번에 많이 먹일 수는 없다. 인간의 발육과 성장에는 아동에게 적합한 '기다림의 교육미학'이 필요하다.

6. 송(訟☰☵): 다툼

☰ 乾上
☵ 坎下

위 괘는 건(乾☰ 天)이고 아래 괘는 감(坎☵ 水)이다.
이에 '천수송(天水訟)'이라 한다.

괘의 뜻

송[訟☰ 다툼]은 믿음이 있으나 막히는 상황이다. 두려워하며 알맞은 도리를 지키면 좋고, 끝까지 다투면 나쁘다. 훌륭한 사람을 보는 것은 이롭고 큰 냇물을 건너는 것은 이롭지 않다.(訟, 有孚窒. 惕中吉, 終凶. 利見大人, 不利涉大川.)

인간의 다툼과 갈등에는 신뢰가 전제되기도 하지만, 서로 간에 이치나 도리가 통하지 않는 경우가 많다. 그러므로 소송을 할 때는 늘 두려워하는 마음으로 공정성을 유지해야 한다. 소송은 끝까지 밀고 나가면 지치고 감정의 골이 깊어져 나쁜 결과를 초래한다. 그만큼 공정하게 덕망 있는 사람에게 의뢰하여 판단을 구해야 한다. 소송을 자주하며 좋아하는 사람과 어울리면 마음을 합하여 큰일을 도모하기 어렵다.

송(訟☲)의 모습을 보면, 위 괘는 건(乾☰)이고 아래 괘는 감(坎☵)이다. 건(乾☰)은 하늘[天]을 나타내고 감(坎☵)은 물[水]을 상징한다. 때문에 이 괘를 '천수송(天水訟)'이라 한다. '송(訟)'은 '송사를 한다'는 의미로 '재판을 하거나 싸움을 한다'는 뜻이다. 괘의 형상으로 보면, 하늘은 위에 자리하고 물은 하늘 아래에 존재하고 있어 당연한 것처럼 보인다. 하지만 자리하고 있는 위치가 생각보다 너무 다르기 때문에 퉁탕거리며 싸우게 된다. 이는 인간 사회의 전형적 모습을 담고 있다. 인간의 싸움은 서로의 주장이나 의견이 너무나 다를 때 발생한다. 그러므로 인간은 신중하게 생각하고 일을 처리하여 다툼을 막을 필요가 있다. 특히, 싸움이나 재판 과정에서 자신이 우세한 자리를 차지하더라도 상대방을 궁지에 몰아넣지는 않아야 한다.

송(訟☲)이 수(需☵) 다음에 자리한 이유는 다음과 같다. 수괘는 음식을 상징한다고 했다. 그런데 음식이 있으면 인간들 사이에는 반드시 그 음식을 차지하기 위한 다툼이 있게 마련이다. 그래서 송괘로 받았다. 삶을 지속하려면 절대적으로 필요한 것이 음식이다. 자신에게 필요한 음식이 있으면 그것을 확보하기 위한 다툼은 필연적이다. 다툼의 원인이 다름 아닌 음식확보이기 때문이다.

괘의 모양은 하늘[乾☰: 天]이 위에 있고 물[坎☵: 水]이 아래에 자리한다. 두 괘의 모습으로 말하면, 양의 성질인 건[하늘]은 위로 올라가고 음의 성질인 감[물]은 아래로 내려가기 때문에, 그 오고 감이 서로 어긋난다. 따라서 다툴 수밖에 없다. 두 괘의 특성으로 보면, 위에 있는 하늘은 굳세고 아래의 물은 험하다. 굳센 것과 험한 것이 서로 만나면 다툼이 없을 수 있겠는가? 또 사람이 안으로는 험하여 막히고 밖으로는 굳세고 강하므로 다툴 수밖에 없는 구조다.

효의 뜻

 초육(--): 사건을 오래토록 끌지 않는다. 이때 사건과 관련하여 약간의 말썽은 있겠지만 끝내는 좋으리라.(初六, 不永所事. 小有言, 終吉.)

제1효는 양의 기운이 있어야 할 자리에 음이 자리하여 정당하지 않다. 이웃해 있는 구이에서 구사까지 모두 제자리가 아니다. 그런 만큼 다툴 힘이 부족하여 송사를 오래 지속할 수 없다. 소송 당사자들이 약간의 불편이 있지만, 공명정대한 재판관에 의해 원만하게 해결된다.

 구이(一): 송사를 진행하지 못하여 집으로 돌아가 숨는다. 그 마을의 사람이 300가구 정도 되면 잘못되지는 않는다.(九二, 不克訟, 歸而逋. 其邑人三百戶, 无眚.)

제2효는 양의 기운이 음의 자리에 있어 정당하지 못하다. 무엇보다도 위의 구오와 호응하지 못하므로 소송을 진행하기 힘들다. 그러므로 다투기를 그만하고 마을로 돌아가 숨는다. 윗사람도 더 이상 죄를 묻지 않고, 마음 사람들에게도 특별한 화가 미치지 않는다.

육삼(--): 옛날부터 쌓아온 착한 덕을 녹봉으로 받아 곧게 처리한다. 그러면 위태로운 경우도 있으나 끝내는 좋다. 간혹 임금을 도우는 일을 할 수 있으나 이루는 것이 없다.(六三, 食舊德. 貞, 厲終吉. 或從王事, 无成.)

제3효는 음의 기운이 양의 자리에 있어 정당하지 못하다. 자리가 안정되지 못하고 성질이 부드러워 소송을 하거나 다투기를 싫어한다. 옛날부터 받아오던 녹봉을 유지하며 임금을 도와 그 공을 임금에게 돌리므로 자신이 특별히 성취하는 것은 없다.

 구사(一): 송사를 진행해 나가지 못하고 집으로 돌아와 명령을 확인한다. 명령을 보고 마음을 바꾸어 곧게 사는 것을 편안히 여기면 좋다.(九四, 不克訟, 復卽命. 渝安貞, 吉.)

제4효는 초육의 음과 호응하여 구오의 양에 반발하려고 한다. 그러나 초육과 구사가 호응하며 분위기가 좋아서 위와 다투거나 반항할 기세를 포기한다. 윗사람에게 소송하더라도 이길 수 없음을 깨닫는다. 이에 다투기보다는 하늘의 뜻에 맡기고 마음을 곧게 가지면 복을 받는다.

 구오(一): 송사를 진행하는 상황이다. 이 경우 송사를 할 분위기가 아주 좋다.(九五, 訟. 元吉.)

제5효는 자리와 덕망, 때가 모두 구비된 형국이다. 구이의 양이 약간 반발한다고 해도 소송에서 이겨 아주 이롭다. 현명한 재판관이 강력한 힘으로 공정하게 일을 처리한다. 그만큼 민원이 해소되어 주변이 편안하다.

상구(━): 간혹 고위 관료로 임명되기도 한다. 하지만 아침이 끝날 때까지 세 번이나 빼앗기리라.(上九, 或錫之鞶帶. 終朝三褫之.)

제6효는 가장 높은 자리에서 강한 힘을 가지고 육삼의 음과 호응한다. 재판장이 소송을 처리하면서 매우 강직한 것 같지만, 그 이면으로는 여성의 말을 듣게 된다. 그럴 경우, 임금에게 공로를 인정받더라도 백성들에게 그것을 자주 빼앗긴다.

대비: 예방/치료의 배려

송(訟)은 '소송' 또는 '다툼으로 호소(呼訴)한다'는 뜻이다. 어떤 사안에 대해 진술하고 옳고 그름을 다투는 일이다. 소송에서는 자기가 아무리 옳다고 해도 자신의 주장만을 관철하려고 해서는 곤란하다. 그렇게 달려들면 상대를 화나게 하고 결과적으로 자신을 불리하게 만든다. 자기의 의견이 통할 때까지 너그러운 마음으로 온화한 기운을 갖고 교섭을 계속할 필요가 있다. 그러면 머지않아 상대방도 그것을 인정할 때가 온다.

송은 상대방과 자신의 의견이 다르므로 화해를 구하지 못했을 때 발생한다. 이쪽에서 호소하며 화해를 요청해도 상대편이 받아주지 않는 경우가 많다. 이런 상황에서는 자기의 기분이나 태도를 바꾸어 상대편에 동조하든가, 주변의 분위기에 융화하여 화기애애하게 만드는 것이 현재의 불리한 상황에서 빠져 나가는 데 유리하다. 내부의 대립이 심한 때이므로 모든 일에 주의를 기울여야 한다. 자신의 의견을 상대에게 이해시키려면 냉정하고 논리정연하게 진술하며 설득력을 갖출 필요가 있다.

현재 자신의 처지가 이 괘에 해당하는 경우, 어떤 일을 처리하건 신중하게 생각하고 실행해야 한다. 다른 사람과 다투지 않도록 조심하고 갈등이 일어나거나 싸움이 발생하면 미리 막는다. 그것이 현명하게 대처하는 삶의 양식이다. 특히, 자신이 우세한 위치에 있어 다른 사람을 이길 수 있는 처지라하더라도, 상대방을 꼼짝 못하게 구석으로 몰아넣지 말아야 한다. 참으며 기다려줄 수 있어야 한다. 인간이 교육하는 이유도 여기에 있다. 인간 사회에서 벌어지는 다양한 갈등을 원만하게 해결하기 위한 방법을 배우는 일은 매우 중요하다. 사람들 사이에 벌어지는 대립 구조를 이해하고, 갈등을 해결하는 과정에서 합리성을 확보해야 한다.

7. 사(師䷆): 군사 동원

䷆ 坤上
　 坎下

위 괘는 곤(坤☷ 地)이고 아래 괘는 감(坎☵ 水)이다.
이에 '지수사(地水師)'라 한다.

괘의 뜻

사[師䷆ 군사 동원]는 바르게 통솔해야 한다. 군사를 통솔하는 지도자는 어른다워야 좋고
잘못되지 않는다.(師, 貞. 丈人吉, 无咎.)

군대를 운용하고 군사를 동원하는 경우에는 그에 합당한 명분이 있어야 한다. 덕
망을 충분히 갖춘 어른이나 장수가 있어야 병사들에게 인심을 얻고 부하들이 복
종한다. 그래야만 전쟁에서 승리할 수 있다.
　사(師䷆)의 모습을 보면, 위 괘는 곤(坤☷)이고 아래 괘는 감(坎☵)이다. 곤(坤
☷)은 땅[地]을 나타내고 감(坎☵)은 물[水]을 상징한다. 때문에 이 괘를 '지수사
(地水師)'라 한다. '사(師)'는 군사 집단인 '군대'를 의미하므로, 군대를 지휘하고 이
끄는 일과 관련된다. 괘의 형상으로 보면, 땅 아래에 물이 스며들어 있는 모습이

다. 땅 속에 물이 스며들어 있는 것은 아주 정상적인 모양새지만, 물은 땅 위로 공급될 때만이 비로소 동식물이 제대로 성장할 수 있다. 군대라는 공동체 집단을 이끌고 나가는 지휘자처럼, 인간은 땅이 지닌 넉넉한 덕성을 본받아야 한다. 그리고 물을 그 위에 공급하여 동식물을 잘 자라게 하듯이, 다른 사람을 사랑하고 포용할 수 있다.

사(師☷☵)가 송(訟☰☵) 다음에 자리하는 이유는 간단하다. 송사(訟事)는 반드시 무리지어 일어나기 때문에 사괘로 받는다. 어떤 사회건 한 사회에서 군대가 떨쳐 일어나는 것은 사회가 갈등을 겪고 다툼을 벌이고 있기 때문이다. 그것이 송괘 다음에 자리한 까닭이다.

괘의 모양은 땅[坤☷: 地]이 위에 있고 물[坎☵: 水]이 아래에 자리한다. 두 괘가 지닌 특성으로 말하면, 땅 속에 물이 있는 형국이므로, 인간이 무리지어 모이는 모습이다. 두 괘가 품고 있는 의미로 말하면, 안은 험난하고 밖은 순박하다. 험난한 길을 앞에 두고 순박하고 간단한 양식으로 처리해야 한다. 따라서 군대를 움직일 수밖에 없다. 여섯 개의 효로 말하면, 하나의 양효가 다섯 음효의 주인이 되므로, 무리를 통솔하는 양상이다. 하나의 양이 여러 음효의 주인이 되어 아래에 자리하고 있다. 그것이 바로 지도자이자 어른인 장수를 상징한다.

초육(--): 군대는 일정한 규율에 따라 출동해야 한다. 그렇지 않으면 좋은 일도 나쁘게 되리라.(初六, 師出以律. 否臧凶.)

제1효는 위에 있는 구이의 양과 가까이 하여 다른 음으로부터 시기를 받을 우려가 있다. 동시에 규율을 문란하게 할 소지도 있다. 군사를 통솔하는 장수의 경우, 여성을 가까이 하여 규율을 문란하게 하면 전쟁에서 패하기 쉽다.

 구이(ー): 군사를 동원할 때 알맞은 도리를 지켜야 잘못이 없다. 이에 왕이 세 번 명령을 내린다.(九二, 在師中吉, 无咎. 王三錫命.)

제2효는 음의 기운이 있어야 할 자리에 양이 있어 정당성을 얻지 못했다. 그러나 아래 괘의 가운데 자리하면서 위의 육오와 호응하여 잘못을 저지르지는 않는다. 군사를 동원하는 장수가 여왕의 총애를 받아 병졸들이 복종하고 세 번씩이나 공로를 인정받아 상을 받는다.

 육삼(--): 군사를 움직이는데 간혹 시체를 수레에 싣고 온다. 이런 경우는 나쁘다.(六三, 師或輿屍. 凶.)

제3효는 아래 괘의 맨 위에 있으면서 양의 기운이 있을 자리에 음이 있어 정당한 자리가 아니다. 뿐만 아니라 상육과도 호응하지 못한다. 군사를 이끌고 전쟁을 해도 병사들의 신임을 얻지 못하고 패하여 병졸들의 시체를 수레에 싣고 돌아올 뿐이다.

육사(--): 군사들이 높고 험한 곳에 있는 막사에 머무른다. 이에 잘못되는 일은 없다.(六四, 師左次. 无咎.)

제4효는 음의 기운이 있을 자리에 음으로 있어 제자리를 얻어 매우 부드럽다. 하지만 위 괘의 맨 아래에 있어 덕망도 적고 유약하여 진취성이 없다. 그러기에 병사들이 묵는 막사(幕舍)에 있으면 손해는 없다.

육오(--): 밭에 새가 있는데 말씀을 받들어 잡으면 이롭다. 잘못되는 일은 없다. 맏아들에게 군사를 통솔하게 해야 한다. 작은 아들에게 군사를 거느리게 하여 패하고 수레에 시체를 싣고 돌아오게 하면 곧게 행동하더라도 나쁘다.(六五, 田有禽, 利執言. 无咎. 長子帥師, 弟子輿尸, 貞凶.)

제5효는 양의 기운이 있을 자리에 음이 있어 정당하지 않다. 하지만 구이의 양과 호응하는 여왕이 지혜가 있고 힘이 있다. 이에 맏아들에게 군사를 통솔하도록 맡기면 전쟁에서 이길 수 있다. 지혜도 없고 힘도 적은 작은 아들에게 맡기면 패할 수밖에 없다. 그렇게 되면 병사들의 시체를 수레에 싣고 돌아올 수 있으므로 나쁜 상황이다.

상육(--): 군주의 명령이 있어 나라를 열고 가문을 잇는다. 이때 소인은 쓰지 말아야 하느니라.(上六, 大君有命, 開國承家. 小人勿用.)

제6효는 위 괘에서 맨 위의 자리에 있으나 육삼의 음이 호응하지 않고 반발한다. 여왕이 되지는 못했지만 황태후가 되어 새로운 나라를 세우고 공신들에게 벼슬자리를 맡긴다. 이때 소인의 무리를 조심해야 한다.

대비: 예방/치료의 배려

사(師)는 '싸움', 즉 '전투'를 뜻한다. 전투는 함부로 시작해서는 곤란하다. 올바른 일을 위해 반드시 싸워야 할 일이 있어도, 그것이 합당한 싸움인지 그것을 이끌 지도자는 있는지 신중해야 한다.

이 사괘는 일종의 전시 상태를 의미한다. 그만큼 강력한 기운이 흐르고, 이런 시기에는 피나는 노력이 있어야 전시 상태를 수습할 지도자로 성장할 수 있다. 괘의 형상으로 보면 지하수에 해당한다. 물은 땅 속에서 퍼 올려야 비로소 물의 기능을 할 수 있다. 지하수가 지상으로 올라와 물의 본래 기능을 다하기까지는 긴 시간과 다양한 과정이 요청된다. 사람들이 모여들고 경쟁도 심해지며 싸움도 일어나기 쉽다.

현재 자신의 처지가 이 괘에 해당하는 경우, 땅이 지하수를 품듯이, 넓은 덕망으로 사람들을 끌어안고 포용하기에 힘써야 한다. 자신의 지위나 능력만을 믿고 자만심에 빠져서는 곤란하다. 다른 사람을 이해하고 사랑하며 실력을 갖춘 유능한 조력자나 협력자를 찾는데 힘써야 한다. 이 과정에서 공동체의 구성원에게 베푸는 지도자의 소통과 화합 능력이 중요한 역할을 한다. 그 핵심은 '협력'을 자연스럽게 구사하는 삶이다.

8. 비(比☷☵): 친밀한 교제

```
坎上
坤下
```

위 괘는 감(坎☵ 水)이고 아래 괘는 곤(坤☷ 地)이다.
이에 '수지비(水地比)'라 한다.

괘의 뜻

비[比☷☵ 친밀한 교제]는 좋은 일이다. 다시 점을 쳐서 진정으로 길이 이어지며 곧아야 잘 못됨이 없다. 편안하지 않아야 비로소 온다. 나중에 오는 사람은 나쁘다.(比, 吉. 原筮, 元 永貞, 无咎. 不寧方来. 後夫凶.)

구오의 양의 기운이 여러 음과 친근하다. 덕망이 있고 때를 만난 임금이 정당한 자리에서 여러 신하들과 즐겁게 지낸다. 점치는 사람에게 점괘를 다시 보게 하며 사람들의 마음을 헤아린다. 이때 평소 조회하러 오지 않던 신하도 불안한 마음에 조회를 오는데, 자신이 좀 강하다고 생각하며 늦게 조회 오는 신하는 나쁜 일을 당할 수도 있다.

비(比☷☵)의 모습을 보면, 위 괘는 감(坎☵)이고 아래 괘는 곤(坤☷)이다. 감(坎

☵)은 물[水]을 나타내고 곤(坤☷)은 땅[地]을 상징한다. 때문에 이 괘를 '수지비(水地比)'라 한다. '비(比)'는 따르고 좇으며 '친근하다'는 뜻이다. 괘의 형상으로 보면, 물이 땅 위에 공급되어 풀과 나무가 무성하게 자라날 수 있기 때문에 풍요로운 수확이 기대된다. 그러나 알찬 수확의 평화로움 이면에는 그것으로 인한 갈등의 씨앗이 움틀 수도 있다. 현명한 사람은 이런 상황을 예비하면서, 거꾸로 물이 땅 속으로 스며들기를 은근히 기대할 수도 있다.

비(比䷇)가 사(師䷆) 다음에 자리하는 이유는 간단하다. 군사와 같은 집단이나 공동체 무리는 반드시 친한 것이 있기 때문에 비괘로 받았다. 비(比)는 친밀한 관계를 유지하며 서로 돕는 것을 말한다. 사람은 그 특성상 공동체를 이룬다. 무리를 지으면서 반드시 서로 친밀한 관계를 지속하고 상호 협조하며 도움을 주어야 편안할 수 있다. 그러므로 무리가 있으면 반드시 친밀한 관계를 갖기 마련이다.

괘의 모양은 물[坎☵: 水]이 위에 있고 땅[坤☷: 地]이 아래에 자리한다. 두 괘의 특성으로 말하면, 물이 땅 위에 있는 형국이므로, 사람들 사이에, 또는 사물들 사이가 아주 가까워 틈이 없다. 물이 땅 위에 있는 것처럼 밀접한 관계를 이루는 사이가 없기 때문에 '친함[比]'으로 상징된다. 또 다섯 효가 모두 음인데 오효만이 굳센 양으로 최고지도자인 군주의 자리에 있다. 때문에 무리가 지도자를 친밀하게 따르고, 위에서도 아래와 친밀하므로 친함[比]이 된다.

효의 뜻

초육(--): 신뢰 있는 사람과 친밀하면 잘못되는 일은 없다. 항아리에 물이 가득 차듯 신뢰가 있으면 마침내 좋은 일이 있으리라.(初六, 有孚比之, 无咎. 有孚盈缶, 終來有它, 吉.)

제1효는 낮은 자리에 있지만 겸손하고 성실한 사람과 친하게 지내면 잘못되는 일은 없다. 물이 항아리 바닥부터 차오르듯이 차츰 올라가, 위 사람을 감동시켜 좋은 일들이 생기게 된다.

육이(--): 친밀하기를 마음으로부터 한다. 이런 경우에는 곧으면서 좋다. (六二, 比之自內. 貞吉.)

제2효는 구오의 양의 기운과 호응한다. 속마음에서 우러나는 성실을 다하고, 마음을 바르게 가지면 좋다.

육삼(--): 친밀하게 지내려고 하지만 바라는 사람이 아니다.(六三, 比之匪人.)

제3효는 양의 자리에 음의 기운이 있어 정당하지 않다. 아래의 육이는 초육의 음과 가깝고 구오의 양과 호응한다. 위에 있는 육사는 음의 성질을 지니고 부드러워 뜻에 맞지 않다. 이러다 보니 친밀하게 지낼 사람이 없다.

육사(--): 밖에서 사람들과 친밀하려고 한다. 이에 곧게 행동하면 좋다. (六四, 外比之. 貞吉.)

제4효는 음의 기운이 음의 자리에 있어 정당하다. 하지만 가운데 자리는 아니다. 초육과는 같은 음이라 호응하지 못하고 아래의 육삼과는 같은 음이라 친근할 수 없다. 위의 구오는 육이와 호응하고 있지만, 양의 기운이라 친근하게 지낼 수는 있다. 이때 겸손하고 올바르게 처신해야 한다.

 구오(一): 친밀함을 드러낸다. 왕이 사냥을 할 때 세 군데로 몰아 앞으로 도망가는 짐승을 놓쳤다. 그 읍의 사람들도 모두 사냥할 수 있어 경계하지 않으므로 좋다. (九五, 顯比. 王用三驅, 失前禽. 邑人不誡, 吉.)

제5효는 덕망이 있는 군주로 자신의 자리에서 여러 음의 기운과 친밀하게 지낸다. 군주는 사냥할 때 모든 짐승을 다 잡지 않고 짐승이 도망갈 자리를 남겨 둔다.

 상육(--): 친밀하게 하지만 머리가 없다. 그러므로 나쁘리라. (上六, 比之 无首, 凶.)

제6효는 최고의 자리에 있으나 힘이 없다. 같은 음의 기운이므로 아래의 육삼과 호응할 수도 없고, 구오의 양의 기운과 가까이 하고 싶으나, 구오는 육이와 호응하므로 도움이 안 된다.

대비: 예방/치료의 배려

비(比)는 '친밀하다'는 의미다. 사람과 친밀하게 교제하는 일이다. 그렇다고 무분별하게 사람을 사귀라는 뜻은 아니다. 신뢰를 갖춘 사람을 선별하는 일이 중요하다. 좋은 사람이 있으면 머뭇거리지 말고 빨리 찾아가 친분을 두텁게 쌓는 것이 좋다. 우물쭈물하는 사이에 기회를 놓친다.

그 사람의 처지와 상황을 고려하여, 스승은 스승답게, 선배는 선배답게, 동료는 동료답게, 아래 사람은 아래 사람답게 대접하고, 자기의 입장을 분명하게 변별하여 교제하는 것이 중요하다. 친근한 교제의 시기에는 사람도 많이 모이고, 사람들이 추구하는 목적을 향해 경쟁도 심한 때다. 믿을 수 있는 사람에 대해서는 남들보다 빨리 제대로 협력을 구해야 의지할 사람을 얻게 된다.

현재 자신의 처지가 이 괘에 해당하는 경우, 물이 땅속에 스며드는 것처럼, 사람들 사이에 친근하게 지내는 모습을 본받아야 한다. 그래야 서로 친근하게 지내며 화평한 내일을 기대할 수 있다. 하지만 좋은 일에도 부정적 측면이 끼어들게 마련이다. 따라서 언제나 사람 사이에 친밀함을 점검하고 화합하며 단결할 수 있도록 더욱 애써야 한다.

9. 소축(小畜☰☴): 조금 쌓음

☴
☰

巽上
乾下

위 괘는 손(巽☴ 風)이고 아래 괘는 건(乾☰ 天)이다.
이에 '풍천소축(風天小畜)'이라 한다.

괘의 뜻

소축[小畜☰☴ 조금 쌓음]은 형통할 수 있는 상황이다. 구름이 빽빽하게 끼지만 비가 오지 않는다. 그것이 서쪽의 교외에서 오기 때문이다.(小畜, 亨. 密雲不雨, 自我西郊.)

하늘이 구름을 모우는 형상이지만, 구름이 조금 모여 있어 비가 내리지 않는다. 이 비는 서쪽의 교외에서 시작될 것이다.

　소축(小畜☰☴)의 모습을 보면, 위 괘는 손(巽☴)이고 아래 괘는 건(乾☰)이다. 손(巽☴)은 바람[風]을 나타내고 건(乾☰)은 하늘[天]을 상징한다. 때문에 이 괘를 '풍천소축(風天小畜)'이라 한다. '축(畜)'은 문자 그대로 '쌓다'라는 의미로, '저축하다' 또는 '머물게 하다'는 뜻이다. 이에 '소축(小畜)'은 '조금 머물게 하다'는 말이다. 괘의 형상으로 보면, 하늘의 위쪽에서 바람이 분다. 하늘 위쪽에서 부는 바람은 그냥 바람일 뿐이다. 구름을 모아야 비를 내리고 땅 위를 적셔 생명이 활력을 얻을 수 있도록 도울 수 있다.

소축(小畜☴)이 비(比☷) 다음에 있는 이유는, 친밀하게 되면 반드시 쌓이는 것이 있기 때문이다. 사물이 서로 친밀하게 되어 따르면 모이게 마련이다. 모이면 쌓인다. 또 서로 친밀하게 지내다 보면 뜻이 맞게 되어 쌓이고, 이런 기간이 오래되면 그 쌓임이 멈추어 지속한다. 멈추어 지속하면 그만큼 또 모이게 된다.

괘의 모양은 바람[巽☴: 風]이 위에 있고 하늘[乾☰: 天]이 아래에 자리한다. 건괘는 그 속성상 위에 자리해야 하는데 오히려 손괘의 아래에 있다. 건(乾)의 굳셈을 멈추게 하는 데는 손(巽)의 유순함 만한 것이 없다. 손괘의 유순함이 건괘의 굳셈을 멈추게 했기 때문에 멈춤[畜]이라 한다. 그러나 손괘는 음이고 성격이 유순하기에, 그 유순함으로 건(乾)의 굳셈을 부드럽게 할 수 있을 뿐이다. 유순함의 힘으로 굳셈을 멈추게 할 수 있는 것이 결코 아니므로 멈추게 하는 양식이 작다. 또 여섯 효 가운데 하나의 음인 사효가 제자리를 얻어 나머지 다섯 개의 양효가 기뻐하는 것으로 되었다. 제자리를 얻은 것이 부드럽고 공손한 성질을 얻어 여러 양의 뜻을 멈추게 할 수 있기 때문에 '멈춤[畜]'이다. '소축(小畜)'은 작은 것[음인 사효]으로 큰 것[다섯 양효]을 멈추게 함을 말한다. 멈춰 모이는 것이 작고, 멈추는 일이 작은 것은 사효가 음의 기운을 지녔기 때문이다.

효의 뜻

 초구(─): 도리에 따라 돌아온다. 무엇이 잘못 되겠는가? 그만큼 좋으리라.(初九, 復自道. 何其咎, 吉.)

제1효는 양의 기운이 있을 자리에 양이 있고 육사의 음과 호응하며 위로 올라가려는 기세다. 기운을 땅에 축적하지 못하고 공중으로 돌아가려 한다. 때가 되지 않아 돌아와 있으므로 잘못이 없다. 그만큼 결과는 좋다.

 구이(─): 이끌고 돌아온다. 그만큼 좋다.(九二, 牽復. 吉.)

제2효는 양의 기운이 음의 자리에 있어 정당하지는 않다. 하지만 아래 괘의 가운데 자리를 차지하여 나름대로의 덕성이 있다. 그만큼 무모하게 나아가려하지 않고 자기 자리에서 머문다.

 구삼(─): 수레의 바큇살이 빠졌다. 그처럼 남편과 아내가 서로 미워한다.(九三, 輿說輻. 夫妻反目.)

제3효는 양의 기운이 위의 육사를 가까이 하려고 하나, 오히려 견제를 당하는 형국이다. 남편이 무슨 일을 해보려고 하지만, 아내가 문제를 제기하는 꼴이다. 바퀴살이 벗겨진 수레처럼 부부가 서로 눈을 흘기면 본다.

육사(--): 믿음이 있다. 피가 사라지고 두려움에서 벗어난다. 그만큼 잘못됨이 없다.(六四, 有孚. 血去惕出. 无咎.)

제4효는 음의 기운이 아래 초구와 호응하여 아래 구삼의 견제를 뿌리친다. 위로는 구오와 친밀하려고 하는 만큼 주변의 응원이 있어 걱정이 없다.

 구오(ー): 믿음이 있어 잡아당기듯이 한다. 부유하여 그 이웃을 거느린다.(九五, 有孚攣如. 富以其鄰.)

제5효는 양의 기운으로 자신의 정당하고도 가운데 자리에 있으면서, 아래로 육사와 친밀하다. 다른 효의 기운을 품고 이웃들과 함께 재화를 나누는 형상이다.

 상구(ー): 이미 비가 왔고 이미 그쳤다. 덕이 높아 넘칠 정도로 가득하다. 아내가 곧게 행동하더라도 위태롭다. 달이 보름에 가까우므로, 군자가 싸움을 나가면 나쁘리라.(上九, 旣雨旣處. 尙德載. 婦貞厲. 月幾望. 君子征凶.)

제6효는 가장 높은 곳에서 음의 기운이 있어야할 자리에 양으로 있다. 아래로는 구삼과 호응하지도 못한다. 비가 이미 왔다는 것은 전쟁이 날 징조이고, 전쟁을 지휘하는 임금의 덕망이 중도를 지키지 못하고 지나치면 좋지 않다. 보름이라는 것은 달이 훤하게 비치는 시기이므로 전쟁을 나갈 때가 아니라는 의미다. 이런 상황에서 싸움을 나가면 위험할 수밖에 없다.

대비: 예방/치료의 배려

소축(小畜)은 '조금 쌓는다'는 뜻이다. 조금 '축적하여 저축한다'는 말이다. 세상의 모든 일은 때가 오면 해결되게 마련이다. 그것은 하늘에 흩어져 머물러 있는 구름이자, 서쪽 하늘에서 구름이 모여 흐려지고 구름이 비로 변하여 땅을 적시는 것과 같다.

소축은 구름이 조금 쌓여 흐린 하늘이 된, 그런 하늘을 보고 있는 것처럼 약간 우울한 심리 상태를 일러주기도 한다. 아예 비가 쏟아지면 차라리 마음이 상쾌하다. 그러나 비가 내릴 듯 내릴 듯 하면서도 구름만 잔뜩 끼어 비를 좀처럼 내리지 않는 상태다. 현재 계획하고 있는 일들이 마음대로 즉시 진행되지 않아 좌절하기 쉬운 마음이기도 하다.

현재 자신의 처지가 이 괘에 해당하는 경우, 상황이 해소될 때까지 기다려야 한다. 다섯 개의 양효를 상징하는 여러 남성 사이에 음효를 상징하는 한 연약한 여성이 끼어 있다. 여성의 힘만으로는 아무리 노력해봐야 소용이 없다. 하지만 그런 상황을 참고 기다리면 큰 뜻을 이룰 수 있는 시기가 오게 마련이다.

10. 리(履☰): 밟는 일

☰ 乾上
☱ 兌下

위 괘는 건(乾☰ 天)이고 아래 괘는 태(兌☱ 澤)다.
이에 '천택리(天澤履)'라 한다.

괘의 뜻

리[履☰ 밟는 일]는 호랑이 꼬리를 밟음이다. 사람을 물지 않으니, 그만큼 형통하다.(履虎尾. 不咥人, 亨.)

사람이 죽은 호랑이의 꼬리를 밟았으므로 물지 않는다. 살아있는 호랑이를 건드렸다면 반격을 받아 크게 다쳤을 수도 있다. 위험한 일을 조심하는 만큼 모든 일이 잘 될 수 있다.

　리(履☰)의 모습을 보면, 위 괘는 건(乾☰)이고 아래 괘는 태(兌☱)다. 건(乾☰)은 하늘[天]을 나타내고 태(兌☱)는 연못[澤]을 상징한다. 때문에 이 괘를 '천택리(天澤履)'라 한다. '리(履)'는 문자 그대로 '밟다'라는 의미로, '실천하다'는 뜻이다. 어떤 일을 하건 실제로 행해 나가는 과정은 순조로울 수도 있지만, 다양한 역경과 난관에 부딪치게 마련이다. 이때 지혜를 발휘해야 한다. 자신보다 훌륭한 사람의 말을 따라 위험을 돌파하고, 난국을 타개하는 슬기를 모을 필요가 있다. 난관에 부딪쳤을 때 무모하게 자신의 고집만을 앞세우며 나아가서는 곤란하다.

소축(小畜䷈) 다음에 리(履䷉)가 자리하는 이유는, 모든 사물은 멈춰 있다가 어느 정도 실천할 수 있는 자세를 갖춘다. 그 다음에 행동하기 때문에 리괘로 받았다. 인간 사회를 비롯하여 어떤 사물이건 모이게 되면, 크고 작은 구별, 높고 낮은 등급, 아름답고 추한 구분이 있다. 이런 상황이 어느 정도 지속되다 보면 사물마다 행해야 할 본분이 생긴다. 이 본분이 이른바 예(禮)다. 그것을 실천해 나가야 하기 때문에 리괘가 소축괘를 이어받았다. 이런 점에서 '리(履)'는 예(禮)와 직결된다. 예는 사람이 실천하고 따라야 하는 윤리 도덕이다.

괘의 모양은 하늘[乾☰: 天]이 위에 있고 연못[兌☱: 澤]이 아래에 자리한다. 하늘이 위에 있고 연못이 아래에 자리하는 것은 위아래의 분수, 귀천의 의리, 이치의 마땅함 등의 차원에서 볼 때 당연하다. 때문에 '리(履)'다. '리(履)'는 '밟는 일[踐]'이자 '깔리는 것[藉]'으로도 이해된다. 사물에 실행하는 것은 '밟는 일[踐]'이고, 사물에게 밟히는 경우에는 '깔리는 것[藉]'이 된다. 유약한 음은 굳센 양에게 깔리기 때문에 '리(履)'라고 한다. '굳센 양이 유약한 음을 밟았다'고 하지 않고, '유약한 음이 굳센 양을 밟았다'고 한다. 이것은 굳센 양이 유순한 음을 타고 있는 상황인데, 떳떳한 이치이므로 굳이 말할 필요가 없기 때문이다. 그러므로 『주역』에서는 '유약한 음이 굳센 양을 탄 것'에 대해 말할 뿐, '굳센 양이 유약한 음을 탄 것'에 대해서는 말하지 않는다. '굳센 양에게 밟히고 깔린 것'을 말한 것은, 바로 자신을 낮추어 따르고 기뻐하여 호응하는 뜻을 나타낸다.

효의 뜻

 초구(━): 원래 그대로 한다. 그렇게 가면 잘못되는 일은 없으리라.(初九, 素履. 往无咎.)

제1효는 양의 기운이 맨 아래 자기 자리에 있어 나아가는 기상이 있다. 길을 밟는 법칙에 따라 가면 끝까지 갈 수 있다. 먼 길을 갈 때 맨발로 가지 말고 신을 신고 바른 길로 가라. 그러면 어디든지 간다.

 구이(━): 다니는 길이 평탄하다. 고독한 사람이 마음을 곧게 하면 좋다. (九二, 履道坦坦. 幽人貞吉.)

제2효는 앞길이 열려 있다. 그런데 초구의 양과 가까이 하기 어렵고 구오와 호응할 수 없어, 자기 자리에 있으면서도 고독하다. 기운이 하나도 없다. 하지만 곧은 마음을 지니면 좋은 일이 생긴다.

 육삼(--): 애꾸눈이 볼 수 있고 절름발이도 걸을 수 있다. 하지만 호랑이 꼬리를 밟는 것과 같아 사람을 문다. 이런 경우에 나쁘다. 한 무사가 대군이 되려는 것과 같다.(六三, 眇能視, 跛能履. 履虎尾, 咥人, 凶. 武人爲于大君.)

제3효는 하나의 음이 양의 자리에 있어 유약한데도 진취성만 있다. 상구의 양과 호응하여 구오를 뺏으려고 한다. 마치 애꾸눈이 모든 것을 볼 수 있고 절뚝발이가 모든 땅을 밟을 수 있다고 교만을 떠는 것과 같다. 힘도 없으면서 허세를 부린다. 이는 흉포한 무인이 권력자와 결탁하여 제왕의 자리를 탐내는 일과 같으므로 나쁘다.

구사(─): 호랑이 꼬리를 밟는다. 그렇더라도 두려워하고 조심하면 끝내는 좋다.(九四, 履虎尾. 愬愬, 終吉.)

제4효는 음이 있어야 할 자리에 양이 있어 강대한 양의 기운을 밟고 있는 형국이다. 죽은 호랑이의 꼬리를 밟고 있더라도 살아 있는 호랑이의 꼬리를 밟고 있는 것처럼 두려워하면 좋다. 조금이라도 업신여기는 태도를 취하면 큰 화를 입는다.

구오(─): 과감하게 결단하여 실천한다. 그런 경우 곧게 하더라도 위태롭다.(九五, 夬履. 貞厲.)

제5효는 제자리를 정당하게 차지했을 뿐만 아니라 가운데를 지키고 있다. 그러나 아래 구이의 호응이 없다. 군주가 현명하고 때를 만나기도 했지만, 혼자서 아무리 마음을 바르게 먹고 일을 처리해도 위태롭다.

상구(─): 밟아온 것을 보고 좋은 일을 살펴본다. 두루 하면 아주 좋으리라.(上九, 視履考祥. 其旋元吉.)

제6효는 가장 높은 자리에 있으나 육삼과 호응하여 잘 통한다. 과거부터 자신이 밟아온 길을 성찰해 보라. 그 가운데 좋은 일은 취하고 나쁜 일은 버리면 긍정적인 효과를 볼 것이다.

대비: 예방/치료의 배려

리(履)는 인간이 '행하는 일', '밟아 나가는 일'이다. 일을 밟아 실천해 나갈 때는 호랑이 꼬리를 밟은 것처럼 위험한 상태에 빠져 있다. 세상일 자체가 조마조마하고 위태롭다. 하지만 여러 사람의 의견을 경청하고, 윗사람의 충고를 잘 듣고 복종하며 순순히 따라간다면, 위험은 피할 수 있다. 그러기 위해서는 예절을 바르게 지키고, 사람이 걸어가며 밟아야할 올바른 길을 선택해야 한다.

삶에서 성공의 관건은 자신의 인생을 올바르게 밟아나갈 수 있는 일을 구현할 때 가능하다. 인간으로서 행해야 하는 당위를 실천하는 데 달려 있다. 아무리 심오(深奧)하고 정치(精緻)한 이론으로 무장했다하더라도 상황에 맞게 밟아나가지 않는다면, 공허한 인생으로 전락할 뿐이다. 문제는 실천이다! 인간 각자에게 맞는 본분, 각각의 사회에 부합하는 기본 예의, 그것을 파악하고 이행하는 삶의 전개다.

현재 자신의 처지가 이 괘에 해당하는 경우, 모범이 될 만한 윗사람의 뜻을 좇아, 어려운 국면을 타개해야 한다. 어른의 말을 따르면, 앞 세대의 경험에 비추어 볼 때, 특별한 문제가 발생하지 않을 확률이 높다. 독특한 자신의 취향에 따라 다른 사람을 앞질러 가려고만 해서는 곤란하다. 그렇다고 다른 사람의 눈치나 보면서 뒤에서 머뭇거리라는 말은 아니다.

11. 태(泰☷☰): 편안함

☷ 坤上
☰ 乾下

위 괘는 곤(坤☷ 地)이고 아래 괘는 건(乾☰ 天)이다.
이에 '지천태(地天泰)'라 한다.

괘의 뜻

태[泰☷ 편안함]는 작은 것이 가고 큰 것이 오는 상황이다. 그래서 좋고 형통하게 되리라.(泰, 小往大來. 吉亨.)

편안하다는 의미는 음의 기운이 물러가고 양의 기운이 들어오는 것이다. 양의 기운이 아래로 내려와 안에 머물러 있고 음의 기운이 위로 올라가 밖에 머물러 있다. 음양의 두 기운이 화합하여 만물을 생성하므로 서로 통하여 편안하고 좋아진다.

태(泰☷)의 모습을 보면, 위 괘는 곤(坤☷)이고 아래 괘는 건(乾☰)이다. 곤(坤☷)은 땅[地]을 나타내고 건(乾☰)은 하늘[天]을 상징한다. 때문에 이 괘를 '지천태(地天泰)'라 한다. '태(泰)'는 문자 그대로 보면 '크고 넉넉하다'는 말이지만 '태평스럽다'는 의미다. 괘의 모양으로만 보면, 위에 있어야 할 하늘이 아래에 있고 아래에 있어야 할 땅이 위에 있으므로, 거꾸로 뒤집어져 있는 것처럼 보인다. 조화를 이루지 못한 것 같다. 그러나 하늘의 기운이 위로 올라가고 땅의 기운이 아래로 내려오는 상황으로 이해하면, 그와 반대로 조화를 이루는 모습이다.

리(履☰☱) 다음에 태(泰☷☰)가 자리하는 이유는 간단하다. 어떤 일을 실천하여 태평하게 된 다음에 편안해지기 때문에 태괘로 받았다. 일을 처리하여 밟아나가는 과정에서 본래의 자리를 얻으면 여유로워 태평해진다. 태평하면 편안해진다. 그것이 리괘 다음에 태괘가 오게 된 까닭이다.

괘의 모양은 땅[坤☷: 地]인 음이 위에 있고 하늘[乾☰: 天]인 양이 아래에 자리한다. 얼핏 보면 조화가 깨진 형상처럼 느껴지지만, 천지음양(天地陰陽)의 기운이 서로 사귀어 얽히면서 만물이 생성되는 차원에서 생각해 보면, 오히려 상통하여 태평하게 된다.

효의 뜻

초구(一): 잔디 뿌리를 뽑으니 서로 엉켜 있고, 그 무리를 거느린다. 싸우러 가는 것이 좋으리라.(初九, 拔茅茹, 以其彙. 征吉.)
제1효는 양의 기운이 있을 자리에 양이 있고 육사의 음과 호응한다. 동시에 구이 및 구삼이 함께 위로 올라간다. 잔디를 뽑으면 그 뿌리가 함께 얽혀 있는 것처럼, 군사들의 마음도 잔디 뿌리처럼 연결되어 막히거나 장애가 없어 좋다.

구이(━): 거친 것들을 포용하면서 황하를 맨몸으로 건넌다. 멀리 있는 사람을 버리지 않으면서도 친구를 잃어버리는 일이 있으면 중용의 덕행을 숭상하여 그를 얻는다.(九二, 包荒, 用馮河. 不遐遺, 朋亡, 得尙于中行.)

제2효는 음의 자리에 양으로 있어 정당하지 못하다. 하지만 가운데를 차지하고 있으면서 육오와 호응한다. 그래서 초구와 구삼의 양과 함께 육오로 돌아간다. 이 양의 기운은 성질이 온순하고 기운이 강하다. 중용의 덕망을 갖춘 사람이 친구나 먼데 있는 사람은 물론이고 오랑캐까지도 포섭한다. 그런 다음 황하를 맨몸으로 건너가 공명정대한 임금에게로 나아간다.

 구삼(━): 평탄한 것은 기울지 않는 것이 없고 가는 것은 돌아오지 않는 것이 없다. 어려워도 곧게 하면 잘못이 없고 그 믿음을 우려하지 않는다. 먹는 데 복이 있다.(九三, 无平不陂, 无往不復. 艱貞无咎, 勿恤其孚. 于食有福.)

제3효는 아래 괘의 윗자리에서 양의 기운이 있어야 하는 자기 자리에 제대로 있다. 위에 있는 육사와 가까이 지내면서 상육의 음의 기운과 호응한다. 상육과 화합하면서 변화하는 형상인데, 이때 변화가 평탄하면 기울고 나아가면 되돌아온다. 변화하는 가운데 괴로움과 어려움이 있으나, 마음을 곧게 가지면 잘못되는 일은 없다.

육사(--): 훨훨 날아 내려오는 모습으로 부유하지 않아도 이웃이 된다. 경계하지 않아도 믿는다.(六四, 翩翩不富, 以其鄰. 不戒以孚.)

제4효는 음의 기운이 있을 자리를 차지하고 아래로는 초구와 호응한다. 공중의 새가 펄펄 날아 내려오는 것과 같고, 왕비와 가까운 공주가 서민층인 이웃과 어울린다. 계급이 낮아도 경계하지 않고 자기를 굽혀 현명한 사람의 가르침을 받는다.

육오(--): 제을(帝乙) 임금이 여동생을 시집보내는 상황이다. 복이 있고 아주 좋다.(六五, 帝乙歸妹. 以祉元吉.)

제5효는 음의 기운이 가운데 자리를 차지하여 덕망이 있고 아래의 구이와 호응한다. 임금이 자신의 누이동생을 현명한 신하에게 시집보내는 형상이다.

상육(--): 성이 무너져 해자[웅덩이]가 된다. 군사를 동원하지 말라. 고을에서 명령을 내린다. 곧게 행동하더라도 부끄러우리라.(上六, 城復于隍. 勿用師. 自邑告命. 貞吝.)

제6효는 아래에 있는 구삼의 양의 기운과 호응한다. 그러나 너무 약한데도 불구하고 높은 자리에 있어 강한 구삼이 붙잡으려 해도 제대로 되지 않는다. 성이 무너져 웅덩이로 돌아가는 것과 같은 형국이다. 이때는 임금과 신하가 서로 통하지 않으므로 군사를 일으키거나 명령을 내려도 시행되지 않고 수치스러운 일이 될 수 있다.

대비: 예방/치료의 배려

태(泰)는 '편안하다'는 뜻이다. 태평스럽고 평안한 만큼 모든 일이 정돈되어 안정을 찾은 상태다. 바깥의 사태에 대해서는 유연하게 대처하고, 안으로는 건실하게 만들어 모든 측면에서 불만이 없다. 그러므로 마음먹은 대로 행동해도 크게 어긋나지 않는다.

모든 일에 걸쳐 원만한 형태를 갖추므로, 이 평안을 상당 기간 지속해 나가려는 노력이 중요한 시기다. 현재는 자신의 주변도 아주 순조롭고 새로운 계획에 착수하여 자연스럽게 발전을 유도할 수 있다. 그만큼 마음이 만족스러운 상태다.

현재 자신의 처지가 이 괘에 해당하는 경우, 모든 일이 순조롭다. 순풍에 돛을 단 것처럼 만사대통(萬事大通)이다. 어찌 보면 인간의 삶에서 가장 이상적인 상황이다. 순조롭고 평화롭고 논리 정연한 단순한 세계는, 있는 그대로 인식하면 그만이다. 복잡하지 않은 만큼 어렵게 노력할 필요성이 줄어든다. 하지만 세상은 헝클어진 존재들의 제자리 찾기를 갈망한다. 그것이 거대한 조화(造化)다. 편안할 때일수록 그 이면에 존재하는 삶의 철학, 인간학을 실천의 영역에서 고민하는 것이 중요하다.

12. 비(否䷋): 막힘

䷋　乾上
　　坤下

위 괘는 건(乾☰ 天)이고 아래 괘는 곤(坤☷ 地)이다.
이에 '천지비(天地否)'라 한다.

괘의 뜻

비[否䷋ 막힘]는 사람의 길이 아니다. 군자가 곧게 행동해도 이롭지 않다. 큰 것이 가고 작은 것이 온다.(否之匪人. 不利君子貞. 大往小來.)

막힌다는 것은 사람의 길이 아니다. 우주자연의 운수가 막혀 있고 사람이 가야 할 마땅한 길이 막혀 있는 상황이다. 이는 군자의 바른 도리가 아니다. 양의 기운이 이미 쇠퇴하여 물러가고 음의 기운이 성장하여 들어오는 시기다. 군자가 물러가고 소인이 들어와 진취적이고 약동하는 기운은 쇠퇴하고 침체하는 분위기만 가득하다.

　비(否䷋)의 모습을 보면, 위 괘는 건(乾☰)이고 아래 괘는 곤(坤☷)이다. 건(乾☰)은 하늘[天]을 나타내고 곤(坤☷)은 땅[地]을 상징한다. 때문에 이 괘를 '천지비(天地否)'라 한다. '비(否)'는 '막히다'라는 의미다. 괘의 모양으로만 보면, 위에 하늘이 있고 아래에 땅이 자리하고 있으므로 아주 정상적인 것처럼 보인다. 정확하게 자기자리에서 조화를 이루고 있는 듯하다. 그러나 하늘의 기운은 점점 위로 올라가고 땅의 기운은 점점 아래로 내려오는 상황으로 이해하면, 조화는커녕 점차 거리가 멀어져 화합하지 못하는 형국이다. 앞에서 나온 태(泰☰☷)와 정반대다.

태(泰☰☷) 다음에 비(否☷☰)가 자리하는 이유는 간단하다. 태괘에서 '태(泰)'는 태평스러워 제대로 통하는 것인데, 세상의 모든 존재는 궁극적으로 끝까지 통할 수 없기 때문에 비괘로 받았다. 세상 만물의 이치는 가고 오며 통하는 것이 최고조에 이르면 반드시 막히게 되어 있다.

괘의 모양은 하늘[乾☰: 天]이 위에 있고 땅[坤☷: 地]이 아래에 자리한다. 하늘과 땅이 서로 사귀면서 얽히고, 음양이 서로 응대하여 펼쳐 나가면 태평함을 얻는다. 하늘이 위에 있고 땅이 아래에 자리하는 것은, 서로 얽혀 나아가기보다 제각기 다른 길로 간 것이다. 이때는 천지(天地) 사이가 막히고 끊어져 서로 통하지 못하는 상황이다. 때문에 막힘이 된다.

효의 뜻

 초육(--): 잔디 뿌리를 뽑으니 서로 엉켜 있고, 그 무리를 거느린다. 하지만 곧게 하면 좋고 형통하리라.(初六, 拔茅茹, 以其彙. 貞, 吉亨.)

제1효는 맨 위에 있는 상구와 서로 응대하면서 이웃에 있는 육이 육삼과 함께 위로 올라간다. 나쁜 성품을 지닌 소인이 위에 있는 사람에게 등용되면 갑자기 태도를 고치고, 가까운 사람들을 데리고 함께 간다. 이때 마음을 바르게 가지면 좋아질 수 있다.

 육이(--): 포용하여 받든다. 소인은 좋지만, 대인은 막혀야 형통한다.(六二, 包承. 小人吉, 大人否亨.)

제2효는 위의 구오와 호응한다. 소인들은 임금의 비위를 맞추어 등용되지만, 대인들은 물러나와 도리를 지키고 있어야 큰 화를 모면한다.

 육삼(--): 포용하는 것은 부끄러운 일이다.(六三, 包羞.)

제3효는 양의 자리에 음이 있으니 제자리가 아니고 덕망이 없다. 상구와 호응하지만 상구의 양은 그곳에 있을 자리가 아니고, 너무 높은 자리에 있어 덕망도 없다. 윗자리에서 권력만 있는 한 남성이 아래 자리에 있는 음탕한 여자와 놀아나므로 수치스러운 일이다.

구사(ー): 명령이 내려져서 잘못되는 일은 없다. 무리가 모두 복을 누린다.(九四, 有命无咎. 疇離祉.)

제4효는 아래의 초육과 호응하고 위로 구오와 가까이 있다. 또한 육이와 육삼의 음의 기운과도 통한다. 임금 곁에 있는 대신이 명령을 받아 아래에 있는 사람과 그 가까운 사람들을 등용하여 모두가 행복한 형상이다.

 구오(ー): 운이 막혀가는 것을 그치게 한다. 훌륭한 사람에게는 좋다. 하지만 '망할 것이다. 망할 것이다'라고 하면서도 무더기로 난 뽕나무 뿌리와 같은 훌륭한 사람의 덕망에 잡아맨다.(九五, 休否. 大人吉. 其亡其亡, 繫于苞桑)

제5효는 아래 육이와 호응한다. 육이와 구오는 모두 가운데 자리이면서 덕망이 있고 굳세고 부드럽다. 그만큼 막혀있는 기운을 터놓는다. 그리하여 망해 가는듯한 이 세상을, 뿌리가 깊고 튼튼하게 무더기로 난 뽕나무와 같은 훌륭한 사람의 덕망과 힘으로 붙잡아 매어 두었다가, 나쁜 운이 다한 후에 좋은 시대를 기대할 수 있다.

 상구(ー): 막힌 것을 기울어지게 한다. 먼저는 막히고 뒤에는 기뻐한다.(上九, 傾否. 先否後喜.)

제6효는 육삼의 음과 호응한다. 육삼과 상구는 모두 아래와 위의 괘에서 가장 높은 곳에 있다. 그러나 제자리를 차지하지 못해 정당하지 않다. 때문에 두 기운이 아무리 호응해도 기울어질 수밖에 없다.

대비: 예방/치료의 배려

비(否)는 '막히다' 또는 '거부하다'는 말이다. 막혀있는 만큼 어떤 사람이 살아가는 터전이 마련되어 있지 못한 상태를 뜻한다. 일반 사람의 의견이 윗사람에게 올라가 통하지 않고, 또한 고위 관료는 서민의 의견을 듣지 않는다. 이런 상황에서는 상대방의 마음이 동떨어져 이반하고 있을 뿐이다.

막혀 있는 상황은, 인간의 삶에서 아무리 막혀 있더라도 서서히 풀려나가기 마련이다. 이는 자연의 질서가 운행하는 이치, 예컨대 사계절의 순환을 생각하면 쉽게 알 수 있다. 아무리 추운 겨울도 따스한 봄날로 돌아온다.

현재 자신의 처지가 이 괘에 해당하는 경우, 어떤 일을 해도 제대로 이루어지지 않는다. 그러므로 어지러운 세상을 떠나 멀리 사라질 수 있다. 권세와 재물의 유혹이 뻗치더라도 숨어 살면서 난국을 피하면 된다. 대신, 상황의 추이를 지켜보며 자중해야 한다. 정치지도자의 경우에는 국민과 뜻이 맞지 않고, 사업을 하는 경영자나 대표는 회사 직원들과 손발이 맞지 않는 상황이다. 너그러운 마음과 신중한 태도만이 그 어려움을 극복할 수 있다. 모든 것이 제자리를 차지하고 안정적인 것처럼 인식될 때, 그 속에는 가장 비정상적이고 불안정한 씨앗이 도사리고 있다. 세상이 어지러운 만큼 긴장의 끈을 당겨야 한다. 그것이 삶의 불행을 예방한다. 정상의 시대일수록 비정상의 시대를 미리 예견하고, 신중한 태도로 치료를 준비하는 작업이 요청된다.

13. 동인(同人☰): 어울림

☰ 乾上
☲ 離下

위 괘는 건(乾 ☰ 天)이고 아래 괘는 리(離 ☲ 火)다.
이에 '천화동인(天火同人)'이라 한다.

괘의 뜻

동인[同人☰ 어울림]은 들에서 사람들과 함께 하면 형통하다. 큰 냇물을 건너는 것이 이롭다. 군자가 곧게 행동함이 이롭다.(同人于野, 亨. 利涉大川, 利君子貞.)

육이와 구오가 정당한 자리에서 호응한다. 덕망도 있고 기운도 굳세고 부드럽다. 현명한 사람이 하늘의 뜻을 받들어 군중들을 들에 모아 놓고 어울리며 교화하는 형국이다. 배나 뗏목도 없이 큰 냇물을 건너 갈 수 있을 정도로 이롭다.

　동인(同人☰)의 모습을 보면, 위 괘는 건(乾☰)이고 아래 괘는 리(離☲)다. 건(乾☰)은 하늘[天]을 나타내고 리(離☲)는 불[火]을 상징한다. 때문에 이 괘를 '천화동인(天火同人)'이라 한다. '동인(同人)'은 말 그대로 '사람들과 함께 하다', '어울리다는 의미다. 이는 어떤 일을 할 때 혼자서 처리한다는 말이 아니라, 다른 사람들과 동업을 하거나 동행한다는 뜻이다. 그러므로 다른 사람들의 의도에 동의하거나 찬동하며 뜻이 맞는 사람들끼리 협력 관계를 구축해야 한다. 괘의 모양으로만 보면, 위에 하늘이 있고 그 아래에서 불이 활활 타오르고 있다. 불은 위로 타올라가는 성질을 지닌다. 때문에 하늘이 아무리 위쪽의 높은 곳에 자리하고 있어도, 타오르는 불과 호응하게 되어 있다.

동인(同人☰)이 비(否☰) 다음에 자리하는 것은, 어떤 사물이건 끝까지 막혀 있을 수만은 없기 때문에 동인괘로 받았다. 하늘과 땅이 서로 사귀어 얽히지 못하면 막혀서 비괘가 되고, 위와 아래가 서로 어울려 함께 하면 동인괘가 된다. 비괘와 동인괘의 뜻이 반대가 되기 때문에 서로 이어놓았다. 또한 시대가 막히게 되면 반드시 사람들과 함께 힘을 합해야 시대를 구제할 수 있기에, 동인괘가 비괘 다음에 자리하는 것이다.

괘의 모양은 하늘[乾☰: 天]이 위에 있고 불[離☰: 火]이 아래에 자리한다. 그러므로 아래 위 괘의 모양으로 말한다면, 하늘이 위에 있는데 불의 성질이 타 올라가 하늘과 함께 하기 때문에 동인이 된다. 두 괘의 특성으로 보면, 오효가 바른 자리에 있어 건괘의 주인이고 이효가 리괘의 주인이다. 두 효가 가운데 있고 제자리에 있어 호응하면서 위와 아래가 서로 함께 하니, 다른 사람들과 내가 어울리는 뜻이다. 또 괘 전체의 여섯 효에서 이효에 음이 하나 있고, 다른 다섯 개의 양효와 함께 하려는 것도 다른 사람들과 어울리는 뜻이다.

효의 뜻

 초구(─): 문밖에서 사람들과 함께 한다. 그러면 잘못되는 일은 없으리라.(初九, 同人于門. 无咎.)

제1효는 안에 있다가 밖으로 나가 육이와 가까이 하려는 기세다. 문밖으로 나가 손님을 접대해도 괜찮다.

 육이(--): 집안사람들에게 있으면서 사람들과 함께 한다. 그만큼 부끄럽다.(六二, 同人于宗. 吝.)

제2효는 위로 구삼과 가깝고 구오와 호응한다. 미천한 여성이 몸종을 데리고 존귀한 집안 어른을 만난다. 그러므로 부끄러워하는 형상이다.

 구삼(─): 숲속에 군사를 매복시키고 높은 언덕에 올라가 본다. 하지만 3년이 되어도 일을 일으키지 못한다.(九三, 伏戎于莽, 升其高陵. 三歲不興.)

제3효는 위로 응대할만한 음의 기운이 없다. 아래의 육이가 가까이 있을 뿐이다. 힘만 세고 의젓하지 못한 남성에게 따르는 여성은 없다. 이웃집에 성질이 부드러운 한 여성이 있을 뿐이다. 그 남성은 이 여성을 탐내면서도 혼자 힘으로 어찌할 수 없다. 이에 풀숲에는 군사를 매복시켜 놓고 자기는 높은 언덕에 올라가 여성을 감시한다. 하지만 3년이 지나도록 그 여성의 마음을 사로잡는 어떤 일도 착수하지 못하고 있다.

구사(-): 도둑이 담에 올라가도 쳐들어오지 못한다. 그만큼 좋다.(九四, 乘其墉, 弗克攻. 吉.)

제4효는 음의 기운 자리에 양이 있어 정당하지 않다. 아래로 초구와 호응해야 하지만 둘 다 양이라 응대하지 못한다. 초구와 가까운 육이에 편승하여 가까이 해 보려고 하지만, 육이가 구오와 호응하여 위에서 누른다. 즉 무도한 도둑이 담을 타고 올라가 여성을 빼앗으려고 하지만, 군자가 뒤에서 감시하고 있어 들어가지 못한다. 그렇게 화를 면할 수 있는 형국이다.

 구오(-): 사람들과 함께 하지만 먼저는 울부짖고 뒤에는 웃는다. 큰 군사를 일으켜 이겨야 서로 만난다.(九五, 同人, 先號咷而後笑. 大師克相遇.)

제5효는 육이와 호응하고 있으나, 구삼과 구사의 양의 기운이 육이를 가로막고 있어 올라가는데 어려움이 있다. 힘이 강한 두 남성이 가로 막고 방해하지만, 많은 사람들이 함께 가서 두 사나이와 싸워서 이기고, 끝내는 서로 만나게 된다.

 상구(-): 교외에서 사람들과 함께 한다. 그러나 뉘우침은 없으리라.(上九, 同人于郊. 无悔.)

제6효는 자신을 따르는 음의 기운은 없다. 다만 아래의 육오와 호응을 이룬 육이가 있어 뜻을 두었으나, 목적을 이루지는 못한다. 그러나 그에 대한 후회는 없다.

대비: 예방/치료의 배려

동인(同人)은 '다른 사람과 함께한다'는 의미다. 즉 '다른 사람과 어울린다'는 말이다. 태양이 지상을 골고루 밝게 비추듯이 서로 공명정대한 행동으로 어울리면, 어떤 사업일지라도 성공으로 유도할 수 있다. 사람이 함께 모여 일을 한다는 것은 서로 어울려 성의를 다할 때 원만하게 진행된다.

사람들과 함께 하거나 어울리는 일은, 어떤 사안에 대해 공명정대하고 대의명분을 세우면 성공할 수 있음을 시사한다. 이때는 집안에서 일처리를 하는 것보다 외부로 나가는 편이 발전 가능성이 있다. 함께 어울려 일을 할 때는 사람들 사이에 아무런 비밀 없이 성심껏 협력하는 것이 가장 좋다. 동인(同人)에는 동지(同志)나 동료(同僚)라는 의미도 포함되어 있으므로, 한 가지 일이나 목표를 설정했을 때, 경쟁도 심하고 세력다툼이 생길 수도 있다.

현재 자신의 처지가 이 괘에 해당하는 경우, 세상에서 뜻이 맞는 동지를 얻으려고 다방면으로 애써야 한다. 뜻이 같은 사람을 얻기 위해서는 서로 협력하기 위한 노력을 해야 한다. 그러나 동지를 얻는다는 핑계로 쓸데없는 일을 도모하기 위해 작당(作黨)해서는 곤란하다. 세상의 모든 존재는 나와 어떤 연관을 맺고 있는가? 이 시대에 한 사회에서 더불어 하거나 함께 한다는 의미는 무엇인가? 공동체의 한 부분으로서 나의 짝은 어디에 있는가? 개인의 자질을 바탕으로 그 배려의 파트너 십을 구현하려는 자세를 갖추는 작업이 삶의 요결이다.

14. 대유(大有☲): 큰 소유

☲

離上
乾下

위 괘는 리(離☲ 火)고 아래 괘는 건(乾☰ 天)이다.
이에 '화천대유(火天大有)'라 한다.

괘의 뜻

대유[大有☲ 큰 소유]는 엄청나게 형통한 상황이다.(大有, 元亨.)

양의 기운이 가득하다. 다섯 양효 가운데 하나의 음효가 있다. 구이의 양과 육오
의 음이 호응하고 다른 양의 기운도 모두 여기에 응대한다. 위와 아래가 서로 통
하여 이슬과 비를 내리므로, 만물이 잘 자라고 곡식이 잘 여물어, 크게 부유하게
되는 뜻이다.

　대유(大有☲)의 모습을 보면, 위 괘는 리(離☲)고 아래 괘는 건(乾☰)이다. 리(離
☲)는 불[火]을 나타내고 건(乾☰)은 하늘[天]을 상징한다. 때문에 이 괘를 '화천
대유(火天大有)'라 한다. '대유(大有)'는 말 그대로 '크게 가지다' 또는 '크게 소유하
다'는 의미다. 위에 자리하고 있는 불은 뜨겁게 달아오른 태양을 가리킨다. 중천

에 떠 있는 태양처럼 기운이 가장 왕성한 때다. 하늘 위에 떠서 햇볕이 강하게 쬐고 있는 형국이다.

대유(大有☲)가 동인(同人☲) 다음에 자리하는 이유는 간단하다. 앞에서 언급한 동인괘는 다른 사람과 함께 하는 형상을 그렸다. 다른 사람과 더불어 하는 사람은 어떤 사물을 다루건, 반드시 그에게로 돌아오기 마련이다. 때문에 대유괘로 받았다. 다른 사람과 함께 하는 사람은, 더불어 하는 만큼 사물이 그에게로 돌아온다. 그것이 세상의 원리이자 인간 사회의 이치다.

괘의 모양은 불[離☲: 火]이 하늘[乾☰: 天] 위에 있다. 하늘 저 위의 높은 곳에 있는 불은 태양을 나타낸다. 태양은 빛을 발산하는 것이 본래의 특성이다. 그 밝은 빛으로 멀리까지 비추어 모든 사물이 환히 드러나게 만든다. 이것이 다름 아닌 대유괘의 형상이다. 또 여섯 개의 효 가운데 하나의 유순한 음효, 즉 오효가 존귀한 자리에 있어 다른 다섯 개의 양효와 함께 호응한다. 존귀한 자리에 있으면서 유순함을 잡고 있기에 사물이 돌아오는 것이다. 이처럼 위와 아래로 호응하는 것이 대유괘의 뜻이므로 성대하고 풍성한, '큰 소유'의 의미를 담고 있다.

효의 뜻

 초구(一): 해로움에도 불구하고 교섭함이 없다. 이것이 잘못은 아니다. 하지만 어렵게 여기면 잘못되는 일은 없으리라.(初九, 无交害. 匪咎. 艱則无咎.)

제1효는 가장 아래에 있으면서 호응하는 음기가 없어 매우 고독하다. 하지만 자신의 자리에서 기운이 강하므로 위로 올라갈 힘은 있다.

 구이(一): 큰 수레로 짐을 싣는다. 그러므로 가는 것이 있다. 잘못됨은 없다.(九二, 大車以載. 有攸往. 无咎.)

제2효는 위의 육오와 호응한다. 음의 자리에 양으로 있어 제 자리는 아니지만 가운데를 차지하여 덕성을 갖추고 앞으로 나아갈 수 있다. 덕망 있는 사람이 큰 수레에 물건을 가득 싣고, 자신을 신임해 주는 윗사람에게 나아가는 형상이다. 그 과정에서 큰 방해는 없다.

 구삼(一): 천자에게 조공을 올리는 상황이다. 그런 일은 소인이 결코 감당하지 못한다.(九三, 公用亨于天子. 小人弗克.)

제3효는 양으로서 제자리를 차지하고 있으나 위로 호응할 음이 없다. 상구와 호응하지 못하고 그 아래 육오의 음에 귀화할 수밖에 없다. 어떤 제후가 정당하지 못한 자리에서 허세를 부리는 소인과 단절했고, 그 제후가 천자에게 조공을 할 때 그 소인이 불만을 표시할 수 없는 형상이다.

구사(ー): 그 성대함을 뽐내지 않는 형국이다. 그만큼 잘못되는 일은 없다.(九四, 匪其彭. 无咎.)

제4효는 음의 자리에 양이 있어 성질이 온화하다. 성대한 시기가 이미 쇠퇴기에 들어서 기운이 한풀 꺾였다. 신하가 위에 있는 임금을 유약하다고 업신여기지 않고, 겸손하여 권력을 부리지 않으면, 종신토록 잘못되는 일은 없다.

 육오(--): 그 믿음으로 사귄다. 따라서 위엄으로 두렵게 하면 좋다.(六五, 厥孚交如. 威如, 吉.)

제5효는 양의 기운 자리에 음으로 있다. 아래의 구이와 호응하며 신뢰를 쌓는다. 그 과정에서 다른 사람들에게는 위엄을 보여주며 두려움 가운데서 신뢰를 주는 것이 좋다.

 상구(ー): 하늘에서 그를 도와준다. 좋아서 이롭지 않음이 없으리라.(上九, 自天祐之. 吉无不利.)

제6효는 가장 높은 자리에서 별로 하는 일이 없다. 그래도 누군가의 도움을 받으며 좋은 상황을 유지한다. 아래에 있는 육오의 음과 가까이 해서다.

대비: 예방/치료의 배려

대유(大有)는 '크게 보전한다'는 뜻이다. 중천에서 찬란한 빛을 발하는 태양처럼 만물이 왕성하게 성장할 때는 모든 것이 뜻대로 이루어진다. 이 과정에서 각자 자기에게 알맞은 때와 물건, 일을 얻어 최선을 보전하는 것이 인생에서 중요하다.

대유는 '하늘의 때'라고 일컬어질 정도로, 운수가 대단히 왕성한 시기다. 물질적 측면에서는 재물이 풍부하고 정신적 측면에서는 온몸의 힘, 에너지가 넘친다. 가만히 있어도 온갖 혜택을 입는다. 하지만 태양이 언제나 중천에 찬란하게 떠 있는 것은 아니다. 멀지 않아 서쪽 산으로 기울어 석양으로 물든다. '크게 보전한다'는 말의 뜻을 신중하게 고려하면, 현재의 행운은 언제 기울어질지 모른다. 조만간에 기우리라. 따라서 오래도록 보전할 수 있도록 미리 정신을 차리고 긴장해야 한다.

현재 자신의 처지가 이 괘에 해당하는 경우, 권선징악(勸善懲惡)의 자세로 사람을 대해야 한다. 그런 만큼 현재 당면한 좋은 기회를 선(善)으로 실천할 수 있도록 열정을 드러내야 한다. 지금까지 인내하며 기다리던 절호의 기회가 왔다. 저 하늘 가운데 떠 있는 태양도 얼마 지나지 않아 기울게 마련이므로 기회가 왔을 때 반드시 잡아야 한다. 그것이 자기를 위한 배려이고 삶의 예방적 차원이다. 큰 소유를 하고 있을 때, 삶을 대비하라!

15. 겸(謙☷☶): 겸손

☷☶ 坤上
艮下

위 괘는 곤(坤☷ 地)이고 아래 괘는 간(艮☶ 山)이다.
이에 '지산겸(地山謙)'이라 한다.

괘의 뜻

겸[謙☷☶ 겸손]은 형통하는 상황을 가져온다. 이에 군자가 잘 끝마칠 수 있다.(謙, 亨. 君子
有終.)

사람이 겸손하면 어떤 일이건 막힘없이 통한다. 그러기에 군자는 유종의 미를 거
둘 수 있다. 하나의 양과 다섯 개의 음으로 되어 있으나 다섯 음이 하나의 양에
종속된다. 그것은 도덕이 높은 군자가 윗사람과 아랫사람에게 항상 겸손한 태도
를 보이므로, 끝까지 아무 잘못이 없음을 상징한다.

겸(謙☷☶)의 모습을 보면, 위 괘는 곤(坤☷)이고 아래 괘는 간(艮☶)이다. 곤(坤
☷)은 땅[地]을 나타내고 간(艮☶)은 산(山)을 상징한다. 때문에 이 괘를 '지산겸
(地山謙)'이라 한다. '겸(謙)'은 말 그대로 '겸손하다' 또는 '공손하다'라는 의미다.

이 괘의 형상을 보면, 산은 원래 높은 것이지만 낮은 곳에 자리하고 있다. 그것도 땅 아래로 들어가 있다. 이뿐만이 아니다. 산은 자신을 무너뜨리면서, 저 낮은 곳에 있는 땅을 메우거나 북돋아 주기도 한다. 그러므로 겸손함을 상징한다.

겸(謙䷎)이 대유(大有䷍) 다음에 자리하는 이유는 큰 것을 소유한 경우, 가득 차게 해서는 안 되기 때문이다. 이미 많이 소유하고 있어 큰 것임에도 불구하고, 더 가득 차게 하면 넘칠 뿐이다. 그러기에 가득 차게 해서는 절대 안 된다. 반드시 겸손해야 한다. 때문에 대유괘 다음에 겸괘로 받았다.

괘의 모양은 땅[坤☷: 地]이 위에 있고 산[艮☶: 山]이 아래에 자리한다. 땅속에 산이 있는 것이다. 땅은 원래 낮은 곳인 저 아래에 있고, 산은 높고 저 위에 있으며 큰 물건이다. 그런데도 산이 땅의 아래에 있으니 겸손함을 상징한다. 산이 숭고한 덕을 가지고도, 낮은 땅 아래 있으니 겸손함을 대변한다.

효의 뜻

초육(--): 겸손하고 겸손한 군자다. 그런 사람은 큰 냇물을 건너는 것이 좋으리라.(初六, 謙謙君子. 用涉大川, 吉.)

제1효는 가장 아래 양의 기운으로 제자리에 있고 나아갈 기세를 지녔다. 냇물을 건너가는 사람이 조심하는 태도로 위험한 물가에 있다. 겸손한 만큼 탈 없이 건너가므로 괜찮은 형국이다.

육이(--): 겸손함으로 소문났다. 그러기에 곧고 좋다.(六二, 鳴謙. 貞吉.)
제2효는 음의 기운이 제자리를 얻고 덕망을 갖추었다. 구삼의 양과
도 가까워 그 덕성이 겉으로 드러난다. 겸양의 덕이 있다는 소문이
세상에 알려지고, 그럴수록 마음을 곧고 바르게 가져서 좋다.

구삼(一): 공로가 있으면서도 겸손하다. 그런 군자는 끝마침이 있어서 좋
다.(九三, 勞謙君子. 有終, 吉.)
제3효는 상육의 음과 호응하여 모든 음의 기운을 잘 통솔한다. 그
런 공로가 있을 뿐만 아니라 겸양의 미덕도 겸비되어 끝까지 좋은
일이 있다.

육사(--): 이롭지 않음이 없다. 그만큼 겸손함을 펼쳐야 한다.(六四, 无不
利. 撝謙.)
제4효는 정당한 자리에 있으면서 아래로 구삼의 양기와 가까이 하
고, 위 괘에서는 가장 아래에 자리한다. 이 사람은 그런 만큼 더욱
겸손하고 겸양의 미덕을 발휘하므로 무엇을 하건 이롭다.

육오(--): 부유한 것으로 하지 않아도 그 이웃이 된다. 습격하여 치는 것이 이로움이 된다. 이롭지 않음이 없다.(六五, 不富以其鄰. 利用侵伐. 无不利.)

제5효는 양의 자리에 음이 있으나 가운데를 차지하여 나름대로의 덕성이 있다. 그만큼 높은 자리에 있으면서도 빈약하다고 생각하며 겸손한 태도로 나아간다. 개인의 부유함을 자랑하지 않고 나라의 약함을 생각하며 신중하게 쳐들어가서 민심을 얻는다. 결국은 싸워 이기므로 이롭다.

상육(--): 겸손함으로 소문났다. 그런 만큼 군사를 움직여 영토 내에 조그마한 나라를 정벌함이 이로우리라.(上六, 鳴謙. 利用行師, 征邑國.)

제6효는 가장 높은 자리에서 지나치게 유약한 모습을 보인다. 다른 음의 기운들조차도 얕볼 정도로 겸손하다. 겸양의 덕이 다른 나라까지 소문날 만큼 영토내 사람들이 업신여길 수 있다. 그러므로 영토 안의 나라부터 정벌해 나가는 것이 좋다.

대비: 예방/치료의 배려

겸(謙)은 '자기 자신을 낮춘다'는 의미로 손(遜)과 통한다. 그래서 겸손(謙遜)이나 겸양(謙讓)의 뜻을 나타낸다. 사람은 일상생활에서 행동을 조심하고, 겸손을 삶의 기준으로 삼아야 무사하게 지낼 수 있다.

엄밀하게 고찰해 보면, 겸은 물건이 너무 많아 남아도는 곳에서 물건이 적어 곤란을 느끼는 곳으로, '보탠다'는 의미를 지니고 있다. '도와준다'는 말이다. 그 도움의 근본 마음이 겸손에서 나온다. 도움을 줄 때, 자기의 욕심을 내세워서는 안 된다. 부족함을 느끼는 상대에게 나누어 주는 동정심이 중요하다. 여기에서 자신을 낮추는 겸손이나 겸양, 또는 겸허라는 말이 나왔다. 그러기 위해서는 모든 일에 쓸데없는 짓을 하지 않아야 한다. 내가 비상하고 특출한 재능을 가졌다할지라도, 그것을 가만히 숨겨야 한다. 조용하게 실천할 수 있는 기회가 찾아오기를 기다려야 한다.

현재 자신의 처지가 이 괘에 해당하는 경우, 세상일에 대해 균형을 잡아나가려는 노력을 해야 한다. 자신의 재능을 너무 믿고 행동해서는 안 된다. 더욱이 교만해서는 절대 안 된다. 산처럼 듬직하게 겸허한 미덕을 본보기로 삼아, 자신보다 못한 처지의 여러 사람을 배려할 줄 알아야 한다. 인간은 삶에서 다양한 양태의 불균형과 불평등을 바로잡으려고 노력한다. 세상일에 대해 정당성과 정의를 모색하며, 불균형을 균형으로, 불평등을 평등으로 전환할 수 있도록 배려한다. 간단하게 말하면, 어떤 측면에서 많이 소유한 부분이 있다면 그것을 털어내어 모자라는 곳에 보충하려고 한다. 그런 자세를 확립하기 위한 윤리적 덕목이 바로 겸손이다.

16. 예(豫☷☳): 예비함

☳☷
震上
坤下

위 괘는 진(震☳ 雷)이고 아래 괘는 곤(坤☷ 地)이다.
이에 '뇌지예(雷地豫)'라고 한다.

괘의 뜻

예[豫☷ 예비함]는 제후를 세워 군대를 움직이는 것이 이롭다.(豫, 利建侯行師.)

세상을 안정시켜 사람을 편안하게 살도록 하는 일은, 미리 제후의 나라를 세워 주
고, 정의의 이름으로 군대를 동원하여, 나쁜 무리를 토벌하는 것이 이롭다.

　예(豫☷)의 모습을 보면, 위 괘는 진(震☳)이고 아래 괘는 곤(坤☷)이다. 진(震
☳)은 우레[雷]를 나타내고 곤(坤☷)은 땅[地]을 상징한다. 때문에 이 괘를 '뇌지
예(雷地豫)'라고 한다. '예(豫)'는 '미리' '예비하다' 또는 '기뻐하다'는 의미다. 이 괘
의 형상을 보면, 우렛소리가 땅 위에서 울리는 모습이다. 즉, 하늘의 기운인 양
(陽)과 땅의 기운인 음(陰)이 화합하는 징조를 나타낸다. 양의 기운과 음의 기운
이 화합하는 상황 자체가 일종의 기쁨이다. '미리 예비하다'는 뜻으로 쓰일 때는

예언이나 예감과 상통한다.

예(豫䷏)가 겸(謙䷞) 다음에 자리하는 이유는 의미와 논리에서 분명하게 드러난다. 큰 것을 가지고 있으면서 겸손할 수 있으면 반드시 기쁘기 때문에 예괘로 받았다. 큰 것을 소유하다는 의미의 대유(大有䷍)와 겸손함을 상징하는 겸(謙䷞)의 두 괘의 뜻을 이어 예(豫䷏)가 자리한다. 이미 큰 것을 가졌는데도 겸손할 수 있으면 즐거움을 누릴 수 있다. 기쁨을 표현하는 '예(豫)'는 편안하고 즐겁다는 말이다.

괘의 모양은 우레[震☳: 雷]가 위에 있고 땅[坤☷: 地]이 아래에 자리한다. 이는 순응하며 움직이는 모습이다. 움직이면서 순응하기 때문에 즐겁다. 여섯 효 가운데 양(陽)인 구사효가 이 괘에서 움직임의 주인이다. 따라서 위아래의 모든 음(陰)효가 함께 호응하고, 또 곤괘가 받들며 따른다. 내괘[아래 괘]와 외괘[위 괘]의 모습으로 말하면, 우레가 땅 위로 솟아나오는 형국이다. 양의 기운이 처음에는 땅속 깊이 감추어져 있다가 움직여 땅을 뚫고 나오자, 그 소리를 크게 떨치는 모습이 활발하고 편안하므로 '예(豫)'라고 한다.

효의 뜻

 초육(--): 기쁨에 소리를 지르다. 그렇게 하면 나쁘리라.(初六, 鳴豫. 凶.)
제1효는 양의 자리에 음이 있어 정당하지 않고, 위로 구사와 호응하여 기운을 밖으로 내려고 한다. 하지만 구사도 정당한 자리가 아니므로, 호응하여 기뻐하며 소리를 지르더라도 올바르지 않다.

육이(--): 돌에 끼어있는 물건처럼 견고하다. 그것은 하루 종일 걸리지 않아 풀리겠지만, 그때까지는 마음이 곧아야 좋다.(六二, 介于石. 不終日, 貞吉.)

제2효는 위 아래로 호응할만한 양의 기운이 없고, 두 음 사이에 홀로 끼어 있다. 그러나 가운데 자리에 있어 나름대로의 덕성은 지니고 있다. 괴로운 시간이겠지만, 그 덕성으로 자기 일을 하며 마음을 곧게 가지고 기다리면 좋은 날이 오게 마련이다.

육삼(--): 쳐다보며 기뻐한다. 뉘우칠 것이다. 느리게 하면 뉘우침이 있다.(六三, 盱豫. 悔. 遲有悔.)

제3효는 위로 구사를 가까이 하지만, 그 구사는 육오를 가까이 하고 있어, 나쁜 소인의 형상이 된다. 그런 소인은 자신이 가까이 하는 신하가 유약하고 세력도 없는 임금을 쳐다보며 충성하는 것을 오히려 근심한다. 그런 만큼 나쁜 마음을 빨리 버리지 못하면 후회한다.

구사(—): 예정된 일로 말미암아 기뻐한다. 크게 얻음이 있다. 의심하지 말라. 벗들이 몰려올 것이다.(九四, 由豫. 大有得. 勿疑. 朋盍簪.)

제4효는 초육과 호응하면서 육오와 가까이 지낸다. 임금이 예정하고 있는 뜻을 받아 나라를 다스리는 데 기여하므로, 기쁘고 얻는 것이 있다. 협조하지 않는 사람들이 있더라도 그들을 의심하지 않고 나아가면 친구들이 몰려와서 도와준다.

☷
☳ 육오(--): 곧으면서도 고질병으로 앓는다. 그러나 쉽게 죽지는 않는다.(六五, 貞疾. 恒不死.)

제5효는 아래의 육이와 호응하지 못하고 구사가 지닌 양의 기운을 타고 있다. 자신과 가까운 세력은 모두 구사에게 눌리고 빼앗긴다. 임금으로서의 세력은 아래 신하들에게 빼앗겨 고통을 받고 있다. 그러나 그 덕망을 지니고 있는 만큼 임금 자리는 오래 지속된다.

☷
☳ 상육(--): 기쁨에 눈이 멀어졌다. 그러나 이루어졌기에 변함이 있다. 잘못되는 일은 없으리라.(上六, 冥豫. 成有渝, 无咎.)

제6효는 음이 있을 정당한 자리지만 너무 높은 자리에 있다. 호응하는 양의 기운도 없다. 이런 상황은 얼마 지나지 않아 변하게 된다. 기쁨에 눈이 멀 정도로 위험한 자리에 있지만, 시대가 바뀌면서 편안한 세상이 될 것이므로 별 탈은 없다.

대비: 예방/치료의 배려

예(豫)는 '예비하다'는 뜻이므로 미리 갖추어야 하는 사안을 포함한다. 모든 일은 사전 준비가 중요하다. 앞에서 이끄는 지도자가 확고하게 삶의 지침을 예비하면, 사람들은 불안한 마음 없이 그 사람을 따르면 된다.

이러한 준비과정은 봄이 되어 땅 위로 우레가 나타난 상황에 비유된다. 지금까지 여러 측면에서 고생이 많았던 사람도 이제는 세상에서 인정받을 수 있는 기회를 얻는다. 세상의 모든 사물도 새로운 방향으로 나아가는 시기다. 이런 때 훌륭한 지도자가 예비해 주면, 그 보다 기쁜 일은 없다. 무엇보다 안심이 되기 때문이다. 다른 사람에게서 자신의 실력을 인정받아 지위도 올라가고 윗사람에게 발탁되는 기쁨을 누린다. 지금까지 앞이 막혀 어찌할 도리가 없었다면 걱정할 필요는 없다. 이제부터는 앞이 트이고 새로운 희망이 보인다. 그것이 삶의 기쁨이다. 이제는 명랑한 기분으로 열정적으로 일하기 때문에 주위에 있던 사람들도 모여든다.

현재 자신의 처지가 이 괘에 해당하는 경우, 옛날 지도자들이 우렛소리가 진동하는 것을 본보기로 음악을 발전시키듯이, 사전에 철저하게 준비하며 주변의 많은 사람들을 기쁘게 해야 한다. 그러려면 어떤 일을 보고 그것을 참고하여 즐겁게 만들려는 기획을 하고 미리 준비하는 태도를 가져야 한다. 한 공동체의 지도자라면 구성원들에게 미래의 비전을 제시하고 그것을 구체적으로 실행할 수 있는 계획표를 만들어 일러 주어야 한다.

17. 수(隨䷐): 때에 따름

䷐　　震上
　　　兌下

위 괘는 태(兌☱ 澤)고 아래 괘는 진(震☳ 雷)이다.
이에 '택뢰수(澤雷隨)'라고 한다.

괘의 뜻

수[隨䷐ 때에 따름]는 엄청나게 형통한다. 그러기에 곧게 하는 것이 이롭다. 잘못되는 일
은 없다.(隨, 元亨, 利貞. 无咎.)

때에 따라 일을 하면 이해하고 통하게 마련인데, 마음을 바르게 가지면 이롭고
잘못되는 일은 없다. 모든 사물은 때에 따라 변화하여 막히지 않고 크게 통한다.
그런 변화 가운데 마음을 곧게 가져야 좋다.
　　수(隨䷐)의 모습을 보면, 위 괘는 태(兌☱)고 아래 괘는 진(震☳)이다. 태(兌☱)
는 연못[澤]을 나타내고 진(震☳)은 우레[雷]를 상징한다. 때문에 이 괘를 '택뢰수
(澤雷隨)'라고 한다. '수(隨)'는 '따르다'는 의미다. 이 괘의 형상을 보면, 높은 하늘
위에서 움직이던 우레가 낮은 연못 속에 잠겨 있는 모습이다. 우레가 우르릉 쾅

쾅 치며 비를 내리고 연못을 이루지만, 그것을 지나 이미 연못 속에 잠겨 있는 형국이다. 이는 때가 한참이나 지났음을 나타낸다. 여름에 기승을 부리던 우레가 그 기운이 꺾이거나 잃은 상황이므로 계절로 보면 가을에 해당한다.

수(隨䷐)가 예(豫䷏) 다음에 자리하는 이유는 간단하다. 기뻐하면 반드시 따르기 때문에 수괘로 받았다. 기쁘고 즐거운 일이 있을 경우, 모든 존재는 그것을 따르게 마련이다.

괘의 모양은 연못[兌☱: 澤]이 위에 있고 우레[震☳: 雷]가 아래에 있다. 태괘가 기쁨이고 진괘가 움직임이므로, 기뻐하여 움직이고 움직여 기뻐하는 일 모두가 수괘의 뜻이다. 또 진괘는 우레이고 태괘는 연못이므로, 우레가 연못 속에서 움직이고 연못이 따라 움직이는 것이 수괘의 모양이다.

효의 뜻

초구(一): 관직에 변함이 있으니 곧게 행동하면 좋다. 문밖으로 나가 사람을 사귀는 것도 공이 있으리라.(初九, 官有渝. 貞吉. 出門交有功.)
제1효는 양의 기운이 정당한 자리를 차지하고 있으면서도 위의 육이와 가까이 지내려고 한다. 그런 만큼 현재의 자리를 옮겨 밖으로 나가면 보람이 있다.

육이(--): 어린 아이에게 얽매이면 사람을 잃는다.(六二, 係小子, 失丈夫.)
제2효는 위에 있는 육삼과 가까이 하며 아래의 초육을 누르고 있
다. 어린 아이를 지나치게 사랑하다보니 다른 사람의 관심에서 멀
어진다.

 육삼(--): 어떤 사람에게 얽매여 어린아이를 잃는다. 때에 따라 사람을 구
하면 얻는다. 곧게 처신하는 것이 이롭다.(六三, 係丈夫, 失小子. 隨有求
得. 利居貞.)
제3효는 위에 있는 구사와 가까이 하며 아래의 육이를 누르고 있
다. 다른 사람들을 지나치게 사랑하다보니 자기와 친한 어린 아이
를 잃게 된다. 마음을 바르게 가져야 이롭다.

 구사(一): 때에 따라 얻는 것이 있는데 곧게 행동하더라도 나쁘다. 믿음이
도리에 맞아 밝으면 무슨 잘못을 저지르겠는가?(九四, 隨有獲. 貞凶. 有
孚在道以明, 何咎.)
제4효는 육삼이 지닌 음의 기운을 타고 구오의 양의 기운에 가까이
가려고 한다. 하지만 구오는 아래의 육이와 호응한다. 가까이 하여
얻는 사람이 때에 따라 다르다. 호응이 다르다. 아무리 바르게 행동
해도 좋을 리 없다. 믿고 행동하는 것만이 좋은 길로 유도할 뿐이다.

구오(━): 아름다운 것을 훌륭하다고 믿으므로 좋다.(九五, 孚于嘉, 吉.)
제5효는 정당하면서도 가운데 자리를 차지하고 있고, 아래의 구이
와 호응한다. 거기에 믿음까지 더해지니 좋을 수밖에 없다.

상육(--): 잡아매어 놓고 또 이를 동여매어 놓았다. 임금이 서쪽 산에서
제사를 지내리라.(上六, 拘係之, 乃從維之. 王用亨于西山.)
제6효는 높은 자리에 정당하게 차지하고 있다. 구오의 기운을 타고
육삼을 내리 누른다. 소나 양, 돼지와 같은 희생을 매어 놓고 신령
에게 제사를 지내므로 정성이 지극하여 좋다.

대비: 예방/치료의 배려

수(隨)는 '따른다'는 뜻이다. 세상일을 원만하게 진행하려면, 옳은지 그른지를 재
빨리 인식하고 그때그때 적절하게 따라가는 것이 좋다. 변화를 제대로 확인하고
따라가야 일처리가 잘 된다는 말이다.

수(隨)에는 '가을에 소리를 내며 울리는 우레'라는 의미가 있다. 우르릉 쾅쾅대
는 우레는 여름에 그 힘이 대단하다. 가을에 들어서 우레가 치더라도 그 소리는
약해진다. 자연스럽게 땅 속으로 숨어들어가 없어져 버린다. 여름에 우레가 칠 때
처럼 자신에게 능력이 있더라도, 가을이 되어 오는 우레처럼 시기와 환경에 따라,
또는 사람에 따라 그 일을 맞게 처리해 나가야 한다. 변화를 잘 따르면 그때그때

의 형국에 따라 결과가 좋을 수 있다. 물레방아가 아무리 좋다고 해도 물이 없으면 돌아가지 않는다. 물레방아가 돌아가지 않으면 곡식을 찧을 수 없다. 무언가를 따르기 위해서는 주변에 변화가 일어나고 있음을 감지해야 한다. 그리고는 새로운 사태에 재빨리 적응해야 한다. 고요하고 좋은 운세를 일러주기는 하지만 적극적이지는 못하다. 소극적으로 내부로부터 서서히 바꾸어 가는 것이 좋다. 맹렬하게 활동하던 사람은 잠시 휴식을 취하고, 자신의 경험과 능력이 풍부할지라도 실력이 없는 사람 아래에서 일할 수도 있다.

현재 자신의 처지가 이 괘에 해당하는 경우, 내일을 위해 조용히 쉴 채비를 하는 것이 좋다. 강한 운세가 약한 쪽으로 옮아가고 있으므로, 하던 일을 서서히 정리하고, 다음 기회를 위해 관망해야 할 때다. 아무리 재주가 있는 사람일지라도 자신을 돌아보고 다른 사람의 의견에 귀를 기울이면서 미래의 계획을 세워야 한다. 인간의 삶은 시간과 공간의 변화에 따라 그 활동을 조절한다. 때로는 기운이 펼쳐지기도 하고 때로는 기운이 움츠려 들기도 한다. 삶은 그런 기운을 타고 실천된다. 기운이 꺾이거나 잃은 상황에서는 자신의 주체성을 끌어 올리려는 자세보다 다른 사람의 의견을 존중하고 따르는 것이 훨씬 효과적이다. 움츠리고 있으면서도 실망하지 말고 미래를 위해 조용히 휴식을 취하면서 성찰하고 계획을 세울 필요가 있다.

18. 고(蠱☶☴): 망가짐

☶ 艮上
☴ 巽下

위 괘는 간(艮☶ 山)이고 아래 괘는 손(巽☴ 風)이다.
이에 '산풍고(山風蠱)'라고 한다.

괘의 뜻

고[蠱☶☴ 망가짐]는 엄청나게 형통한다. 큰 냇물을 건너는 것이 이롭다. 갑(甲)보다 삼일 앞서 하고, 갑보다 삼일 뒤로 한다.(蠱, 元亨. 利涉大川. 先甲三日, 後甲三日.)

큰 변고를 만나 끝까지 간 다음에 크게 통하게 된다. 큰 냇물을 건너다가 풍랑을 만나도 걱정 없다. 풍랑을 맞은 지 3일 만에 풍랑이 최고조에 이르렀다가, 그 다음 3일 만에 풍랑이 잠잠하여 무사하게 된다.

고(蠱☶☴)의 모습을 보면, 위 괘는 간(艮☶)이고 아래 괘는 손(巽☴)이다. 간(艮☶)은 산(山)을 나타내고 손(巽☴)은 바람[風]을 상징한다. 때문에 이 괘를 '산풍고(山風蠱)'라고 한다. '고(蠱)'는 '벌레가 들끓고 있는 음식'이라는 뜻이다. 글자 자체만 보아도 고(蠱)는 그릇[皿] 위에 구더기가 세 마리[蟲]나 득실대고 있다. 썩을

대로 썩어 문드러진 망가진 음식이다. 괘의 형상을 보면, 바람이 산 아래로 부는 모습이다. 바람은 산 위로 불어야 정상이다. 그런데 산 밑으로 불어 댄다. 결코 평온한 상황은 아니다.

고(蠱☶☴)가 수(隨☱)다음에 자리하는 이유도 논리적 의미를 고려한다. 기쁘고 즐거워 다른 사람을 따를 경우, 반드시 그에 상응하는 일이 있기 때문에 고괘로 받았다. 기쁨을 나타내는 예(豫)괘와 따름을 나타내는 수(隨)괘의 뜻을 이어 받아 그 다음에 자리매김했다. 이 때 일을 처리하는 방식이 문제다.

괘의 모양은 산[艮☶: 山] 아래에 바람[巽☴: 風]이 있는 형국이다. 바람이 산 아래에 있다가 산으로 불며 돌아가면, 사물이 어지러워지는 것이 '고(蠱)'의 형상이다. '고(蠱)'의 뜻은 망가져 어지러운 것이다. 글자로는 '벌레 충[蟲]'자와 '그릇 명[皿]'자가 합쳐져 있다. 그릇에 벌레가 있는 것은 좀먹어 망가졌다는 의미다. 바람이 산으로 불며 돌아가면 사물이 모두 흔들리며 어지러워진다. 이때 일이 발생한다. 특히, 이미 망가져 어지러워졌으므로, 그 문제를 어떻게 다스리느냐가 우선적인 일이다.

효의 뜻

 초육(--): 아버지의 망가짐을 바로 잡는다. 자식이 있으면 돌아가신 아버지를 욕되게 하는 일이 없어진다. 이런 경우에는 위태롭지만 끝내는 좋으리라.(初六, 幹父之蠱. 有子, 考无咎. 厲終吉.)

제1효는 양의 자리에 음이 있으므로 정당한 자리를 차지하지 못했다. 하지만 위로 구이와 가까이 하면서, 과거 돌아가신 아버지의 잘못에 대해 자식이 좋은 일을 하여 그 허물을 묻어 버린다. 처음은 어렵더라도 나중에 좋게 된다.

 구이(ー): 어머니의 망가짐을 바로 잡는다. 이때 마음을 곧게 할 수 없다.(九二, 幹母之蠱. 不可貞.)

제2효는 음의 자리에 양이 있어 정당하지는 않다. 하지만 가운데 자리를 차지하여 덕성이 있고, 위의 육오와 호응한다. 나쁜 어머니를 둔 자식이 아무리 마음을 바르게 가져도 어찌할 도리가 없다.

 구삼(ー): 아버지의 망가짐을 바로 잡는다. 조금 뉘우침이 있지만 큰 잘못은 없을 것이다.(九三, 幹父之蠱. 小有悔, 无大咎.)

제3효는 양이 정당한 자리에 있고 위의 육사와 가깝게 지낸다. 상구와 호응하지 못하지만 육사가 중간에서 조절한다. 아버지의 나쁜 행위를 바로 잡으려고 자식이 처음에는 맞서며 조금 후회했지만, 다른 자식들의 조정으로 큰 잘못을 저지르지는 않는다.

육사(--): 아버지의 망가짐을 너그럽게 본다. 하지만 그대로 나아가면 부끄러움을 당한다.(六四, 裕父之蠱. 往見吝.)

제4효는 음의 자리에 정당하게 있고 성질이 유순하며 관용을 베푼다. 그만큼 아버지의 망가짐이 있더라도 용서하며 너그럽게 대한다. 아버지의 잘못된 일을 덮으려다가는 도리어 부끄러움을 당할 수도 있다.

 육오(--): 아버지의 망가짐을 바로 잡는다. 그렇게 되면 참 영예로운 일이다.(六五, 幹父之蠱. 用譽.)

제5효는 양의 자리에 음이 있어 정당하지 못하지만, 구이와 호응한다. 지위가 높고 덕망 있는 자식이 현명한 부하의 도움을 받아 아버지의 잘못을 바로 잡을 수 있다. 그것을 보고 세상 사람들이 칭찬한다.

 상구(─): 임금을 섬기지 않는다. 그 대신에 자기의 일을 고상하게 여기리라.(上九, 不事王侯. 高尚其事.)

제6효는 가장 높은 자리에 있으나 자신을 도와줄 음의 기운이 없다. 깊은 산 속에 은둔해 있으면서 임금이 불러도 응대하지 않고 자기 수양에만 힘쓴다.

대비: 예방/치료의 배려

고(蠱)는 '깨진다'는 뜻이다. 깨져서 망가진 것, 즉 파괴된 것을 원래의 상태로 다시 복귀하는 데는 신중한 계획과 상당한 노력이 있어야 한다. 일을 감행하는 날을 기준으로, 행동을 개시하기 3일 전에 치밀하게 계획을 짜고, 3일 후에는 행동한다. 그만큼 고민하고 진행하면 실패하지 않는다.

고(蠱)는 '망가진 생활'이다. 과거의 평화로운 시대를 살았던 사람이라면, 그런 생활 습성이 배어 안이한 삶에서 벗어나기 힘들다. 자신도 모르는 사이에 물질적으로는 파탄하는 경지에 이르고, 정신적으로는 퇴폐적인 생활을 보내게 된다. 이처럼 망가진 모습은 과거에 저지른 일의 결과에 따라 일어난다. 이런 상황을 타개하기 위해서는 무언가 진지한 방법을 생각하지 않으면 안 된다. 과거부터 누적된 좋지 못한 습관은 생활을 망가뜨려 썩은 냄새를 풍긴다. 이런 상태를 도려내어 수술하려는 과감한 결단력이 필요하다.

현재 자신의 처지가 이 괘에 해당하는 경우, 부패한 사회를 구제하려고 노력해야 한다. 그러기 위해서는 자신의 내면이나 자신이 속한 조직의 상황을 철저하게 반성하면서 점검해야 한다. 회사를 경영하는 사람이라면 회사 내부의 문제점을 낱낱이 조사하여 썩은 부분을 도려내야 한다. 겉으로는 번창한 것처럼 보이지만 속으로는 곪고 있는 형국이기 때문이다.

19. 임(臨☷☱): 달라붙음

☷ 坤上
☱ 兌下

위 괘는 곤(坤☷ 地)이고 아래 괘는 태(兌☱ 澤)다.
이에 '지택림(地澤臨)'이라 한다.

괘의 뜻

임[臨☷☱ 달라붙음]은 엄청나게 형통하고 곧게 함이 이롭다. 여덟 달에 이르면 나쁘게 된
다.(臨, 元亨, 利貞. 至於八月, 有凶.)

양의 기운이 아래에서 서서히 돌아오니 크게 통한다. 그럴수록 마음을 바르게 가
져야 이롭다. 양의 기운은 1월에 생겨나 6월에 왕성했다가 8월에 쇠퇴한다. 그래
서 여덟 달이 지날 무렵에는 나쁘게 된다.

임(臨☷☱)의 모습을 보면, 위 괘는 곤(坤☷)이고 아래 괘는 태(兌☱)다. 곤(坤☷)
은 땅[地]을 나타내고 태(兌☱)는 연못[澤]을 상징한다. 때문에 이 괘를 '지택림
(地澤臨)'이라 한다. '림(臨)'은 '군림(君臨)'이나 '임기응변(臨機應變)'이라고 할 때
담겨있는 의미처럼, 어루만지며 내려다보거나 가까이 달라붙어 있다는 뜻이다.

괘의 형상을 보면, 아래의 두 효가 지니고 있는 양의 기운이 점점 위로 올라와, 위에 있는 음의 기운과 사귀는 모습이다.

임(臨䷒)이 고(蠱䷑) 다음에 자리하는 이유는 다음과 같다. 어떤 일이건 그것이 발생하면 크게 될 수 있기 때문에 임괘로 받았다. 임은 일을 크게 벌이는 차원이다. 크게 될 수 있는 사업은 일을 벌여 처리해 나가는 과정에서 더욱 활성화 된다. 괘에서 볼 때, 아래에 있는 두 개의 양이 한창 자라나 성대해진다.

괘의 모양은 연못[兌☱: 澤] 위에 땅[坤☷: 地]이 있는 형상이다. 연못 위의 땅은 연못의 둑이다. 이 둑은 물과 서로 닿아 가까이 있기 때문에, 마주 붙어 있다는 의미의 임(臨)괘가 된다. 세상의 수많은 사물 가운데 가까이 달라붙어 있는, 밀착된 것은 땅과 물 만한 것이 없다. 마찬가지로 지도자가 사람들에게 달라붙어 있고 사람이 일에 달라붙어 있을 때, 달라붙어서 하는 일은 모두 여기에 해당된다.

효의 뜻

초구(一): 두루 임한다. 그만큼 곧게 해야 좋으리라.(初九, 咸臨. 貞吉.)
제1효는 정당한 자리를 확보하고 육사와 호응하여 위로 올라가려는 기상이 있다. 바르게 행동하면 앞으로 좋을 것이다.

구이(一): 두루 임한다. 그러므로 좋아서 이롭지 않음이 없다.(九二, 咸臨. 吉无不利.)
제2효는 음의 자리에 양으로 있으나 가운데 자리하여 그만큼의 덕성은 있다. 위로 육오와 호응하여 어떤 일을 하건 좋은 결과를 얻는다.

육삼(--): 달콤하게 임했다. 이로운 것은 없다. 그런데 이미 근심했으므로 잘못되는 일은 없다.(六三, 甘臨. 無攸利. 旣憂之, 无咎.)

제3효는 아래 괘의 맨 위에서 정당하지 못한 자리를 차지하고 있다. 위로는 응대할 양의 기운도 없다. 이처럼 이로울 것은 하나도 없고, 그런 상황이 그른 것임을 알고 깨달아 행동하므로 잘못되는 일은 없다.

 육사(--): 정성을 다해 임한다. 그만큼 잘못되는 일은 없다.(六四, 至臨. 无咎.)

제4효는 정당한 자리를 차지하고, 아래로는 초구와 호응하고 위로는 육오와 가까이 한다. 그러면서 여러 사람에게 달라붙어 함께 하므로 잘못되는 일은 없다.

 육오(--): 지혜롭게 임한다. 이는 훌륭한 군주의 마땅함이므로 좋다.(六五, 知臨. 大君之宜, 吉.)

제5효는 양의 자리에 음으로 있어 정당한 자리는 아니다. 하지만 아래의 구이와 호응하고 가운데 자리에 있으며 그에 해당하는 덕성을 갖추었다. 그만큼 지혜롭게 백성들을 다스리면 임금의 일을 다 할 수 있다.

상육(--): 힘쓰고 노력하여 임한다. 그만큼 좋기 때문에 잘못은 없으리
라.(上六, 敦臨. 吉无咎.)

제6효는 가장 높은 곳의 정당한 자리에 있다. 맨 아래 초구와 구이
의 양의 기운과 호응하지는 않지만, 모든 음의 기운을 거느리고 있
다. 겸손하고 독실한 마음으로 애쓰며 백성들과 밀착 관계를 이루
어 허물이 없다.

대비: 예방/치료의 배려

임(臨)은 사물 사이에 '달라붙어 임한다'는 말이다. 이는 계절의 순환으로 볼 때,
봄부터 여름에 이르기까지 양의 기운이 왕성하듯이, 일이 서서히 활발하게 진행
되어 감을 뜻한다. 여름이 지나고 가을을 거쳐 겨울로 접어들어 서서히 양의 기
운이 수그러들고 음의 기운이 커져간다. 이와 같은 순환 속에서 8월이 되면, 기후
의 전환기를 맞는다. 이를 재빨리 통찰하여 가을과 겨울 준비를 서둘러야 한다.
사람도 계절의 순환 운동처럼, 기운이 절정에 도달할 때 주의하는 것이 좋다.
　임은 또한 '만물이 새로 시작한다'는 의미가 있다. 때문에 기운이 이제부터 서
서히 상승해 나가는 때다. 그러나 여러 가지 사물이 밀착형으로 달라붙어 힘이
강한 형국이다. 때문에 모든 일에서 너무 앞질러 가는 경향을 지니고 있다. 새로
운 계획을 착수하는 것은 좋은 기회지만, 충분한 전망이나 장래의 성공을 제대로
고려하지 않고 행동해서는 안 된다.

현재 자신의 처지가 이 괘에 해당하는 경우, 사람들과 가까이 하기 위한 자세를 견지해야 한다. 아무리 가까이 있는 사람과 일을 하더라도 어떤 사업을 진행하면서 가만히 있어서는 안 된다. 저절로 이루어지는 일은 없다. 일을 처리하는 과정에서 결단력도 요청된다. 문제는 모든 일이 바뀌는 데서 발생한다. 현재의 상황이 가까운 사람들과 더불어 있어 좋다고 할지라도 그것은 변화할 처지에 놓이게 마련이다. 모든 일에서 방심은 금물이다. 번창하고 있던 사업은 언제 곤경에 빠질지 예측하기 어렵다. 평소에 방심하지 말고 위기에 봉착했을 때 현명한 결단이 필요하다.

20. 관(觀䷓); 자세하게 봄

```
☴上 巽上
☷下 坤下
```

위 괘는 손(巽☴ 風)이고 아래 괘는 곤(坤☷ 地)이다.
이에 '풍지관(風地觀)'이라 한다.

괘의 뜻

관[觀䷓ 자세하게 봄]은 손을 씻었으나 제수를 올리지 않았다. 그만큼 믿음이 있을 경우에
는 우러러 본다.(觀, 盥而不薦. 有孚顒若.)

위에 있는 두 개의 양이 아래에 있는 모든 음을 자세히 살펴보는 모습이다. 위에
있는 제사장은 손만 씻고 아직 제사를 지내지 않았다. 사람들이 믿음을 갖고 공
손하게 위를 우러러 보는 형국이다.

관(觀䷓)의 모습을 보면, 위 괘는 손(巽☴)이고 아래 괘는 곤(坤☷)이다. 손(巽
☴)은 바람[風]을 나타내고 곤(坤☷)은 땅[地]을 상징한다. 때문에 이 괘를 '풍지
관(風地觀)'이라 한다. '관(觀)'은 자세하게 보면서 '관찰한다'는 뜻이다. 괘의 형
상을 보면, 바람이 땅 위에서 불고 있으므로 세상이 바람에 의해 흩어지고 어수

선한 모습이다. 이런 시기에 세상을 보려면 자세히 관찰해야 한다. 관찰은 바람이 불어 세상을 살아가는 모든 존재를 두루 건드리는데서 그 개념이 드러난다.

관(觀䷓)이 임(臨䷒) 다음에 자리하는 이유는 간단하다. 앞의 임괘에서 '임(臨)'은 큰 것을 말한다. 모든 존재는 크게 된 다음에 볼 만하기 때문에 관괘로 받았다. 세상 사물을 보는 데는 두 가지 방식이 있다. 하나는 저기 보이는 사람을 내가 보는 일이다. 다른 하나는 아래에서 보이게 하는 것이다. 예를 들면, 군주가 아래로 백성의 풍속을 보기도 한다. 백성들이 덕을 닦고 정치를 행하는 군주를 우러러 볼 수도 있다.

괘의 모양은 바람[巽☴: 風]이 위에 있고, 땅[坤☷: 地]이 아래에 있다. 바람이 땅 위에 불어 모든 사물을 스쳐가며 접촉하는 것은 두루 보는 모습이다. 두 개의 양효가 위에 있고 네 개의 음효가 아래에 있어, 굳센 양이 높은 데서 아래의 부드러운 음에 보이고 있다. 이것이 다름 아닌 우러러본다는 의미다.

효의 뜻

 초육(--): 어린아이 수준에서 보는 것이다. 그럴 경우 소인은 잘못을 저지르는 일은 없지만 군자는 부끄러우리라.(初六, 童觀. 小人无咎, 君子吝.)
제1효는 양의 자리에 음으로 있어 정당하지 못하고 위로 호응할 양의 기운도 없다. 그만큼 사물을 유치하게 관찰하는 어리석은 사람의 경우, 멀리서 군주를 바라볼 때는 그러려니 할 수 있겠지만, 현명한 사람이 자세하게 보는 경우에는 상황을 깨닫고 부끄러움을 느낄 수 있다.

 육이(--): 엿보는 것이다. 여자의 경우에는 곧게 행동함이 이롭다.(六二, 窺觀. 利女貞.)
제2효는 정당한 자리에서 위로 구오에 호응한다. 문틈으로 먼 곳에 있는 군주의 거룩한 모습을 보는 일이다. 이때 마음을 바르게 가지고 보면 이롭다.

육삼(--): 나의 삶을 자세하게 살펴본다. 그런 다음에 나아가고 물러난다.(六三, 觀我生, 進退.)
제3효는 양의 자리에 음으로 있어 정당하지는 않지만 위의 상구와 호응한다. 앞으로 나아갈 수도 있고 제자리에 머물 수도 있다. 이런 이치에 따라 자신의 인생을 관찰해 보면, 때에 따라 나아가기도 하고 물러나기도 한다.

육사(--): 나라의 빛남을 보는 일이다. 그러려면 왕에게 손님이 되는 것이 이롭다.(六四, 觀國之光. 利用賓于王.)

제4효는 음으로서 정당한 자리에 있으면서 위의 구오와 가까이 한다. 제후와 신하들이 위의 임금을 잘 도우며 나라를 발전시키는 형국이다.

 구오(一): 나의 삶을 자세하게 살펴본다. 그것이 군자다우면 잘못되는 일은 없다.(九五, 觀我生. 君子无咎.)

제5효는 아래로 육이와 호응하고 다른 음의 기운도 이에 순응하고 있다. 임금이 잘 다스리고 있어 신하와 백성들이 우러러 본다. 그런 만큼 군자가 나아가면 어떤 허물도 없다.

 상구(一): 인생을 자세하게 살펴본다. 그것이 군자다우면 잘못되는 일은 없으리라.(上九, 觀其生. 君子无咎.)

제6효는 음의 자리에 양이 있어 정당하지 못하지만 아래 육삼과 호응한다. 아래의 사람들이 우러러보기는 하지만, 군자처럼 행동하지 않으면 오류를 저지를 수도 있다.

대비: 예방/치료의 배려

관(觀)은 '관찰한다'는 의미다. '자세히 살펴본다'는 뜻이다. 특히, 위에서 아래로 내려다보는 형식이 강하다. 아래에 있는 사람의 경우, 윗사람을 존중하는 마음으로 바라보는 것을 말한다. 서로 바라보거나 자세히 관찰할 때, 중요한 것은 진실한 마음으로 마주서는 일이다.

자세하게 볼 때, 물질적 차원을 고민하는 것보다는 정신적 문제를 취급하는 것이 좋다. 금은보화와 같은 재물을 자세하게 보는 것이 아니라, 인간의 삶에 큰 영향을 미칠 수 있는 종교나 학문 등 문화의 발전과 같은 것에 대한 고민을 보는일이다. 그것이 관념적일 수도 있다. 때문에 가능한 한 다른 사람의 견해에 대해 자세하게 보고 융통성을 부여하면서 좋은 의견은 받아들이도록 해야 한다. 정신적 차원에서 의미가 있는 경우에 물질적 측면에서는 충분한 이익이 되지 않을 수도 있다. 이런 때는 외부의 사물을 자세하게 보면서 일을 확장해 나가기보다는 내부를 충실하게 만드는 것이 좋다. 자세하게 본다는 의미의 관은 '큰 산'을 뜻한다. 앞에 있는 큰 산을 본다는 느낌을 가져보라! 저 큰 산을 부럽다고 보는 사람은 그것을 오래 유지하고 싶을 것이다. 그렇지 않으면 그 산은 조만간에 무너지거나 변화의 조짐을 보이기 시작할 것이다. 좋은 자리는 오래 가지 않기 때문이다.

현재 자신의 처지가 이 괘에 해당하는 경우, 한 사회의 지도자가 구성원들을 살피듯이, 자신의 주변을 정확하게 관찰하고 성찰해야 한다. 불안에 처한 현실을 다시 정돈하고, 정당하고 올바른 진리의 세계에 자신의 마음을 의탁해야 할 때다. 사람들의 여론에 따라, 즉 군중심리에 이끌려 세상일에 뛰어들지 말고 냉철한 판단으로 자신의 태도를 심사숙고해야 한다. 자신의 삶을 성찰하면서, 자연과 인간의 이치, 사회 법칙, 다양한 활동을 포착해야 한다. 그래야 세상을 인식하는 관점을 제공받고, 세계관을 터득할 수 있다.

21. 서합(噬嗑☲☳): 씹어서 합함

☲☳

離上
震下

위 괘는 리(離☲ 火)고 아래 괘는 진(震☳ 雷)이다.
이에 '화뢰서합(火雷噬嗑)'이라 한다.

괘의 뜻

서합[噬嗑☲☳ 씹어서 합함]은 형통한 상황이다. 그래서 형옥[獄]을 쓰는 것이 이롭다.(噬嗑, 亨. 利用獄.)

번개와 우레가 서로 충돌하는 형상이다. 이는 입에 음식을 넣고 씹듯이, 먹을 것을 두고 전쟁하는 형국이다. 전쟁을 하여 이기면 모든 일이 잘 되는데, 이때 잡아온 사람은 형벌을 주며 가둬서 다스리는 게 이롭다.

서합(噬嗑☲☳)의 모습을 보면, 위 괘는 리(離☲)고 아래 괘는 진(震☳)이다. 리(離☲)는 불[火]을 나타내고 진(震☳)은 우레[雷]를 상징한다. 때문에 이 괘를 '화뢰서합(火雷噬嗑)'이라 한다. '서합(噬嗑)'은 '입을 다물고 씹는다'는 말이다. 괘의 형상을 보면, 치아(齒牙:--) 사이에 음식물[一]이 들어 있는 것처럼 보인다. 입안에서 무언가를 씹고 있다면, 그것은 위아래의 치아가 조화를 이루어 제대로 작용한다는 의미다. 이것이 다름 아닌 음식을 먹는 상황이고, 입안에서 음식을 씹는 일은 일종의 전쟁에 비유된다.

서합(噬嗑䷔)이 관(觀䷓) 다음에 자리하는 이유는, 어떤 사물이건 볼 만한 것이 있어야 하고, 그 다음에 합할 수 있기 때문이다. 합(嗑)은 합쳐지는 일인데, 볼 만한 것이 있어야 합쳐지므로, 서합괘가 관괘 다음에 자리한다. '서(噬)'는 씹는 일이고 '합(嗑)'은 합하는 상황이다. 입안에 음식물이 들어 있을 때, 그것은 필연적으로 씹은 다음에 합하게 된다.

괘의 모양을 보면, 위는 불[離☲: 火]이고 아래는 우레[震☳: 雷]다. 맨 위와 맨 아래에 굳센 효[一]가 있고 가운데는 부드러운 효[- -]가 자리한다. 바깥이 굳세고 가운데가 비어 있는 모습은 사람의 턱과 입을 나타낸다. 가운데가 비어 있으면서 그 가운데 또 하나의 굳센 효가 있는 것은 아래 턱 안에 음식물이 들어있는 모습이다. 입안에 음식물이 들어있을 때, 가만히 있으면 위아래로 가로막혀 섞이지 않는다. 반드시 씹어야 음식물이 섞이고 합할 수 있다.

효의 뜻

 초구(ー): 형틀을 채워 발꿈치를 마음대로 못쓰게 한다. 그래야 잘못되는 일이 없으리라.(初九, 屨校滅趾. 无咎.)

제1효는 양의 정당한 자리에서 육이의 음과 가까이 하며 육삼을 밀어낸다. 사람의 발에 족쇄를 채우고 발가락이 모두 없어질 정도로 잡아 비틀고 있다. 그래야 잘못되는 일이 없다고 판단했다.

 육이(ーー): 살을 씹으나 코를 마음대로 못쓰게 한다. 그래야 잘못되는 일이 없다.(六二, 噬膚滅鼻. 无咎.)

제2효는 정당한 자리에서 초구의 강한 기운을 타고 있다. 그래서 계속하여 사람의 살을 물어뜯고 코를 베어 버리는 형벌을 써야 괜찮은 상황이다.

 육삼(ーー): 고기 포를 씹다가 독을 만났다. 그래서 조금 부끄러우나 잘못되는 일은 없다.(六三, 噬腊肉, 遇毒. 小吝, 无咎.)

제3효는 양의 자리에 음으로 있으므로 정당하지 못하고, 또 정당하지 못한 상구와 호응한다. 그러다 보니 육포를 만들어 먹다가 맛있기는커녕 독한 냄새를 맡았다. 조금 무안했겠지만 나중에는 괜찮다.

구사(一): 뼈에 붙은 마른 고기를 씹어 금과 화살을 얻었다. 그만큼 어렵게 여기고 곧은 행동을 이롭게 여기면 좋다.(九四, 噬乾胏, 得金矢. 利艱貞, 吉.)

제4효는 위에 있는 육오와 가까이 하며 상구를 밀어내는데 일조한다. 영양가 없는 육포를 씹다가 쇠붙이나 무기 같은 약간의 이득을 얻었다. 처음에는 조금 힘들지만 조심해서 먹으면 이롭게 된다.

 육오(--): 마른 고기를 씹어 황금을 얻었다. 그만큼 곧은 행동을 하고 위태롭게 여겨야 잘못되는 일이 없다.(六五, 噬乾肉, 得黃金. 貞厲, 无咎.)

제5효는 양의 자리에 음으로 있어 정당하지 못하다. 하지만 가운데 자리를 차지하여 그만큼의 덕성은 있다. 육포를 씹다가 황금을 얻을 수 있는 형상이므로 조금 위태롭지만 괜찮다.

 상구(一): 형틀을 채워서 귀를 마음대로 못쓰게 한다. 그만큼 나쁘리라.(上九, 何校滅耳. 凶.)

제6효는 음의 자리에 양이 있어 정당하지 못하다. 아래의 육삼과 호응하지만 그것은 음침하다. 너무 높은 자리에 있어 힘도 없다. 목에 형틀을 차고 귀도 잘리므로 죽게 될 형상이다.

대비: 예방/치료의 배려

서합(噬嗑)은 '꽉 문다'는 뜻이다. 입안에 음식물을 넣었다면, 위턱과 아래턱으로 잘 씹어 잘게 으깨어야 한다. 그래야 음식물이 목구멍을 자연스럽게 넘어간다. 입안에서 음식물을 씹는 작업처럼, 서합은 사회현상을 그렇게 인지한 것을 상징한다.

사회생활 자체가 일종의 투쟁이다. 투쟁은 전쟁으로 비유하기도 한다. 그래서 형옥은 전쟁 포로를 가두던 곳이고, 족쇄는 포로에게 사용하던 형틀이다. 발꿈치를 자르거나 그 살을 육포를 만들어 먹고 귀를 자르는 일은 포로에게 가하는 형벌이다. 형벌을 집행할 때 겁내지 않고 과단성 있게 현명하게 처리해야 한다. 그러면 공명정대하게 되어 오류를 줄일 수 있다. 사회생활은 고립된 것이 아니라 서로 맞물려 통한다. 그런 만큼 국가나 사회, 나아가 어떤 개인에게 해악을 끼치는 상황이 있다면, 겁내지 말고 합법적 수단을 써서 제거해야 한다. 어려움이 있더라도 좌절하지 말고 최후까지 노력해야 한다. 그것만이 성공으로 이끈다.

현재 자신의 처지가 이 괘에 해당하는 경우, 불처럼 밝고 우레처럼 준엄한 법률을 세워 공동체 생활을 고민할 필요가 있다. 입안의 음식물을 씹어 삼키듯이, 그 투쟁이 가열 차다. 그 만큼 운세가 아주 강한 시기다. 개인의 몸도 건강하고 사회에서 활력도 왕성하다. 어떤 장애물이 앞에 놓여 있어도 굳세게 밀고 나가면, 목적을 이룰 수 있다. 그 가운데 문제가 발생할 수 있으므로 주의를 게을리 하지 않아야 한다. 음식물은 많이 씹을수록 소화를 돕는다. 활동하기 위한 체력을 비축한다. 서로 다른 다양한 내용을 뒤섞고 합하여 새로운 상황에 맞도록 녹여 넣어라! 내용물을 응용하며 융합하는 데 방해가 되는 어떤 상황이 있다면, 그것은 잠시 보류해둘 필요도 있다. 중요한 사안은 내용물을 합해 나가면서 새로움을 고려하는 활동이다.

22. 비(賁☲): 아름답게 꾸밈

☶ 艮上
離下

위 괘는 간(艮☶ 山)이고 아래 괘는 리(離☲ 火)다.
이에 '산화비(山火賁)'라고 한다.

괘의 뜻

비[賁☲ 아름답게 꾸밈]는 형통한 상황이다. 그만큼 갈 곳이 있으면 가는 것이 조금이라도 이롭다.(賁, 亨. 小利有攸往.)

산 아래서 불을 피워 놓고 일을 하는 모습을 나타낸다. 이는 사람들을 위해 활동하는 긍정적 상황이므로 그만큼 좋은 일이 될 수 있다. 어디건 갈 곳이 있으면 이로울 것이다.

비(賁☲)의 모습을 보면, 위 괘는 간(艮☶)이고 아래 괘는 리(離☲)다. 간(艮☶)은 산(山)을 나타내고 리(離☲)는 불[火]을 상징한다. 때문에 이 괘를 '산화비(山火賁)'라고 한다. '비(賁)'는 '아름답게 꾸민다'는 뜻이다. 괘의 형상을 보면, 불이 산 아래에 있다. 이는 해가 서쪽 산에 기울었다는 의미다. 세상을 황혼으로 붉게 물들인 아름다운 모습이다.

　비(賁☲)가 서합(噬嗑☳) 다음에 자리하는 이유는 다음과 같다. 서합괘에서 합(嗑)은 합쳐지는 일이다. 하지만 어떤 사물이건 구차하게 합쳐서는 안 된다. 그렇기 때문에 비괘로 받았다. '비(賁)'는 꾸미는 일이다. 사물이 합쳐지면 반드시 아름답게 꾸며진 문채(文彩)가 있게 마련이다. 이 문채가 바로 꾸밈이다. 사람이 모이면 몸가짐이나 태도가 서로 다르지만 예의에 맞게 어우러지고, 위아래 계급계층도 다르게 드러나면서 균형을 이루며 상황에 맞게 꾸민다. 사물이 모이면 순서와 행렬이 있고, 그것이 합쳐지면 반드시 문채가 나게 되는 것과 같다.

　괘의 모양은 산[艮☶: 山] 아래에 불[離☲: 火]이 있는 형국이다. 산은 풀과 나무, 짐승 등 온갖 동식물이 모인 곳이다. 아래에 불이 있으면 그 위를 환하게 드러내므로, 온갖 동식물과 다양한 사물이 모두 그 불빛을 받아 꾸며진다. 이에 세상의 모습도 아름답게 된다.

효의 뜻

 초구(一): 발을 보기 좋게 꾸민다. 그래서 수레를 놔두고 걸어가노라.(初九, 賁其趾. 舍車而徒.)

제1효는 정당한 자리를 차지하고 육사와 호응한다. 자기의 발걸음을 아름답게 꾸미고 뽐내는 사람은, 평소에 타고 다니던 수레를 놔두고 걸어갈 때가 있다.

육이(--): 수염을 보기 좋게 꾸민다.(六二, 賁其須.)

제2효는 정당한 자리에 있으면서도 바로 위에 있는 구삼의 양의 기운과 가까이 한다. 아래턱에 난 수염을 아름답게 꾸미고 모양새 있게 하려고 한다.

 구삼(ㅡ): 보기 좋게 꾸미는 것이 윤택하게 만드는 듯하다. 그만큼 길이길이 곧게 해야 좋다.(九三, 賁如濡如. 永貞吉.)

제3효는 정당한 자리에서 아래 육이와 어울린다. 겉치레로 수염의 모양을 내며 윤택한 것처럼 보이려 한다. 이런 경우에는 허례허식에 빠질 수 있으므로 마음을 바르게 가져야 괜찮다.

 육사(--): 보기 좋게 꾸민 것이 머리가 하얀 것 같다. 흰 말이 달려 날아가는 듯하다. 이런 모습은 도둑이 아니라 청혼을 하는 것이다.(六四, 賁如皤如. 白馬翰如. 匪寇, 婚媾.)

제4효는 정당한 자리에서 아래 초구와 호응한다. 머리가 흰 늙은이가 흰말을 타고 날아가듯이 어떤 여자의 집 앞에서 머뭇거린다. 이 늙은이는 도둑이 아니고 그 여자를 사모하여 청혼하러 온 사람이다.

 육오(--): 언덕과 동산에서 보기 좋게 꾸민다. 이때 묶어놓은 비단이 작아 부끄러울 수 있지만 끝내는 좋다.(六五, 賁于丘園. 束帛戔戔. 吝, 終吉.)

제5효는 위의 상구와 가까이 하면서도 아래로는 호응할 음이 없다. 잘 살아 보려고 이것저것 꾸미며 노력하지만, 마음에 흡족하게 되지는 않는다. 그렇게 나아가면 결국에는 좋다.

상구(一): 보기 좋게 꾸미지 않았다. 그래도 잘못되는 일은 없으리라.(上九, 白賁. 无咎.)

제6효는 음의 자리에 양이 있어 정당하지도 않고, 위로 더 올라갈 수도 없다. 더구나 아래로는 호응할 음도 없다. 꾸민 것이 아무 것도 없으니 나쁘지는 않다.

대비: 예방/치료의 배려

비(賁)는 '아름답게 꾸민다' '장식한다' '곱게 단장한다' '모양을 낸다' 등의 의미를 지닌다. '꾸민다'는 말은 '문화가 발전한다'는 뜻이다. 문화가 발전하여 세상 만물이 풍성해지는 것은 대단히 좋은 일이다. 그러나 그런 현상은 사치스러운 풍조를 조성하는 원인이 된다. 사치스런 풍조는 보기 좋게 꾸미는 데서 발생한다. 다른 말로 표현하면, 세상이 문란해진다는 것이다. 따라서 적절하게 조절하여 겉으로만 꾸미는 것보다 내면의 실질을 아름답게 만드는 것이 좋다.

보기 좋게 꾸미는 경우, 물질이나 금전적 측면에서 충분하면 사치스럽게 할 수도 있다. 그러나 사람들은 그렇지 못한 상황에서 호화롭게 꾸미려는데 매혹된다. 꾸미지 않고 검소한 생활만을 고수하고 있으면 촌스럽다. 때문에 상당수의 사람은 겉모습을 보기 좋게 갖추기 위해 무리한 대가를 치르기도 한다. 하지만 지나치게 꾸미다가 곤란을 당하기보다는 분수에 맞는 생활을 통해 욕망을 이겨내는 삶이 중요하다. 모든 일은 차근차근 실행해야 무난하다. 갑자기 보기 좋게 꾸며나

가면 위험하다. 꾸민 만큼 소화해 내지 못하며, 도중에 장애를 일으키기 쉽다. 강력하게 적극적으로 전진하지 못한다. 내면적 고통이 한층 심해질 수도 있다. 겉으로는 아무렇지도 않은 것 같아도 속으로는 상당히 초조하다. 그러므로 정신적으로 엄청난 피로를 느낄 수 있다. 어떤 일이건 보기 좋게 꾸미는 일을 앞세우기보다는 행동을 하기 이전에 자신이 추구하는 목적을 신중하게 검토하고 진행해 나가야 한다. 인품을 보면, 그 사람이 자신의 모습을 꾸몄는지 허세를 부리는지 알 수 있다.

현재 자신의 처지가 이 괘에 해당하는 경우, 꾸미는 일에 관한 성찰이 필요하다. 보기 좋게 또는 아름답게 꾸미는 만큼 허례허식에 마음을 두기 쉽다. 냉철한 상황판단이나 소박하고 진솔한 지성보다는 유행에 민감하여 파멸을 초래할 위험이 있다. 조만간에 다가올 추락을 생각하지 못하고 허황된 꿈에 매달릴 수 있다. 이럴 때 일수록 삶의 건전함을 고민해야 한다.

23. 박(剝☶☷): 깎아 먹음

☶ 艮上
☷ 坤下

위 괘는 간(艮☶ 山)이고 아래 괘는 곤(坤☷ 地)이다.
이에 '산지박(山地剝)'이라 한다.

괘의 뜻

박[剝☶☷ 깎아 먹음]은 어디를 가든지 이롭지 않다.(剝, 不利有攸往)

산 아래에 땅이 있는 형국이므로, 산이 땅을 내리 누르고 땅의 기운을 착취하는
형상이다. 인간사회에서 상층의 지배계급이 하층의 피지배계급의 이익을 착취한
다. 그러므로 어디를 가건 이로울 게 없다.

박(剝☶☷)의 모습을 보면, 위 괘는 간(艮☶)이고 아래 괘는 곤(坤☷)이다. 간(艮
☶)은 산(山)을 나타내고 곤(坤☷)은 땅[地]을 상징한다. 때문에 이 괘를 '산지박
(山地剝)'이라 한다. '박(剝)'은 '벗기다' 또는 '깎아 먹는다'는 뜻이다. 인간사회의
구조로 이해하면, 위가 아래를 '착취'하는 의미와 상통한다. 괘의 형상을 보면, 위
에 있는 산이 땅을 누르고 있는 듯한 인상을 준다. 효가 자리한 모습으로 보면,

아래에 자리하고 있는 다섯 개의 음효가 맨 위에 하나밖에 없는 양효를 갉아 먹고 있는 모습이다.

박(剝▦)이 비(賁▤) 다음에 자리하는 이유는 간단하다. 비괘에서 비(賁)는 꾸미는 일이다. 꾸미는 일을 다 하여 형통하면 일이 끝난다. 꾸미는 일이 끝난다는 것은 꾸미지 않은 만큼 벗겨지고 갉아 먹었다는 말이다. 때문에 박괘로 받았다. 사람의 일이건 사물의 움직임이건, 보기 좋게 꾸미는 데 이르면 형통함이 최고조에 이른다. 형통하여 끝나면 반드시 되돌아간다. 되돌아간다는 것은 꾸밈이 끝나고 꾸민 만큼 갉아 먹어 원래로 돌아간다는 의미다. 따라서 비괘가 끝나고 그 다음에 박괘가 자리한다.

괘의 모양은 땅[坤☷: 地] 위에 산[艮☶: 山]이 있는 형상이다. 괘에서 음효가 다섯이고 양효가 하나다. 음이 아래에서 생겨나 점점 성대하게 자란다. 그 여러 음이 정점에 이르러 양을 사라지게 만든다. 아래 괘와 위 괘의 몸체로 보면, 산이 땅에 붙어 있다. 산이 땅위로 높이 솟아 있어야 하는 것이 원칙인데, 땅에 붙어 있으므로, 무너져 깎이는 모습이다. 그 반대로 산이 땅을 누르고 있어, 땅의 기운을 빼앗는 형국이므로, 땅의 기운을 갉아 먹거나 착취하는 의미로도 이해된다.

효의 뜻

 초육(--): 평상을 다리에서 갉아 먹는다. 이런 상황에서 곧게 행동함을 업신여기면 나쁘리라.(初六, 剝牀以足. 蔑貞, 凶.)

제1효는 양의 자리에 음이 있어 정당하지 못하다. 이처럼 좀벌레가 상다리부터 갉아 먹어 올라간다. 그만큼 마음이 바르지 못하고 꼬부라져 있는 상황이므로 반드시 화가 그 몸에 미친다.

 육이(--): 평상을 가로대어 놓은 나무에서 갉아 먹는다. 이런 상황에서도 곧게 행동함을 업신여기면 나쁘다.(六二, 剝牀以辨. 蔑貞, 凶.)

제2효는 아래 괘의 가운데 자리하고는 위로 먹어 올라가는 형상이다. 좀벌레가 상의 허리에서 갉아 먹어 올라간다. 이 또한 마음이 바르지 못하고 꼬부라져 있는 상황이므로 반드시 화가 그 몸에 미친다.

 육삼(--): 갉아 먹게 둔다. 그래도 잘못되는 일은 없다.(六三, 剝之. 无咎.)

제3효는 위에 있는 상구의 양의 기운과 호응한다. 그렇지만 정당하게 자기 자리를 차지하지 못하여 힘이 약하다. 평상을 상하게 할 정도로 갉아 먹지 못하는 상황이다.

육사(--): 평상을 껍질부터 갉아 먹는다. 그만큼 나쁘다.(六四, 剝牀以膚. 凶.)
제4효는 다른 음의 기운과 함께 맨 위에 하나뿐인 상구의 양의 기운을 먹어 들어간다. 이제 평상의 살갗인 껍질을 먹어 올라가므로 나쁜 결과를 가져올 것이다.

육오(--): 물고기를 잡아 궁궐 사람들의 사랑을 받는다. 그만큼 이롭지 않음이 없다.(六五, 貫魚, 以宮人寵. 无不利.)
제5효는 양의 자리에 음으로 있어 정당하지 못하다. 가운데 자리하여 그만큼의 덕망을 갖추고, 높은 자리에서 아래의 모든 음을 거느리며, 상구를 가까이 하려 한다. 아래위로 모든 사람이 사랑하니 좋은 형상이다.

상구(-): 큰 열매가 먹히지 않는다. 그럴 경우, 군자는 수레를 얻고 소인은 집을 허물 것이니라.(上九, 碩果不食. 君子得輿, 小人剝廬.)
제6효는 가장 높은 자리에 있으나 아래의 육삼과 호응한다. 그래서 벌레에게 먹히지 않는 열매로 남아 있다. 그 열매를 빼앗느냐 아니냐에 따라 좋고 나쁨이 결정된다.

대비: 예방/치료의 배려

박(剝)은 '박탈하다', '깎다', '벗기다'라는 뜻이 있다. 이는 전반적으로 깎아 먹히는 형상을 보여준다. 우뚝 솟아 있는 산이 비바람을 맞아 침식되어 점점 붕괴되는 모습이다. 이렇게 쓰러지고 넘어지는 상황에서는 어떻게 해서든지 본래 지니고 있던 자기의 몸을 보존해야 한다. 아니면 그런 위험에서 빠져 나오려고 노력해야 한다.

박은 다른 사람의 물건을 강탈한다거나 옷을 벗긴다거나 열매를 깎아먹는 것처럼, 어떤 사람에게서 강제적으로 무언가를 빼앗기게 되는 것을 뜻한다. 이런 강탈의 상황에서 선의(善意)는 통하지 않는다. 가을바람에 잎사귀가 떨어져 알몸이 된 나무처럼, 겨울로 갈수록 춥고 쓸쓸한 모습으로 서 있는 것과 같다. 그런 나무의 맨 꼭대기에 달려 있던 열매도 떨어지게 마련이다. 하지만 떨어진 열매는 씨앗이 되고, 다음 해 봄을 기다렸다가 다시 싹을 틔운다. 기력이 회복되고 기운을 충실하게 차릴 때까지 기다릴 수밖에 없다. 깎아 먹히는 박의 시기는 다른 사람에게 무리한 짓을 강요당하며 박탈감이 심해지는 때다. 싫어하는 일도 억지로 하게 될 수 있다. 말하기 힘든 나쁜 짓이 덮어 씌어 질 수도 있다. 할 수 없다! 참는 수밖에 다른 도리가 없다. 그런 상황이 닥치면, 자신의 능력에 비해 무거운 책임이나 높은 지위를 강요당할 수도 있다. 그만큼 불안한 상태에 놓인다.

현재 자신의 처지가 이 괘에 해당하는 경우, 깎아 먹힌 만큼 건전한 방향으로 사회를 맑게 만들기 위해 노력해야 한다. 벗겨지고 깎아 먹힌 것을 충분히 고려하라! 현재 하던 일을 접고 새로운 시선으로 미래를 기획하여 새 출발을 하는 것이 현명하다. 지금 벌어진 상태를 이전의 상태로 되돌리기에는 이미 때가 늦었다. 계절로 보면 추운 겨울이므로 새봄 맞을 준비를 하는 것이 좋다.

24. 복(復☳): 되돌아옴

☷
坤上
震下

위 괘는 곤(坤☷ 地)이고 아래 괘는 진(震☳ 雷)이다.
이에 '지뢰복(地雷復)'이라 한다.

괘의 뜻

복[復☳ 되돌아옴]은 형통한 상황이다. 나가고 들어옴에 막힘이 없고, 친구가 오므로 잘못을 저지르는 일이 없다. 그 길을 반복하여 7일 만에 와서 되돌아온다. 가는 것이 이롭다. (復, 亨. 出入无疾, 朋來无咎. 反復其道, 七日來復. 利有攸往.)

맨 아래에 있는 하나의 양의 기운이 다섯 개의 음의 기운 아래에서 움직여 올라오는 형상이다. 이 세상의 원리가 한번 갔다가 되돌아온다는 것은 막히지 않고 통한다는 말이다. 그러기에 오랫동안 길이 막혀 못 오고 있던 친구들도 다시 찾아온다. 6개의 효 가운데 하나의 효를 1일로 잡으면, 인간의 일은 여섯 효를 한 바퀴 돌아 1주일, 즉 7일을 주기로 되돌아오기 마련이다.

복(復☳)의 모습을 보면, 위 괘는 곤(坤☷)이고 아래 괘는 진(震☳)이다. 곤(坤

☷)은 땅[地]을 나타내고 진(震☳)은 우레[雷]를 상징한다. 때문에 이 괘를 '지뢰복(地雷復)'이라 한다. '복(復)'은 '되돌아온다'는 뜻이다. 괘의 형상을 보면, 맨 아래에서 새로 돋아나는 양의 기운이 위를 향해 서서히 그 기운을 펼치고 있는 모습이다.

복(復☳)이 박(剝☶) 다음에 자리하는 이유는 다음과 같이 설명된다. 어떤 사물이건 끝까지 다할 수는 없다. 깎아내고 깎아내어 맨 위에까지 다하면 아래로 되돌아오기 마련이다. 때문에 복괘로 받았다. 인간 세상이나 사물에는 원래 깎여나가서 다하는 이치가 없다. 그러므로 박괘가 다하면 복괘가 오고, 음의 기운이 다하면 양의 기운이 온다. 돌고 돌아 순환한다. 그것이 자연의 질서고 이치다. 양이 깎여나가 위에서 다하고, 그 돌아옴이 아래에서 생기므로, 위에서 다하여 아래로 되돌아오는 것이다.

괘의 모양은 위는 땅[坤☷: 地]이고 아래는 우레[震☳: 雷]다. 하나의 양이 다섯 개의 음 아래에서 생기므로 음이 다하여 양이 되돌아온 것이다. 기후나 절기로 볼 때, 10월 무렵에 음이 성대하여 동지(冬至)가 되면, 하나의 양이 땅 속에서 회복되어 나오기 때문에 '되돌아오는 것[復]'이다.

초구(一): 머지않아 되돌아온다. 그러므로 뉘우치는 일이 없고 아주 좋으리라.(初九, 不遠復. 无祗悔, 元吉.)

제1효는 정당한 자리에 있으면서 육사와 호응한다. 그러므로 집을 나갔던 사람이 돌아오거나, 물질적 욕망에 빠진 사람이 수양을 하여 자신의 삶을 극복해 나가는 상황이므로 후회할 일이 없다.

 육이(--): 잠시 쉬며 아름답게 되돌아온다. 그만큼 좋다.(六二, 休復. 吉.)

제2효는 음기로 정당한 자리에 있지만 위로는 호응하지 못하고 아래의 초구를 타고 있다. 자기보다 아래에 있는 착한 사람과 가까이 하며 여유를 갖는다. 그것이 아름답게 되돌아와 잠시 쉬는 상황이다. 따라서 나쁠 일이 없다.

육삼(--): 자주 돌아온다. 어찌 보면 위태롭지만 잘못 되는 일은 없다.(六三, 頻復. 厲无咎.)

제3효는 아래 괘의 맨 위에 있지만 위로는 호응이 없다. 아래에 있는 양의 기운인 초구로 자꾸 되돌아오려 한다. 거꾸로 내려오려고 하므로 위험하기는 하나 잘못되지는 않는다.

육사(--): 가운데를 지나서 혼자 되돌아온다.(六四, 中行獨復.)

제4효는 음의 기운으로 정당한 자리에 있다. 그러나 육이에서 상육까지 다섯 음의 가운데 자리하고 있으면서, 아래 초구와 호응하여 되돌아오려고 한다.

육오(--): 독실하게 되돌아온다. 그만큼 뉘우침이 없다.(六五, 敦復. 无悔.)

제5효는 아래위로 호응하는 기운은 없다. 특히 육이와도 호응하지 못한다. 하지만 육이가 초구와 가까이 있는데 힘입어, 초구로 되돌아오려고 한다. 내려오더라도 후회는 없는 형국이다.

상육(--): 미혹된 상황에서 되돌아온다. 그만큼 나쁘다. 재앙이 있다. 그럼에도 군사를 동원하면 마침내 크게 패한다. 그 나라의 임금에게까지 나쁜 상황이 된다. 10년이 될 때까지도 가지 못하리라.(上六, 迷復. 凶. 有災眚. 用行師, 終有大敗. 以其國, 君凶, 至于十年, 不克征.)

제6효는 너무 높은 자리에 있고 아래에 호응하는 기운이 없다. 그만큼 위태롭다. 위태로운 상황에서 군대를 동원하면 패하기 쉽고, 되돌아올 때까지 움직이기 힘들다.

대비: 예방/치료의 배려

복(復)은 '되돌아온다'는 뜻이다. 자연의 질서에 따라 계절이 순환하는 것처럼, 인간 세상의 법칙도 되돌아오는 것이 그 속성임을 말한다. 사계절의 순환을 보라. 누구도 막을 수 없다. 법칙이고 진리이기 때문이다. 아무리 추운 겨울이라도 따스한 봄으로 되돌아온다. 아무리 더운 여름일지라도 서늘한 가을로 되돌아온다. 복은 동지에서 입춘으로 향하는 기운의 회복을 뜻한다. 우주자연의 순환처럼, 갔던 기운이 돌아오고 왔던 기운이 돌아간다.

'하나의 양이 와서 되돌아온다'라는 의미의 일양래복(一陽來復)이라는 말이 적절하다. 1년이 모두 지난 후 12월의 동짓날이 하나의 양으로 자리한다. 이 지점에서 새로운 해가 다시 시작된다. 복은 '왕복한다'는 뜻으로 '갔던 것이 돌아온다'는 말이다. 회복이나 원기를 되찾는 일이다. 복귀란 원래의 것으로 되돌아간다는 말이다. 원래의 상황으로 되돌아간 그 곳에서 또 다시 걸어 나아가는 것이다. 그러므로 다시 시작하는 또 다른 의미의 순환이다. 봄이 오고 여름이 오고 가을이 오고 겨울이 왔다가 다시 봄이 오는 것과 같다. 하루하루도 마찬가지다. 이와 같이 우주자연의 모든 사물은 반복된다. 때문에 의미 있는 목적을 발견했다면 반복하여 노력하는 일이 중요하다. 다시 계획을 세우고 기초 공사를 시작하는 때다. 이전에 실천해 보았으나 한번 실패한 일일지라도 다시 착수하는 때다. 전반적으로 솟아오르는 기운이 아직 강하다고는 할 수 없다. 그만큼 가까운 것, 쉬운 것, 단순한 것부터 시작하여 서서히 먼 곳, 어려운 곳, 복잡한 것으로 확장시켜 나가야 한다.

현재 자신의 처지가 이 괘에 해당하는 경우, 이제 겨울로 접어드는 시점이므로 조용하게 때를 기다리면서 새봄을 소망하며 그에 맞게 준비태세를 갖추어야 한다. 조금이나마 일이 호전될 기미가 보였다고 하여 성급하게 덤벼들어서는 안 된다. 기회가 점점 다가오기는 하지만, 그 기회가 아직까지 무르익지는 않았다.

25. 무망(无妄): 순응함

☰ 乾上
☳ 震下

위 괘는 건(乾☰ 天)이고 아래 괘는 진(震☳ 雷)이다.
이에 '천뢰무망(天雷无妄)'이라 한다.

괘의 뜻

무망[无妄☳ 순응함]은 엄청나게 형통하고 곧게 함이 이롭다. 바르지 않으면 허물이 있어
가는 것이 이롭지 않다.(无妄, 元亨, 利貞. 其匪正有眚. 不利有攸往.)

자연의 질서에 순응하면 세상 이치에도 크게 통하게 마련이다. 맨 아래에 있는
초구의 양이 육이의 음과 가까이 하며 위로 올라가려고 한다. 그러나 위에 있는
세 개의 양이 꽉 누르고 있다. 때문에 세상일에 마주하여 항상 곧은 마음으로 순
응하며 사는 것이 이롭다.
　무망(无妄☳)의 모습을 보면, 위 괘는 건(乾☰)이고 아래 괘는 진(震☳)이다. 건
(乾☰)은 하늘[天]을 나타내고 진(震☳)은 우레[雷]를 상징한다. 때문에 이 괘를
'천뢰무망(天雷无妄)'이라 한다. '무망(无妄)'은 아무런 욕심 없이 자연의 질서에 순

응함을 뜻한다. 순수를 추구하는 정신과도 상통한다. 괘의 형상을 보면, 하늘 아래에서 우레가 우르릉 쾅쾅 울리는 형국이다. 그것은 지금까지 쇠약했던 기운이 다시 활기를 띠는 모습을 상징적으로 보여 준다.

무망(无妄☰☰)이 복(復☷☳) 다음에 자리하는 이유는 아주 간단하다. 어떤 사물이건 되돌아오면 함부로 움직이지 않는다. 그러므로 무망괘로 받았다. 앞의 괘인 '복(復)'은 원래의 '바른 길'로 돌아오는 것이다. 그 바른 길로 돌아오고 나면 이치에 합당하여 함부로 움직임이 없다. 때문에 복괘 다음에 무망괘로 자리매김했다.

괘의 모양은 하늘[乾☰: 天]이 위에 있고 우레[震☳: 雷]가 아래에 있다. 우레를 상징하는 진괘는 움직임을 나타낸다. 움직임을 자연의 법칙이나 질서로 보면 함부로 움직이지 않고 정해진 이치에 순응한다. 순응함은 질서를 일그러뜨리지 않는 성실의 세계이자 순수함 그대로다. 하지만 움직임을 인간의 욕망으로 보면 함부로 나대는 일이 되고 만다. 질서의 혼란이다.

효의 뜻

 초구(ー): 질서에 순응한다. 그렇게 가는 것이 좋으리라.(初九, 无妄. 往吉.)
제1효는 양의 자리에 정당하게 있다. 육이에 가까이 하여 위로 가려고 하지만, 위에 있는 세 개의 양기가 누른다. 그러니 질서에 순응하는 것이 좋다.

육이(--): 밭을 갈고도 수확할 생각을 하지 않는다. 밭을 개간하고도 3년이 지나면 좋은 밭이 되리라 생각하지 않는다. 갈 바가 있는 것이 이롭다. (六二, 不耕穫, 不菑畬, 則利有攸往.)

제2효는 정당하고 가운데 있으면서 초구의 양기를 타고 구오에 호응한다. 봄에 밭가는 일을 당연시하고 충실하며 미리 추수를 기대하지 않는다. 황무지 개간을 자연스럽게 여기고 3년 뒤에 좋은 밭이 될 것을 욕심내며 기대하지 않는다. 주어진 질서에 순응하여 노력할 뿐이다. 그러므로 어디를 가든지 이롭다.

 육삼(--): 질서에 순응만 하면 재앙이 된다. 어떤 사람이 여기에 소를 매어 놓았다. 길 가는 사람은 그 소를 얻는 것이 되고, 마을 사람에게는 도둑으로 몰려 재앙이 된다.(六三, 无妄之災. 或繫之牛. 行人之得, 邑人之災.)

제3효는 양의 자리에 음으로 있고 상구와 호응한다. 호응하더라도 정당하지 못해 덕망이 없다. 길에 매어놓은 소를 나그네가 훔쳐 갈 수도 있고, 동네 사람이 그 소를 훔친 도둑으로 몰려 누명을 쓸 수도 있다.

 구사(ー): 나름대로 곧게 할 수 있다. 그래야 잘못되는 일이 없다.(九四, 可貞. 无咎.)

제4효는 음의 자리에 양이 있어 정당하지도 못하고 호응할 음의 기운도 없다. 타고난 강한 기운으로 마음을 바르게 가지면 그런대로 잘못되는 일은 없다.

구오(ー): 질서에 순응함이 오히려 병이 된다. 약을 쓰지 말아야 기쁜 일이 있을 것이다.(九五, 无妄之疾. 勿藥, 有喜.)

제5효는 정당한 자리에 있으면서 아래로 육이에 호응한다. 예기치 않게 병에 걸릴 수도 있다. 하지만 약을 쓰지 않아도 낫는다. 걱정할 필요가 없다.

상구(ー): 잘못되는 일은 없다. 행한 일이 허물이 있다. 이런 경우에 이로울 것이 없으리라.(上九, 无妄. 行有眚, 无攸利.)

제6효는 너무 높은 곳에서 정당하지 못한 자리에 있다. 그에 맞지 않게 일을 진행하면 반드시 재앙이 있다. 무슨 이로울 것이 있겠는가!

대비: 예방/치료의 배려

무망(无妄)은 문자 그대로 보면 '허망하고 없다'는 뜻으로 '허무하다'는 말이다. 이는 단순하게 부정적 의미의 허무함이기보다는 '거짓이 없음'이라는 긍정적 의미를 상징한다. 억지로 하려는 욕망이나 함부로 만들려는 작위가 없다. 자연그대로의 순수한 모습이다. 그만큼 자연의 질서에 순종해 나가면 좋다. 반대로 그것을 거역하는 행위를 한다면 스스로 재난을 초래할 수 있다.

자연의 운행 질서, 즉 하늘의 뜻대로 따르는 일이기 때문에, 자신이 어떻게 처신하고 행동하느냐에 맡겨져 있다. 이처럼 질서에 순응해야 하는 때는 인간의 힘도 의지력도 어쩔 수 없다. 질서에 순응하지 않고 몸부림치면 칠수록 결과는 나빠진다. 쓸데없는 노력은 오히려 삶을 파괴할 수 있다. 따라서 질서에 역행하는 노력을 기울이지 말고 상황에 적절한 수단과 행동을 고려해야 한다. 때로는 망(妄)을 '함부로'라고 풀이하기도 한다. 이는 아무런 이유도 없이 어떤 일을 야기해서는 안 된다는 뜻이다. 그렇다고 아무것도 하지 않고 가만히 있으라는 의미는 아니다. 내면의 충실과 마음의 안정을 도모하면 미처 생각하지 못했던 행운이 닥쳐올 수도 있다. 또한 망은 '의심이 많아 어떤 일에 대해 주저한다'는 의미가 있다고도 한다. 때문에 나쁜 일에 생각이 미치기 쉬운 때를 당하기도 한다. 그런 경우 불행을 초래하기 쉽다. 이런 점에서 무망은 좋은 것과 나쁜 것이 예기치 못한 사이에 돌발적으로 일어나기도 한다. 하지만 진실한 마음으로 정성스럽게 마주하면 특별한 문제는 없다.

현재 자신의 처지가 이 괘에 해당하는 경우, 자연의 법칙에 순응하며 세상의 일을 고민하는 것이 좋다. 기회가 왔다고 모험을 하려들거나 새로운 일을 기획해도 소용없다. 그렇다고 자연의 질서에 맞춘다는 명목하에 사회가 흘러가는 대로 자신을 내버려두어서도 안 된다. 경건한 마음으로 세상의 질서에 순응하려고 노력할 필요가 있다. 그만큼 세상을 깨우치고 배우는 작업이 중요하다. 바른 길로 들어선 경우에는 그것에 순응하며 제멋대로 행동하지 않는 경건함을 익혀야 한다. 시대와 상황에 합당하고 올바른 길이 지속되고 있다면, 그것을 이해하고 존중하며 본받을 수 있는 마음의 자세가 요청된다.

26. 대축(大畜): 크게 쌓음

䷙
艮上
乾下

위 괘는 간(艮☷ 山)이고 아래 괘는 건(乾☰ 天)이다.
이에 '산천대축(山天大畜)'이라 한다.

괘의 뜻

대축[大畜䷙ 크게 쌓음]은 곧게 행할 때 이롭다. 집에서 밥을 먹지 않아 좋다. 큰 냇물을 건너는 것이 이롭다.(大畜, 利貞. 不家食, 吉. 利涉大川.)

크게 쌓기 위해서는 개인적으로 사사로운 이익을 도모하지 말고, 마음을 공정하게 가져야 이롭다. 집에서 재산을 축내며 먹지 말고 바깥에서 벌어 먹어야 좋다. 때에 따라서는 큰 냇물을 건너 다른 세계로 가도 괜찮다.

    대축(大畜䷙)의 모습을 보면, 위 괘는 간(艮☷)이고 아래 괘는 건(乾☰)이다. 간(艮☷)은 산(山)을 나타내고 건(乾☰)은 하늘[天]을 상징한다. 때문에 이 괘를 '산천대축(山天大畜)'이라 한다. '대축(大畜)'은 문자 그대로 '크게 쌓다' 또는 '많이 저축하다'는 뜻이다. 굳센 하늘의 기운이 산으로 옮아가고 있는 형국이므로 산에는 온갖 동식물이 무성하게 자랄 것이다.

　대축(大畜☲)이 무망(无妄☲) 다음에 자리하는 이유는 아주 간단하다. 함부로 움직이지 않고 질서에 순응하는 무망(无妄)이 있다. 그 다음에 쌓을 수 있으므로 대축괘로 받았다. 함부로 움직이지 않고 순응하면, 그만큼 실질이 있기 때문에 쌓아 모을 수 있다.

　괘의 모양은 산[艮☲: 山]이 위에 있고 하늘[乾☰: 天]이 아래에 자리한다. 하늘이 산 속에 있는 형상이므로 아주 크게 쌓을 수 있다. '축(畜)'은 '쌓아서 멈추는 일'이기도 하고, '쌓아서 모우는 일'이기도 하다. 멈추면 모이기 때문에 이중적인 뜻을 취했다. 하늘이 산 가운데에 있는 형상을 취하면 쌓는 뜻이 강하고, 간괘인 산이 건괘인 하늘을 멈추게 하는 형상을 취하면 멈추는 뜻이 강하다. 멈추게 한 다음에 쌓이는 것이 있기 때문에 '멈추게 하는 일'이 '축(畜)'의 뜻이 된다.

효의 뜻

 초구(一): 어려움이 있다. 어려운 만큼 그만 두는 것이 이로우리라.(初九, 有厲. 利已.)

제1효는 정당한 자리에서 육사와 호응하고 있어 위로 나아가려고 한다. 하지만 맨 위쪽의 육오를 타고 있는 상구가 막아 어려움이 있다. 그런 만큼 나아가지 말고 그만두는 것이 좋다.

구이(━): 수레의 바퀴통이 빠졌다.(九二, 輿說輹.)

제2효는 육오와 호응하고 있으나 맨 위의 상구가 막고 있어 나아갈 수 없다. 수레를 타고 가다가 바퀴통이 빠져 갈 수 없는 형국이다.

 구삼(━): 좋은 말을 타고 갈 수 있다. 그만큼 어렵게 여기고 곧게 함이 이롭다. 날마다 수레 타는 법과 호위하는 법을 익혀야 한다. 그렇게 하여 가는 것이 이롭다.(九三, 良馬逐. 利艱貞. 日閑輿衛, 利有攸往.)

제3효는 위의 육사를 타고 올라가려고 하지만 어렵다. 어려움을 극복하려면 마음가짐을 바르게 하고, 매일 수레 타기와 적을 만났을 때 자기 몸을 방어하는 법을 익혀둬야 한다. 그런 다음에 어디든지 갈 수 있다.

 육사(--): 어린 소의 뿔에 가로 나무를 더했다. 가둬두어서 아주 좋다.(六四, 童牛之牿. 元吉.)

제4효는 정당한 자리에서 아래의 초효와 호응하지만, 위의 상구에 저지당한다. 송아지 때는 철없이 바깥으로 다니기보다는 외양간에 가둬 가만히 있게 하는 것이 안전하고 좋다.

 육오(--): 멧돼지를 거세하여 이빨을 쓰지 못하게 했다. 그만큼 좋다.(六五, 豶豕之牙. 吉.)

제5효는 아래 구이와 호응하고 있으나 상구에 저지당한다. 멧돼지가 함부로 나대기보다는 거세한 상황에서 이빨을 쓰지 못하게 하는 것이 좋다. 무턱대고 돌진하다가는 다칠 수 있다.

상구(一): 어찌 그리 하늘의 거리와 같은가? 그만큼 형통하리라.(上九, 何天之衢. 亨.)

제6효는 아래의 육사와 육오의 두 음의 기운을 타고, 매우 높은 자리에 있는 형상이다. 그만큼 사방으로 터진 하늘을 자유자재로 날아갈 수 있다. 어디를 가든지 형통하다.

대비: 예방/치료의 배려

대축(大畜)은 '크게 쌓아 모은다'는 뜻이다. 단지 모으는데 그치지 않고 올바르게 지도를 받아 능력을 양성하는 영역으로 나아간다. 지식이건 덕성이건, 물질의 측면이건, 인간의 삶에 필요한 것들을 풍부하게 만드는 것이 중요하다. 그래야 세상에 나가 알맞게 쓰고 성공을 거둘 수 있다.

물건을 쌓는데 비유하면, 일시적인 임시방편이나 응급수단의 차원이 아니다. 오랜 시간이 소요된 다음에 아름답게 만들어진 물건을 확보하는 일이다. 인간의 능력 측면에서 이해하면, 시간을 많이 들여 충실하게 공부하여 실력을 축적하는 일이다. 금전의 측면에서 보면, 긴 시간에 걸쳐 저축을 많이 했다는 말이다. 예를 들면, 금광에서 채굴한 광물을 제련하여 금화로 축적할 때까지 다양하게 노력하는 과정을 생각하면 좋다. 한 나라의 경제로 본다면, 점진적인 정책을 통해 나라를 안정시키고 끊임없이 발전을 이루어 국가가 부강하게 되었음 의미한다. 많이 축적하여 크게 쌓은 시기는 비교적 안정된 상황이다. 때문에 과거의 경험을 반성하고 미래의 행동에 대한 방침을 정돈하고 현실의 일에 착수할 필요가 있다. 인간사회에는 다양한 장애가 있고 곤란하거나 예기치 못한 일들이 여기저기 도사리고 있다. 중요한 것은 모든 일에서 끈기를 갖고 노력하는, 성실성이다. 내부에만 머물러 일하는 것보다 외부까지 나가 일하는 편이 효과적이다. 작은 일보다 규모가 큰일에 뜻을 두고 노력할 필요도 있다.

현재 자신의 처지가 이 괘에 해당하는 경우, 훌륭한 사람들이 실천했던 길을 모형으로 하여, 자신도 그런 양식을 터득하려고 애써야 한다. 무엇보다도 먼저 자기 실력을 쌓도록 노력하는 일이 필요하다. 그런 가운데 운수가 트인다. 웬만한 어려움은 그 동안 닦아 놓은 실력으로 충분히 극복할 수 있다. 고생 끝에 즐거움이 온다. 삶의 추진력은 어떤 일을 할 수 있는 능력과 실천하는 실력을 확보하는 가운데 생겨난다. 개인의 성장을 통해 사회적 역량을 갖추고 그것을 발휘할 수 있도록 삶의 자본을 마련해야 한다. 여기에서 핵심적으로 요청되는 사안이 다름 아닌 열정과 노력이다. 노력이 쌓이고 쌓여 축적되고, 그것을 펼칠 수 있는 운세가 다가왔을 때, 추구하는 일에서 성공할 수 있다.

27. 이(頤☲)괘: 기르고 가꿈

☶ 艮上
震下

위 괘는 간(艮☶ 山)이고 아래 괘는 진(震☳ 雷)이다.
이에 '산뢰이(山雷頤)'라고 한다.

괘의 뜻

이[頤☲ 기르고 가꿈]는 곧게 하면 길하다. 턱을 보고 스스로 음식을 구한다.(頤, 貞吉.
觀頤, 自求口實.)

맨 아래 초구와 맨 위 상구에 있는 두 양의 기운이, 육이에서 육오까지 네 음의
기운을 내부에 감싸고 있는 형국이다. 사람이 배가 고파 음식이 입안으로 들어오
기를 기다리며 아래턱과 위턱을 놀린다. 그때 바르게 하여 입안에서 잘 씹어 삼
켜야 몸을 살찌우는 영양분이 될 수 있다.

이(頤☲)의 모습을 보면, 위 괘는 간(艮☶)이고 아래 괘는 진(震☳)이다. 간(艮
☶)은 산(山)을 나타내고 진(震☳)은 우레[雷]을 상징한다. 때문에 이 괘를 '산뢰
이(山雷頤)'라고 한다. '이(頤)'는 본래 '턱'을 의미한다. 하지만, 입을 이루고 있는

위턱과 아래턱으로 음식물을 입안에 담아 씹어 먹을 수 있다. 그것을 확장하여 '기르다'는 뜻을 포함했다. 괘의 형상만으로 보면 위턱과 아래턱 사이에 치아가 늘어서 있는 것 같다. 그래서 입을 상징하기도 한다.

이(頤☲)가 대축(大畜☲) 다음에 자리하는 이유는 다음과 같이 설명된다. 물건은 어느 정도 모인 다음에 쓰일 수 있고, 용도에 따라 적절하게 기를 수 있다. 그러므로 이괘로 받았다. 어떤 사물이건 쌓여서 모이게 되면, 그냥 둘 것이 아니라 반드시 합당하게 길러주어야 한다. 길러주지 않으면 제대로 생존하여 번식할 수 없다.

괘의 모양은 산[艮☶: 山]이 위에 있고 우레[震☳: 雷]가 아래에 자리한다. 맨 위와 맨 아래의 두 양효가 가운데의 네 음효를 둘러싸고 있다. 위쪽은 멈추고 아래쪽은 움직인다. 또한 밖은 충실하게 차 있고 안은 텅 비었다. 사람의 위턱 아래턱과 같은 형상이다. '턱[頤]'은 입을 구성하면서 길러주는 데 기여한다. 사람이 입을 통해 마시고 먹으며 몸을 기르기 때문이다. 광범위한 차원에서 보면, '기르다'는 의미는 씨앗을 뿌려 하나의 식물을 기르는 데서 우주자연의 만물을 양육하는 데까지 미친다. 인간의 경우에는 한 개인의 몸체를 기르고 덕성을 가꾸는 일이다. 움직이고 쉬는 일을 적절하게 조절하여 생명력을 기른다. 음식을 먹고 의복을 입으며 형체를 가꾼다. 격식을 차리고 의리를 행하여 도덕의식을 고양한다. 이 모든 것이 길러서 가꾸는 형상이다.

효의 뜻

 초구(一): 너의 신령스러운 거북을 버리고 나를 보며 턱을 늘어뜨린다. 이런 상황은 나쁘리라.(初九, 舍爾靈龜, 觀我朶頤. 凶.)

제1효는 굳세면서도 정당한 자리에 있다. 그러다보니 윗자리를 바라보게 된다. 자신의 신령스러운 거북점에 나타난 징조를 쓰지 않고, 자기보다 윗자리에 있는 사람을 부러워한다. 이런 자세는 좋지 않다.

 육이(--): 기르고 가꾸기를 이치에 어긋나게 하면 바른 도리에 위배된다. 그러므로 언덕에서 기르게 되면 가서 나쁘게 된다.(六二, 顚頤, 拂經. 于丘頤, 征凶.)

제2효는 초구의 기운을 타고 호응하지 못하고 있는 육오를 바라본다. 가운데 자리하므로 덕성은 조금 있다. 하지만 여왕 자리를 탐내므로 길러지기보다는 기울어져 나쁘게 된다.

 육삼(--)은 기르고 가꾸는 일에 위배된다. 그러면 곧게 행동하더라도 나쁘다. 10년이 되어도 쓰지 못한다. 그만큼 이로울 것이 없다.(六三, 拂頤貞. 凶. 十年勿用. 无攸利.)

제3효는 양의 자리에 음이 있어 정당하지 못한 상황에서 상구와 호응한다. 자신의 신분이 조금 높은 것을 이용하여 올라가려고 한다. 아무리 마음을 바르게 가지더라도 나쁠 수밖에 없다. 10년이 넘도록 평생 그런 자세로 나아가면 어떤 이로움도 없다.

육사(--)는 기르고 가꾸기를 이치에 어긋나게 한다. 그럼에도 좋다. 호랑이가 노려보고 있으니 하려는 일을 좇고 좇는다. 잘못되는 일은 없다.(六四, 顚頤. 吉. 虎視耽耽, 其欲逐逐. 无咎.)

제4효는 정당한 음의 자리에서 아래의 초구와 호응한다. 그러므로 턱을 높이 들고 사물을 주시하는 호랑이의 모습이다. 이런 상황에서는 무엇을 원하건 반드시 얻을 것이다. 때문에 하고 싶은 일을 해도 아무런 허물이 없다.

 육오(--)는 바른 도리에 위배된다. 그러나 곧게 처신하면 좋다. 하지만 큰 냇물을 건너서는 안 된다.(六五, 拂經. 居貞吉. 不可涉大川.)

제5효는 양의 자리에 음으로 있어 정당하지는 않다. 하지만 가운데를 차지하고 있어 그만큼의 덕성은 있다. 가장 높은 자리의 상구와 가까이 하여 위로 올라가면 위험하다. 임금으로서 자기의 왕관을 벗어버리고, 가장 위에 있는 사람을 사모해서는 안 된다. 바르게 행동하면서 큰 냇물도 건너가지 않는 것이 좋다.

상구(一)는 턱으로 말미암아 기르고 가꾸어진다. 이때 위태롭게 여기면 좋다. 그래서 큰 냇물을 건너는 것이 이로우리라.(上九, 由頤. 厲吉. 利涉大川.)

제6효는 맨 위에서 음의 자리에 양으로 있어 정당하지는 않다. 하지만 아래의 육삼과 호응하고, 초구와 함께 가운데 있는 모든 음을 기르고 가꾼다. 위턱과 아래턱으로 음식물을 씹는데, 가끔은 딱딱한 음식이 들어 있어 위험하기도 하다. 그러나 전반적으로는 괜찮다. 이런 상황을 바탕으로 큰 냇물을 건너가도 좋다.

대비: 예방/치료의 배려

이(頤)는 '기르는 일'이다. 길러서 가꾸는 일이기도 하다. 기르고 가꾸는 것은 단순하게 동식물뿐만이 아니다. 자신의 지식 습득이나 사상의 구축이 더욱 중요하다. 이때 그것이 옳은지의 여부를 진지하게 고민해야 한다. 올바른 것만을 길러야 한다. 이(頤)는 위턱과 아래턱을 상징한다. 입으로 음식물을 먹는 일을 비롯하여 기르고 가꾸어 나가는 상황 자체가 인간의 생활을 나타낸다.

다시 강조하면, 이(頤)는 신체 기관 가운데 입과 턱을 의미한다. 입은 식사를 하는 곳이다. 턱은 치아를 통해 음식을 잘게 으깨어 신체에 필요한 영양분으로 만드는 데 기여한다. 일반적으로 사용하는 용어 가운데, 양생(養生)이나 양육(養育), 또는 양성(養成)과 같은 개념에서 확인할 수 있듯이, 영양분을 통해 기르고 가꾸는 일은 모두 일생생활의 지속과 관련된다. 때문에 이(頤)는 생활의 방침을 세우거나 삶을 유지하기 위한 직업을 갖는데 동기를 부여한다. 그러나 조심해야 할 부분도 있다. 인간에게 발생하는 '질병은 입에서 시작된다!'는 말이 있듯이, 상한 음식이나 음식을 잘못 먹어 병을 유발하거나, 상황에 맞지 않은 말을 내뱉어 실수를 하는 경우, 입의 작용이 문제가 된다.

현재 자신의 처지가 이 괘에 해당하는 경우, 입과 턱을 사용하여 언어를 표출하고 음식을 먹는 만큼, 말을 조심하고 음식물을 조심해야 한다. 입에 의해 만들어지는 모든 사태에 신중해야 한다. 입에서 나오는 말이나 입으로 들어가는 음식을, 때마다 확인하라! 말로 인해 고통을 받거나 음식으로 인해 생기는 질병을 명심하라! 음식을 씹을 때, 언어를 표출할 때 사용하는 것처럼, 위턱과 아래턱의 역할을 하는 동지를 만나라. 공동목표를 지향할 경우에 뭉쳐서 함께 나아갈 수도 있다. 삶은 세상을 살아가기 위한 음식물을 다루는 일과 상통한다. 음식을 씹고 소화시켜 몸을 기르고 가꾸는 일이 인생이다. 입으로 말이 오고 가고, 음식물이 몸을 성장시키듯, 삶을 위한 영양을 충분히 고민해야 한다. 영양이 너무 적거나 지나치면 질병의 원인이 된다. 입에서 어떤 음식을 씹느냐가 중요한 것처럼, 우리가 경험하고 있는 삶의 내용이 인간 사회의 건전함 여부를 결정한다.

28. 대과(大過☱): 너무 지나침

```
☱  兌上
   巽下
```

위 괘는 태(兌☱ 澤)고 아래 괘는 손(巽☴ 風)이다.
이에 '택풍대과(澤風大過)'라고 한다.

괘의 뜻

대과[大過☱ 너무 지나침]는 들보가 휘어진 것이다. 이 상황에서는 가는 것이 이롭고 형
통하다.(大過, 棟橈. 利有攸往. 亨.)

너무 지나치다는 것은 집의 대들보가 꺾어지는 것과 같다. 대들보는 약한 데 그
위에 실려 있는 것이 너무 무겁다. 그러므로 대들보가 꺾어지기 전에 집을 떠나
야 모든 일이 순조롭다.

　대과(大過☱)의 모습을 보면, 위 괘는 태(兌☱)고 아래 괘는 손(巽☴)이다. 태(兌
☱)는 연못[澤]을 나타내고 손(巽☴)은 바람[風]을 상징한다. 때문에 이 괘를 '택
풍대과(澤風大過)'라고 한다. '대과(大過)'는 글자 그대로 '크게 지나치다' '너무 지
나치다'는 말이다. 때로는 태(兌☱)가 홍수를 나타내기도 하고 손(巽☴)이 나무를

가리키기도 한다. 이런 점에서 보면 나무가 홍수에 잠겨 괴로운 형국이기도 하다.

대과(大過☱☴)가 이(頤☶☳) 다음에 자리하는 이유는 다음과 같이 설명된다. 이(頤)는 기르는 일이다. 사람은 기르지 않으면 움직일 수 없다. 때문에 대과로 받았다. 모든 사물은 길러진 다음에 완성을 꿈꾼다. 완성되면 나름대로 움직일 수 있다. 문제는 움직이게 되면서부터다. 인간의 일이 움직여 나가면서 정상적으로만 진행하면 다행이다. 하지만 움직이면 반드시 '지나침[過]'이 나타나게 마련이다. 그것이 잘못을 유도한다.

괘의 모양은 연못[兌☱: 澤]이 위에 있고 바람[巽☴: 風]이 아래에 자리한다. 이는 연못이 나무 위에 있는 형국이다. 즉 나무가 연못에 잠겨 나무를 죽이고 있는 것과 같다. 연못은 물을 공급하여 나무를 윤택하게 길러주어야 하는데, 오히려 나무를 없애게 되었다. 이런 사태가 너무 지나친 일이자 큰 잘못이다. 크게 지나친 일은 두 측면에서 볼 수 있다. 어떤 일을 하는데 그 분량[量]이 넘치는 경우에는 지나침이 큰 것이다. 일[事] 자체가 지나친 경우에는 사람의 도덕과 업적, 하는 일이 다른 사람에 비해 크게 넘어서는 것이다.

효의 뜻

 초육(--): 자리를 까는데 흰 잔디를 사용한다. 그만큼 잘못되는 일은 없으리라.(初六, 藉用白茅. 无咎.)

제1효는 양의 자리에 음으로 있어 정당하지 못하고, 구이와 구삼의 양에 눌려 있다. 근신하는 자세로 깨끗하고 흰 잔디를 깔고 앉아 있어, 비교적 안전하다. 그러므로 크게 잘못되는 일은 없다.

 구이(—): 마른 버드나무에 새 잎이 돋아난다. 늙은 남자가 젊은 아내를 얻는다. 그러므로 이롭지 않음이 없다.(九二, 枯楊生稊. 老夫得其女妻. 无不利.)

제2효는 음의 자리에 양이 있어 정당하지 못하지만, 초육의 기운을 타고 있다. 마른 버드나무에서 다시 뿌리와 잎이 돋아나는 형국이므로, 늙은 남자가 딸 같은 젊은 여인을 아내로 삼는 형상이다. 그만큼 모든 일에서 이롭다.

 구삼(—): 들보가 휘어진다. 그만큼 나쁘다.(九三, 棟橈. 凶.)

제3효는 양의 자리를 정당하게 차지하고 있으나 가장 높은 상육과 호응한다. 아래에 약한 기둥이 받치고 있어 대들보가 꺾어지는 듯하다. 그러니 들보가 휘어지고 무너질 것 같아 나쁠 수밖에 없다.

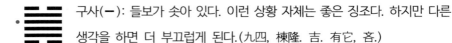 구사(一): 들보가 솟아 있다. 이런 상황 자체는 좋은 징조다. 하지만 다른 생각을 하면 더 부끄럽게 된다.(九四, 棟隆. 吉. 有它, 吝.)

제4효는 음의 자리에 양으로 있으면서 초육과 호응한다. 이처럼 집의 대들보도 높은 곳에서 가로 놓여 제 구실을 한다. 그래서 좋다. 딴 생각을 머금으면 부끄러운 일이 벌어지고 나쁘게 될 수도 있다.

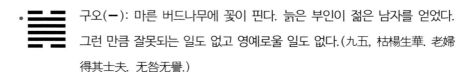 구오(一): 마른 버드나무에 꽃이 핀다. 늙은 부인이 젊은 남자를 얻었다. 그런 만큼 잘못되는 일도 없고 영예로울 일도 없다.(九五, 枯楊生華. 老婦得其士夫. 无咎无譽.)

제5효는 정당하게 자기 자리를 차지하고 위의 상육과 가까이 한다. 마른 버드나무에서 꽃이 피는 형국이므로, 늙은 여자가 아들 같은 젊은 남자를 남편으로 삼는 형상이다. 그만큼 특별히 좋은 일도 나쁜 일도 없다.

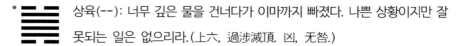 상육(--): 너무 깊은 물을 건너다가 이마까지 빠졌다. 나쁜 상황이지만 잘못되는 일은 없으리라.(上六, 過涉滅頂. 凶, 无咎.)

제6효는 가장 높은 자리에서 구오의 양의 기운을 타고 있다. 너무 깊은 냇물을 건너가다가 온몸이 잠기고 머리부위까지 빠졌으나, 죽지는 않았다.

대비: 예방/치료의 배려

대과(大過)는 '크게 지나치다'는 뜻이다. 대들보는 지붕에서 중심이 되는 물건인데, 그것이 너무 클 경우에 아래에 있는 기둥이 제대로 떠받들지 못한다. 이렇게 떠받들지 못하는 상태가 다름 아닌 대과다. 집을 제대로 유지하기 위해서는 아래의 기둥이 약해서 대들보가 휘고 꺾어지는 것을 그대로 보고 있을 수만은 없다. 대들보가 무너지는 위험 상황을 모면하기 위해, 미리 만반의 준비를 갖추어야 한다. 집을 반듯하게 지속해 나가기 위해서는 대들보와 기둥의 조화가 중요하다. 힘의 균형을 이루어야 한다는 말이다.

크게 지나치는 일에는 반드시 이유가 있다. 예를 들어 책임을 지나치게 부과하다 보면 그동안 묵혀 둔 일이 한꺼번에 밀려닥쳐 감당할 수 없는 지경에 이를 수 있다. 자신의 능력에 비해 맡은 일이 과중하여 꼼짝 못하는 때도 있다. 이런 상황이 크게 지나침, 대과다. 대과의 시기에는 가능한 주요한 문제에 초점을 맞추어 상황을 타개해 나가는 지혜가 필요하다. 다른 문제들은 약간 보류하고, 지나치다고 생각되는 부분을 조금이나마 덜어내는 것이 중요하다. 그리고 이미 기회를 놓친 사안에 대해서는 손을 대지 않는 것이 좋다. 개인적 문제는 잠시나마 뒤로 제쳐두고, 공공의 문제는 서슴지 않고 맡아 처리해야 한다. 선공후사(先公後私) 정신이라고나 할까. 위기가 닥친 시기라면 자신이 맡고 있는 일은 대부분 파멸에 직면했다. 그런 경우에는 자신의 힘이 미치지 못하는 인생의 숙명적인 때라고 볼 수밖에 없다.

현재 자신의 처지가 이 괘에 해당하는 경우, 크게 지나침을 보고 어려움이 닥쳐오더라도 고민하지 말고 용기를 내야 한다. 자신이 감당하기 힘들 정도로 지나치게 무거운 책임을 부여받았거나 맡은 일에 쫓겨 괴로움에 허덕일 수 있다. 이럴 때일수록 침착하게 처한 일과 상황 특성을 분석하면서, 난국을 헤쳐 나갈 수 있도록 힘써야 한다. 삶에서 상황을 파악하는 시선이나 관찰력은 대단히 중요하다. 인간 사회의 현실은 안정되지 않거나 정상적이지 않은 경우가 허다하다. 적절한 균형감각을 지속하지 못하고 삐걱거린다. 그 지나친 세계를 바로 잡기 위한 삶의 노력이 인간의 임무일 수도 있다. 특히 지도급 인사는 '너무 지나친' 세상의 부조리를 해소하기 위해 혼신의 힘을 기울여야 한다.

29. 감(坎☵☵): 거듭된 시련

坎上
坎下

위 괘도 감(坎☵ 水)이고 아래 괘도 감(坎☵ 水)이다.
이에 '감위수(坎爲水)' 또는 '습감(習坎)'이라 한다.

괘의 뜻

습감[習坎☵☵ 거듭된 시련]은 믿음이 있어야 오직 마음으로 형통한다. 나아가면 가상함이 있다.(習坎, 有孚, 維心亨. 行有尙.)

두 번째와 다섯 번째에 있는 양이 모두 음 가운데 갇혀 있다. 이는 겹겹이 둘러싸인 굴속에 사람이 있는 형국이다. 그런데 그 사람들 사이에 마음이 틔어 서로 통하고 행실도 착하여 칭찬할만하다.

감(坎☵)의 모습을 보면, 위 괘도 감(坎☵)이고 아래 괘도 감(坎☵)이다. 감(坎☵)은 물[水]을 상징한다. 때문에 이 괘를 '감위수(坎爲水)' 또는 '습감(習坎)'이라 한다. '감(坎)'은 '빠지다'는 뜻이고, 그것이 위와 아래에 중첩되어 있으므로 거듭한다는 의미의 '습(習)'이라는 말을 붙였다. 위에도 물이 있고 아래에도 물이 있으므로 흔히 말하는 물이 차고 넘친다. 물 천국이다.

감(坎☵)이 대과(大過☴) 다음에 자리하는 이유는 간단하다. 이 세상에 존재하는 모든 사물은 아무리 지나치더라도 그것을 끝까지 지속할 수 없다. 어느 시점이 되면 빠지게 마련이다. 때문에 감괘로 받았다. 어떤 사물을 그 이치로 볼 때, 지나침이 없으면 그치지 않고 지속된다. 지나친 상태로 끝까지 하면 반드시 빠지게 된다. 습(習)은 '거듭한다'는 의미다. 그런데 『주역』 64괘에 이와 같이 거듭 되어 있는 괘가 여럿이 있는데, 다른 괘에서는 그렇게 이름 짓지 않았다. 이 감괘에만 '습(習)'자를 더하여 '습감(習坎)'이라 한 것은, 그만큼 험한 상황이 중첩되어 있음을 드러낸다. 험한 가운데 다시 험하여 그 의미가 더욱 심각하다는 말이다.

괘의 모양은 물[坎☵: 水]이 위에 있는데 아래에 또 물[坎☵: 水]이 있다. 위 괘와 아래 괘 모두 하나의 양효가 가운데 자리하고, 그 위아래로 음효가 둘러싸고 있다. 양의 기운은 차 있고 음의 기운은 비어 있어 위아래에 의지할 곳이 없다. 하나의 양이 두 음의 가운데 빠져 있기 때문에 '빠진다'는 뜻이 담긴다. 양이 음의 가운데 있으면 '빠짐'이고, 음이 양의 가운데에 있으면 '걸림'이다. 양이 위에 있는 것은 멈추는 형상이고 가운데 있는 것은 빠지는 형상이며, 아래에 있는 것은 움직이는 형상이다. 음이 위에 있는 것은 기뻐하는 형상이고, 가운데 있는 것은 걸려 있는 형상이며, 아래에 있는 것은 공손한 형상이다.

효의 뜻

 초육(--): 거듭 빠져서 험난하다. 그만큼 구덩이의 구멍으로 들어간다. 나쁘리라.(初六, 習坎, 入于坎窞. 凶.)

제1효는 양의 자리에 음으로 있어 정당하지 못하고 구이와 가깝게 지낸다. 구이도 정당한 자리가 아니어서, 거듭 험란한 데 빠지므로 나쁠 수밖에 없다.

 구이(—): 빠져서 험난함이 있다. 그래도 구하는 것을 조금은 얻는다.(九二, 坎有險. 求小得.)

제2효는 초육과 육삼 가운데 갇혀 있다. 음의 자리에 양으로 있어 정당하지는 않지만 가운데를 차지하고 있어 나름대로의 덕성이 있다. 그 때문에 약간의 살아나갈 구멍은 있다.

 육삼(--): 오고 가면서 빠지고 빠진다. 험난한 곳을 또 베개로 삼고 있어 구덩이의 구멍으로 들어간다. 이런 경우에는 쓰지 말아야 한다.(六三, 來之坎坎. 險且枕, 入於坎窞. 勿用.)

제3효는 아래로 험난한 구이를 타고 위로는 호응이 없다. 몸이 구속되어 굴속으로 들어가는 상황이라, 빠지고 또 빠지는 형국이다. 아무 이득이 없으니 쓰지 말아야 한다.

육사(--): 한 동이의 술과 한 그릇의 안주를 질그릇에 담았다. 그것을 끈으로 묶어 창문으로 들여보낸다. 그래서 끝내는 잘못되는 일이 없다.(六四, 樽酒簋, 貳用缶. 納約自牖. 終无咎.)

제4효는 음의 정당한 자리에 있으면서 위로는 구오의 양과 가까이한다. 구덩이나 굴속에 빠져 갇혀 있지만, 술과 안주를 그 속에 넣어준다. 이에 끝까지 잘못을 저지른 사람으로 남는 것은 아니다.

구오(一): 구덩이가 차지 않았다. 그러나 이미 평평해졌다. 그만큼 잘못되는 일이 없다.(九五, 坎不盈, 祗旣平. 无咎.)

제5효는 아래로 호응할 곳은 없지만 양의 기운으로 정당한 자리에 있다. 굴속에 빠져 있으나 굴 밑에 흙이 모두 차지 않고 평평하게 있어 다리를 펼 수는 있다. 그런대로 괜찮다.

상육(--): 밧줄에 묶여 가시덤불에 갇혔다. 3년이 되어도 어떻게 하지 못한다. 그만큼 나쁘리라.(上六, 係用徽纆, 寘于叢棘. 三歲不得. 凶.)

제6효는 음의 기운으로 정당한 자리에 있으나 너무 높은 곳에 있다. 아래로 호응할 곳도 없다. 가시덤불로 둘러싸인 굴속에 빠져 내버려져 있다. 그러니 3년 이내에 죽을 상황이다. 어찌할 것인가? 아주 곤란한 지경에서 쓰러질 처지다.

대비: 예방/치료의 배려

감(坎)은 '곤란한 상황에 빠져 시련을 겪는 상황'을 말한다. 이런 시기에는 고민하고 고생하면서도 신념을 버려서는 안 된다. 충실하게 자신의 길을 관철한다면 반드시 그 정성이 이루어진다. 아무리 거듭되는 시련이 닥치더라도, 슬기롭게 그것을 극복하면 괜찮다. 지금은 사람들이 알아주지 않더라도, 언젠가는 어려움을 극복하며 올바르게 걸어간 길을 높이 평가할 날이 오게 마련이다.

거듭되는 시련인 감의 상황을 해소할 적절한 말은 '진실일로(眞實一路)'라는 표현이다. 참되고 알찬 노력은 한결같고 하나의 길로 통한다! 사람이 고통에 머무르며 괴로울 때 자신을 지탱하는 힘은, 고통의 본질을 확인하고, 성심성의껏 정성을 다하여 한길로 나아가는, 굳건한 마음 이외에 아무것도 없다. 고통의 상황은 수없이 많다. 불우한 환경, 가난, 재난, 실연 등 수많은 아픔이나 슬픔이 사람의 마음을 우울하게 만든다. 상심(傷心)의 시대이자, 인간다움의 상실(喪失)을 조장하는 때가 시시각각 존재한다. 이러지도 저러지도 못하는 진퇴양난에 빠져 모든 고통이 일시에 밀어닥치기도 한다. 이런 때는 꿋꿋한 신념과 용기가 절대적으로 필요하다. 당당하게 내 앞에 선 고통과 마주하라! 때로는 마음의 평정을 잃어버리기 쉽고, 만사를 포기하고 싶은 때도 있다. 하지만 추운 겨울이 지난 다음에 따스한 봄날이 오듯이, 고통의 시기는 오래가지 않는 법이다. 그러므로 참아야 한다! 견뎌낼 줄 알아야 한다!

현재 자신의 처지가 이 괘에 해당하는 경우, 곤경에 빠져 있기 때문에 어려움을 극복하기 위해 덕행을 기르고 사람들을 교육하기에 힘써야 한다. 괴로움에 파

묻혀 어떻게 행동해야 할지 모르는 때에 처했다. 지금은 아무 일이 없다. 그러나 늘 어떤 위험이 닥쳐올 수 있음을 잊어서는 안 된다. 역경을 헤치고 성공할 수 있도록 용기와 희망을 가져야 한다. 어쩌면 인간의 삶은 근원적으로 험한 곳에 던져져 있는지도 모른다. 그것도 거듭하여 험지에 추락한 상태일 수도 있다. 이런 험지에서의 탈출은 필연적으로 역경 극복을 위한 노력으로 이어진다.

30. 리(離): 붙어서 걸림

䷝　離上
　　離下

위 괘도 리(離☲ 火)고 아래 괘도 리(離☲ 火)다.
이에 '리위화(離爲火)'라고 한다.

괘의 뜻

리[離☲ 붙어서 걸림]는 곧게 함을 이롭게 여기면 형통한다. 이에 암소를 기르듯이 하면
좋다.(離, 利貞, 亨. 畜牝牛, 吉.)

사람들이 모여 사는 세상에서는 불과 같이 밝고 곧게 생활해야 모두에게 이익이
된다. 제사를 지낼 때 희생으로 쓰는 좋은 암소를 기르듯이, 깨끗한 마음을 가져
야 좋다.

　리(離☲)의 모습을 보면, 위 괘도 리(離☲)고 아래 괘도 리(離☲)다. 리(離☲)는
불[火]을 상징한다. 때문에 이 괘를 '리위화(離爲火)'라고 한다. '리(離)'는 불을 나
타내고 불은 태양으로 대변된다. 때문에 리는 불의 특성인 '밝다', 또는 '타오르다'
는 뜻을 담고 있다. 그것도 아래위로 두 개가 겹쳐 있으므로 아주 밝은 태양으로

볼 수 있다. 그만큼 정열적으로 타오르고, 왕성한 의욕을 지닌다는 말이다. 인간의 치열한 삶의 모습이 그러하다.

리(離☲)가 감(坎☵) 다음에 자리하는 이유는 다음과 같이 설명된다. 감(坎)은 빠진다는 뜻이다. 어떤 사물이건 아래로 추락하여 빠지면 반드시 걸리게 마련이다. 리(離)는 '걸리다'는 뜻을 지니고 있기 때문에 리괘로 받았다. 사람이건 사물이건 험난한 가운데 빠지면 반드시 달라붙어 걸리게 되어 있는데, 세상 이치가 본래 그러하다.

괘의 모양은 불[離☲: 火]이 위에 있고 아래에 또 불[離☲: 火]이 있다. 괘에서 보면, 음효가 위와 아래의 양효 가운데 끼어 있다. 이때 가운데 있는 음효가 빠져서 걸린 모습이다. 음효는 걸려서 붙은 뜻이 되고, 가운데가 비어 있음을 취하면 밝다는 뜻이 된다. 리(離)는 불[火]을 나타내기 때문에 그 몸체가 비어 있고 사물에 걸려서 밝다. 또 태양을 나타낼 때도 비어 있으면서 밝은 모습을 상징한다.

효의 뜻

 초구(━): 발자국이 서로 엇갈린다. 하지만 공경하게 만들면 잘못을 저지르는 일은 없으리라. (初九, 履錯然. 敬之, 无咎.)
제1효는 정당한 자리에 있으면서 위의 육이와 가까이 한다. 여러 사람들도 제각기 자신의 자리에서 일을 하며 서로가 존중하는 태도로 공경한다. 그런 만큼 특별히 잘못 되는 일은 없다.

육이(--): 황색의 중앙에 걸린다. 그만큼 아주 좋다.(六二, 黃離. 元吉.)
제2효는 정당한 가운데 자리를 차지하고 그에 맞게 덕망도 있다.
사람들이 중앙의 가운데 모여 서로 달라붙어 교류하므로, 일이 성
사되고 아주 좋다.

 구삼(-): 해가 기울어 걸려 있다. 장구를 두드리지 않고 노래하니 늙은이가
한탄한다. 그만큼 나쁘다.(九三, 日昃之離. 不鼓缶而歌, 則大耋之嗟. 凶.)
제3효는 아래 괘의 맨 위에서 정당한 자리에 있으나 위로는 호응이
없다. 아래 사람들이 장구를 두드리지 않고 멋대로 노래를 부르므
로 어른들이 탄식한다. 서로 달라붙어 어울리지 못하므로 좋을 일
이 없다.

 구사(-): 느닷없이 온다. 그만큼 불타오르는 듯하고 죽이는 듯하며 버려
지는 듯하다.(九四, 突如其來如. 焚如, 死如, 棄如.)
제4효는 음의 자리에 양이 있어 정당하지 못하다. 그러면서도 위로
는 육오를 침입하고 있다. 정상적이지 않고 느닷없이 사람이 침입
해 온 만큼, 집에 불을 놓은 듯하고 사람을 죽이는 듯하며 시체를
버리고 가는 듯한 느낌이다.

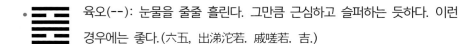 육오(--): 눈물을 줄줄 흘린다. 그만큼 근심하고 슬퍼하는 듯하다. 이런 경우에는 좋다.(六五, 出涕沱若. 戚嗟若. 吉.)

제5효는 양의 자리에 음으로 있어 정당하지 못하지만, 가운데 자리에 있어 나름대로 덕성이 있다. 아래로 양인 구사를 타고 위로는 상구를 가까이 한다. 여자로서 군주가 겸손한 마음으로, 눈물을 비 오듯이 흘리고 슬퍼하는 모습을 보이므로, 괜찮은 형국이다.

 상구(一): 임금이 나아가 정벌한다. 우두머리만 베고 잡은 것이 기쁜 일이 된다. 그는 조그마하고 추악한 도적이 아니다. 그러기에 잘못되는 일은 없으리라.(上九, 王用出征. 有嘉折首. 獲匪其醜, 无咎.)

제6효는 아래에 있는 육오의 음의 기운을 타고 나아가는 모습이다. 덕망 있는 여자 군주에게 달라붙어 정벌하러 나가므로, 반드시 이길 수 있다. 적군은 우두머리만 죽이고 조무래기 도둑들을 살려주면 허물이 없을 것이다.

대비: 예방/치료의 배려

이(離)는 '물건에 달라 붙는다'는 뜻을 지니고 있다. 사람과 사람 사이에 달라 붙어있는 인간관계, 또는 사람과 사람 사이에 걸려 있는 여러 문제들을 고민하는 것이다. 이런 상황에서는 반드시 자신이 달라붙어 있거나 걸려있는 영역들, 예컨대, 소속이나 활동내용, 또는 여러 형태로 의존하고 있는 사회적 관계를 잘 살펴야 한다. 그리고 자기를 앞세우지 않는 것이 좋다. 온순하게 다른 사람을 따라가는 암소와 같은 심정으로 희생이 되기를 각오하면, 사람들이 함부로 시비를 걸지 않는다.

이(離)는 불을 상징하므로, 밝음, 태양, 아름답다는 의미가 있다. 불과 같은 격렬성도 함축되어 있다. 아무리 미래 전망이 밝더라도 불을 다루는 일이 어려운 것처럼, 마음이 안정되지 않고, 다른 일에 신경이 쏠려, 어떤 일이건 집중이 제대로 되지 않는다. 불이 중첩되고 강렬한 태양처럼 굳센 기운을 지니고 있지만, 그만큼 취급하기 어려운 불의 속성도 안고 있다. 기분으로 이해하면, 불처럼 극단적인 마음의 변화가 생기기 쉽다. 자신이 아무리 불처럼 뜨겁고 태양처럼 강렬하게 현명한 지혜를 확보했을지라도, 견식이 있는 사람, 유능한 사람의 의견은 받아들여라. 그것이 진짜 자기에게 도움을 가져온다.

현재 자신의 처지가 이 괘에 해당하는 경우, 밝은 지혜로 세상의 올바른 사안을 밝히기에 힘써야 한다. 자신의 능력을 최대한 발휘하여 태양처럼 밝게 비출 수 있는 기회가 왔다. 하지만 불이 순간에 꺼질 수 있는 것처럼, 그만큼 경솔해질 수 있다. 조심하라! 자신의 밝음을 믿고서 다른 사람과 타협하지 않고 외고집에 빠질 수도 있다. 지혜를 지닌 사람으로서 교만하거나 권위주의에 빠지는 것은 절대 금물이다. 자신의 밝은 지혜만을 내세우며 무지몽매한 사람을 무시하는 행위를 하지 말라! 그것은 아름다운 세계를 구현하는데 방해가 되는 요소다.

周易

주역하경

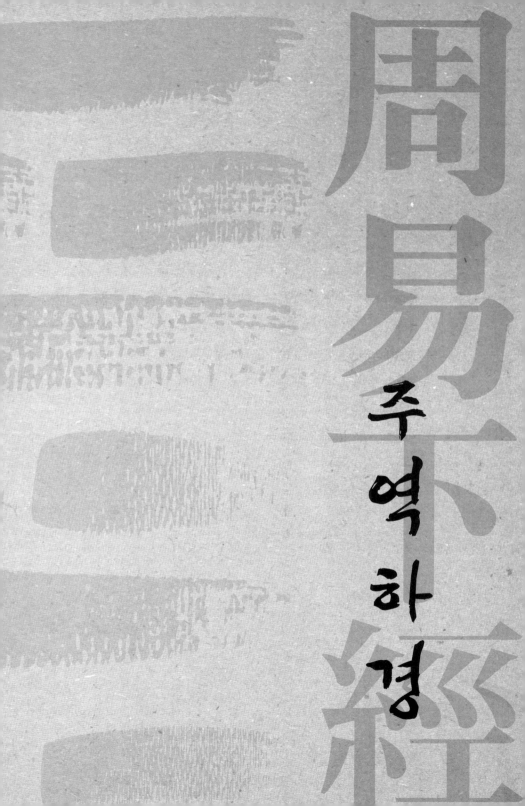

31. 함(咸䷛): 남녀의 교감

䷛ 兌上
   艮下

위 괘는 태(兌☱ 澤)고 아래 괘는 간(艮☶ 山)이다.
이에 '택산함(澤山咸)'이라 한다.

괘의 뜻

함[咸䷛ 남녀의 교감]은 형통하므로 곧게 함이 이롭다. 여자를 취하여 장가들면 좋다.(咸,
亨, 利貞. 取女, 吉.)

남녀가 서로의 정을 느끼면 잘 통하게 된다. 이때 마음을 바르게 가져야 이롭다.
서로를 이해한 만큼 결혼을 하면 좋다. 감정이 상통하면 모든 일이 순조로우나
무엇보다 마음을 바르게 먹어야 한다. 그렇지 않으면 음탕한 곳으로 빠지기 쉽다.
　함(咸䷛)의 모습을 보면, 위 괘는 태(兌☱)고 아래 괘는 간(艮☶)이다. 태(兌☱)
는 연못[澤]을 나타내고 간(艮☶)은 산(山)을 상징한다. 때문에 이 괘를 '택산함
(澤山咸)'이라 한다. 함(咸)은 글자 그대로는 '다하다' '널리 미치다'는 말이다. 그것
이 서로 느끼는 '감정'이나 '감각'을 뜻하는 의미로 확장되었다. 위에 있는 태괘는

온순하고 아래의 간괘는 굳세다. 사람이 사귀는 경우, 남자가 여자 아래에서 사람을 구하는 형상이다. 남녀 사이에 어떤 느낌이 서로 오고 가는 모습이다.

함(咸䷞)이 『주역하경』의 첫 번째에 자리하는 이유는 의미심장하다. 하늘과 땅, 즉 우주자연이 존재한 이후에 만물이 있다. 만물이 존재하고 그 가운데 남자와 여자라는 사람이 있다. 남자와 여자가 있고 그것을 대표하는 부부가 있다. 부부를 통해 사회를 구성하는 최소 단위인 가족이 형성되고 그 가운데 부모와 자식이 있다. 부모와 자식이 있은 다음에 가족 형태가 확장되면서 사회를 이루고 그것을 통솔하는 임금과 신하가 있다. 임금과 신하가 있은 다음에 위아래의 계급 계층이 있다. 위아래가 있은 다음에 사회에 공통되는 예의(禮義)를 둘 곳이 있다. 이 예의는 사람마다 맡은 직책과 임무 등에 대한 일종의 업무 분장이자 생활 태도다. 하늘과 땅, 즉 우주자연은 만물의 근본이고, 부부는 인륜(人倫)의 시작이다.

때문에 『주역상경(周易上經)』에서는 건(乾)괘와 곤(坤)괘를 맨 앞에 두었고, 『주역하경(周易下經)』에서는 함(咸)괘를 맨 앞에 두었다. 하늘과 땅은 두 가지이므로 두 괘가 나뉘어 하늘과 땅의 이치가 되었다. 남자와 여자는 교감을 통해 화합하여 부부가 되므로, 함괘는 두 몸체가 합해 부부라는 인간의 기본 의리를 이룬다. '함(咸)'은 '느낌'을 통해 기뻐함을 만들어 내는데, 이는 공손하면서 움직이고 굳셈과 유순함이 모두 호응하기 때문에 가능하다.

함(咸䷞)의 모양은 연못[兌☱: 澤]이 위에 있고 산(艮☶: 山)이 아래에 자리한다. 연못과 산은 각각 젊은 여자와 젊은 남자를 상징한다. 남녀가 서로의 정을 깊이 느낄 때는 젊음만한 것이 없다. 때문에 두 젊은 남녀가 만나 느끼는 사랑의 힘이 '함(咸)'이 된다. 남자의 뜻이 독실하여 여자를 사귀면, 여자의 마음이 기뻐하면서 남자에게 호응한다. 이때 남자는 먼저 느끼게 된다. 남자가 먼저 정성스럽게 느끼면 여자는 기뻐하면서 그에 호응한다.

효의 뜻

초육(--): 그 발가락에서 느끼기 시작하리라.(初六, 咸其拇.)
제1효는 아래 괘의 맨 아래에서 구사의 양과 호응한다. 남녀의 애정은 발가락과 발가락이 서로 맞닿는 데서 느끼기 시작한다.

육이(--): 다리의 장단지에서 느낀다. 나쁘지만 그대로 있으면 좋다.(六二, 咸其腓. 凶, 居吉.)
제2효는 위에 있는 구삼의 양과 가까이 하면서도 구오와 호응한다. 두 다리에서 느낀다는 것은 앞으로 지도자의 부인이 될 여인이 이웃집 남자와 애정을 나눈다는 말이므로 나쁜 상황이다. 하지만 정욕을 억제하고 가만히 집에 있으면서 내일을 기다리면, 괜찮다.

구삼(一): 넓적다리에서 느낀다. 따르는 것을 잡고 있다. 그러기에 가면 부끄럽다.(九三, 咸其股. 執其隨. 往吝.)
제3효는 정당한 자리에 있으면서 위로 상육의 음과 호응한다. 남녀의 애정이 넓적다리에서 느껴진다. 남자가 하자는 대로 여자가 좇아간다. 이때 여자가 먼저 나서면, 일이 끝난 뒤에 그 여자는 부끄러움을 면하지 못할 수 있다.

구사(ー): 곧게 행동하면 좋은 상황이 펼쳐지기 때문에 뉘우침이 없다. 자주 가고 오면 여자 친구가 네 생각을 따를 것이다.(九四, 貞吉, 悔亡. 憧憧往來, 朋從爾思.)

제4효는 아래의 초육과 호응한다. 두 남녀가 서로 애정을 나누며 변치 않는 마음을 가지고 있어 좋다. 그만큼 후회할 일이 없다. 남녀의 두 몸이 자주 일체가 되어 밀고 당기며 즐기고, 여자가 남자의 생각에 따른다.

 구오(ー): 등살에서 느낀다. 뉘우침이 없다.(九五, 咸其脢. 无悔.)

제5효는 정당한 자리에 있으면서 아래의 육이와 호응한다. 두 남녀의 감정이 매우 흥분되고 후회하는 일이 없다.

 상육(--): 볼과 뺨과 혀에서 최고의 사랑을 느끼리라.(上六, 咸其輔頰舌.)

제6효는 위 괘의 가장 높은 곳, 정당한 자리에서 아래의 구삼과 호응한다. 두 남녀의 감정이 최고조에 이르러 뺨과 볼을 서로 맞대어 비비고 혀를 물고 빨며 애정을 나눈다.

대비: 예방/치료의 배려

함(咸)은 세상의 존재에 대해 '민간하게 느끼는 상황'을 뜻한다. 그러기에 상호 교감의 과정에서 옳은 것을 받아들이고 그에 맞게 행동하라는 주문을 담는다. 인간 사회의 경우, 젊은 남녀가 결혼을 하고 자손을 낳아 번성해가며, 젊은 여성이 남편을 의지하는 것처럼, 진정으로 서로를 생각해 주고 사랑을 느끼는 모습에 해당한다.

남녀가 교감하는 일인 함(咸)은 단순하게 마음으로 느끼는 일뿐만 아니라 서로 간에 느낄 수 있는 모든 감각을 포함한다. 교감하는 만큼 운이 좋은 때다. 때문에 이론이나 논리를 따지기보다 직감에 호소하여 민감하게 행동하면 효과가 커질 수 있다. 어떤 일을 추진할 때, 첫인상에서 좋다고 느끼는 경우, 성공할 수 있다는 기운이 크게 느껴진다. 그와 같이 함(咸)은 인간의 감정으로 볼 때, 첫 만남에서 '남녀의 교감'이므로 연애의 감정이 생기기 쉽다. 남녀 관계도 그렇겠지만, 대인 관계에서 지나치게 물질적 측면에 중점을 두기보다 정신적 측면에서 교감을 나누고 친분을 다져 나가면 긍정적 효과를 볼 수 있다.

현재 자신의 처지가 이 괘에 해당하는 경우, 남자는 여자의 생각을, 지도자는 구성원의 의사를, 어떤 사람이건 다른 사람의 뜻을 존중하며 받아들이려고 노력해야 한다. 상호 교감의 과정에서 감수성이 강한 시기에 처해 있으므로, 상대방의 마음을 읽으며 서로를 느껴야 한다. 이 과정에서 지나치게 개인적 감정이 치우치거나 감상에 사로잡혀 이성을 잃어서는 안 된다. 솔직한 감정을 드러내며 상대의 정서를 헤아려 맞추려는 노력이 필요하다. 이는 사람 사이에 벌어지는 일종의 '감정 게임'이다. 서로를 이끌어주고 기뻐하는 마음이 샘솟아 오를 때 적절한 삶을 유지할 수 있다. 기쁨으로 충만하되, 한쪽으로 일방적으로 빠지는 것은 금물이다.

32. 항(恒☳☴): 한결같은 지속

☳ 震上
☴ 巽下

위 괘는 진(震☳ 雷)이고 아래 괘는 손(巽☴ 風)이다.
이에 '뇌풍항(雷風恒)'이라 한다.

괘의 뜻

항[恒☳☴ 한결같은 지속]은 형통하여 잘못됨이 없다. 곧게 행동함이 이롭다. 갈 데가 있는 것이 이롭다.(恒, 亨, 无咎. 利貞. 利有攸往.)

부부(夫婦)의 생활에서 변하지 않는 인생의 길을 지키면 서로 잘 통한다. 그만큼 허물이 없다. 마음을 바르게 가져야 이롭다. 나아갈 곳이 있으면 더욱 이롭다. 일반적인 부부의 생활은 변함없이 오래 살아야 모든 일이 순조롭다는 말이다. 인생의 과정에서 서로 마음을 바르게 먹고, 동반자로서 어디를 가건 유용한 삶을 위해 서로 보태야 생각을 살찌워 나갈 수 있다.

　항(恒☳☴)의 모습을 보면, 위 괘는 진(震☳)이고 아래 괘는 손(巽☴)이다. 진(震☳)은 우레[雷]를 나타내고 손(巽☴)은 바람[風]을 상징한다. 때문에 이 괘를 '뇌풍항(雷風恒)'이라 한다. 항(恒)은 '한결같다' '늘 변하지 않다'는 말이다. 위에 있는 진괘는 성년에 이른 남자를 의미하고 아래의 손괘는 성년에 이른 여자를 뜻한다. 성년이 된 남녀가 만나 가정을 이루고, 한결같은 가정생활을 안정적으로 지속해 나가는 형상을 담고 있다.

항(恒☳☴)이 함(咸) 다음에 자리하는 이유는 간단하다. 가정을 이룬 부부는, 흔히 백년해로(百年偕老)라고 하듯이, 오랫동안 인생을 함께 해야 하기 때문이다. '항(恒)'은 '오래한다'는 뜻을 담고 있는데, 앞에 자리한 함(咸☱☶)이 부부의 길이고, 부부는 종신토록 변하지 않아야 하므로 함괘 다음에 항괘로 받았다.

괘의 모양도 의미심장하다. 우레[震☳: 雷]가 위에 있고 바람[巽☴: 風]이 아래에 자리한다. 앞에서 본 함괘는 젊은 남자가 젊은 여자 아래에 있어 남자가 여자에게 낮추고, 남녀가 사귀어 감응하는 뜻이다. 여기의 항괘는 장성한 남자가 장성한 여자 위에 있어 남자가 높고 여자가 낮으므로, 부부가 집에서 변함없이 처신하는 뜻이다. 남녀의 교감인 사귀면서 서로 느끼는 측면에서 보면, 젊은 남녀의 경우에는 서로에게 친절하다. 높고 낮은 인간관계의 측면에서 보면, 장성한 남녀의 경우에는 신중하고 바르게 행동한다. 때문에 태(兌☱)와 간(艮☶)이 합하여 함(咸☱☶)이 되었고, 진(震☳)과 손(巽☴)이 합하여 항(恒☳☴)이 되었다. 남자가 여자 위에 있는 것은 남자는 밖에서 움직이고 여자는 안에서 유순함을 나타낸다. 이는 인간의 윤리 측면에서 보편성을 띠므로 항(恒)으로 나타냈다. 괘의 모습에서 굳센 양이 위에 있고 부드러운 음이 아래에 있는 것은, 우레와 바람이 서로 함께하며 공손하고, 움직이면서 호응하기 때문이다.

효의 뜻

초육(--): 깊게 오래도록 지속한다. 곧게 행동하더라도 나쁘다. 이로울 일이 없으리라.(初六, 浚恒. 貞凶. 无攸利.)

제1효는 위 괘의 구사와 호응하지만 정당한 자리는 아니다. 한 여인이 한 남자와 살면서 그 남편이 한결같이 변하지 않을 것만을 생각한다. 그러나 세상은 변하기 마련이다. 여자가 변하지 않고 지속되는 삶만을 믿고 있으니, 여자가 바르게 행동하더라도 나쁜 형상이다. 이런 생각에 빠진 여성은 어떤 남성과 살아도 이로울 것이 없다.

구이(—): 뉘우침이 없어진다.(九二, 悔亡.)

제2효는 정당하지 않은 자리에 있으면서 위 괘의 육오와 호응한다. 낮은 자리에 있는 한 남성이 덕망 있는 한 여성의 사랑을 받는 형국이다. 이들이 서로 감정을 나누더라도 나중에 특별한 후회는 없다.

구삼(—): 그 덕성을 한결같이 지속하지 않는다. 때로는 부끄러움을 이어받을 수 있다. 곧게 행동하더라도 부끄럽다.(九三, 不恒其德, 或承之羞. 貞吝.)

제3효는 아래 괘의 맨 윗자리에 있어 그만큼 덕망이 적다. 그러면서 위 괘의 상육과 호응하여 한결같이 제자리를 지키기는 어렵다. 기운만 세고 덕망은 없는 한 남성이 덕망이 없는 한 여성과 만나게 되어 부끄럽기만 하다. 아무리 바른 마음으로 처신해도 결과적으로 수치스러울 뿐이다.

구사(一): 사냥을 하지만 잡을 짐승이 없다.(九四, 田无禽.)

제4효는 음의 자리에 양으로 있어 정당하지 않고 아래 괘의 초육과 호응한다. 정당하지 못한 자리인 만큼 그런 곳에는 짐승이 살지 않는다. 더구나 그런 지역으로 사냥을 하러 가므로 한 마리도 잡지 못하는 꼴이다.

 육오(--): 그 덕성을 한결같이 지속하여 곧게 한다. 부인은 좋고 남편은 나쁘다.(六五, 恒其德, 貞. 婦人吉, 夫子凶.)

제5효는 양의 자리에 음으로 있어 정당하지는 않다. 그러나 가운데 있어 그만큼 덕성이 있고 아래로 구이와 호응한다. 높은 자리에 있는 여성은 자기의 덕성을 지키며 마음을 바르게 하고 있어 괜찮다. 하지만 그에 짝하는 남성은 아래의 낮은 자리에 있어 아내의 신하 노릇을 할 수밖에 없는 처지라 옳지 않은 형국이다.

 상육(--): 한결같은 지속함이 떨쳐 진동한다. 그만큼 나쁘게 되리라.(上六, 振恒. 凶.)

제6효는 정당한 자리에서 아래의 구삼과 호응하고 있지만 너무 높은 자리에 있어 흔들리기 쉽다. 최고의 여성이 낮은 계층의 한 남성과 교감하다 보면, 그 자리를 끝까지 지키기 힘들어 나쁘게 될 수 있다.

대비: 예방/치료의 배려

항(恒)은 '언제 어느 때나 있는 것' 또는 '변함없이 지속되는 상황'을 뜻한다. 인간 사회에서 부부(夫婦)생활의 경우, 부부의 형태를 바르게 지키고 있으면 무사평온하다. 마찬가지로 일상생활에서 진행되는 일도 함부로 그 방침을 바꾸지 않아야 순조로운 인생을 보낼 수 있다.

항은 항상, 늘 그대로, 변함없이 당연하게 나아가는, 영원함을 의미한다. 항상, 늘 있는 그대로의 모습을 꿈꾼다. 삶에 필요한 재물을 변하지 않도록 지속하는 일은 항산(恒産)이라 하고, 변하지 않는 마음을 항심(恒心)이라고 하듯이, 인간의 삶에서 늘 동일한 상태를 보존하고 지속해 간다는 말이다. 그만큼 인생에서는 현상을 유지하며 삶의 안정을 꾀할 필요가 있다. 인간은 그 특성상 당연히 지속해야 할 일상생활에 만족하지 못한다. 늘 마음 깊은 곳에서 무엇인가를 추구하려는 개인적 욕망을 가지기 쉽다. 그것이 문제다. 욕망은 마음의 평온보다는 갈등을 유발한다. 행복을 유도하기보다는 불행의 씨앗을 낳을 수 있다. 항은 이런 점을 경계하며, 인간이 매일 반복하는 일상생활을 지속시켜 생활의 안정을 얻도록 인도한다. 평소 진행해 왔던 삶의 노력들을 견실하게 지키고 싶어 한다. 항(恒)의 상황을 지속하기 위해서는, 인내심을 가지고 꾸준히 노력하며 다른 일에 마음을 함부로 움직이지 않아야 한다. 이유 없이 삶의 지침이나 기준을 바꾸지 않아야 한다. 이리저리 마음을 바꾸면서 허망하게 꿈을 꾸지 않는 자세가 중요하다. 특히, 인간사회의 기초가 되는 부부의 일상생활은 제멋대로 함부로 바꾸지 않는 것이 좋다. 중년이후라면 더욱 그러하다. 안정된 마음과 절제된 생활을 통해 끝까지 한결같은 삶의 모습이 요청될 수도 있다.

　현재 자신의 처지가 이 괘에 해당하는 경우, 확고한 자기주관을 확인하며 변함없는 태도를 취할 필요가 있다. 개인적 욕망에 사로잡히거나 다른 사람이 지향하는 일에 이끌려 한쪽으로 치우치는 일이 없도록 해야 한다. '부부 사이에 변함이 없다'는 말은 안정된 상태를 의미한다. 하지만, 그만큼 따분하고 권태가 수반될 수도 있다. 이때 각자의 감정에만 치우쳐서는 곤란하다. 인간은 다양한 삶의 주체들이 상호 감응을 통해 지속적으로 발전하고 진보해 나가는 사회를 만들기 위해 활동한다. 이 과정에서 사람 사이에는 서로 이해하고 배려하며 변함없는 노력을 해야 한다. 그럴 때 사회적 삶은 최선을 지속할 수 있다. 물론, 변함없이 지속되는 삶 가운데는, 시대에 뒤떨어진 언행이 표출될 수도 있다. 한쪽으로 치우치고 균형을 상실한 생활이 전개될 수도 있다. 중요한 것은 고리타분하고 구태의연한 삶을 경계하고, 시대정신을 고려한 삶을 요청해야 한다.

33. 둔(遯☰☶): 물러남

☰ 乾上
☶ 艮下

위 괘는 건(乾☰ 天)이고 아래 괘는 간(艮☶ 山)이다.
이에 '천산둔(天山遯)'이라 한다.

괘의 뜻

둔[遯☰☶ 물러남]은 형통하게 만든다. 소인은 곧게 하는 것이 이롭다.(遯, 亨. 小利貞.)

부정부패가 성행하고 정의가 쇠퇴하는 시대에 직면했을 때, 양심적인 사람은 물러나 은둔생활을 해야 자신의 몸을 보전할 수 있다. 소인들은 자신의 시대를 맞이했다고 마구 설쳐댄다. 이런 때는 권력을 부리지 말고, 될 수 있으면 마음을 바르게 가져야 한다. 그래야 조금이나마 이로울 수 있다.

둔(遯☰☶)의 모습을 보면, 위 괘는 건(乾☰)이고 아래 괘는 간(艮☶)이다. 건(乾☰)은 하늘[天]을 나타내고 간(艮☶)은 산(山)을 상징한다. 때문에 이 괘를 '천산둔(天山遯)'이라 한다. '둔(遯)'은 본래 가축의 하나인 '돼지'를 뜻한다. 돼지처럼 '달아나며 뒷걸음치는' 뜻을 취하여, '달아나다' '물러나다'라는 의미가 부여되었다. 아래에 있는 두 개의 음효가 위로 치달리고 있는 형상이어서, 위에 있는 양효들이 밀려나는 모습이다.

둔(遯☰)이 항(恒☳) 다음에 자리하는 이유는 간단하다. '항(恒)'은 '오랫동안 한결같이 지속하다'는 말인데, 사물은 그 자리에 오래 있을 수 없다. 반드시 물러나기 때문에 '둔(遯)'으로 받았다. 사람도 오래 머물면 떠나가게 되는 것이 필연적 이치다. 이런 이치를 근거로 둔괘가 항괘 다음에 자리한다. 둔(遯)은 세상에서 물러나거나 피하는 일로, 현실에서 떠나감을 말한다.

괘의 모양은 하늘[乾☰: 天])이 위에 있고 산[艮☶: 山]이 아래에 자리한다. 하늘은 위에 있으므로 양의 성질이 위로 올라가고, 산은 높게 솟은 것으로 모양이 뾰족하게 그려질지라도 본래 멈춰 있다. 괘가 위로 능멸하는 형상을 지니고 있기에 멈추어 나아가지 않는다. 하늘이 위로 올라가서 떠나버린다. 아래에서는 능멸하고 위에서는 떠나가는데, 이는 서로 어긋나 도피하는 것이다. 때문에 도피해 떠나려는 형국을 보여준다. 아래에서 두 개의 음효가 생겨 점점 자라나 성대해지지만, 위에 있는 여러 양효는 사라지며 물러나는 모습이다. 인간사회로 말하면, 소인은 점점 활개를 치며 번성하고, 군자는 물러나 도피하는 상황이다.

효의 뜻

 초육(--): 물러남의 꼬터머리다. 위태롭다. 더 이상 물러가는 곳을 만들지 말라.(初六, 遯尾. 厲. 勿用有攸往.)

제1효는 정당하지 못한 자리에서 위 괘의 구사와 호응한다. 소인이 들끓는 시대다. 양심적 군자들이 물러나야 한다고 해서 올바르게 살려는 소인들까지 물러나 버리면 도리어 위태롭다. 이 때 소인들이 은둔생활을 해서는 안 된다.

 육이(--): 황소의 가죽을 잡아 쓰려고 한다. 그러니 모두 벗길 수가 없다. (六二, 執之用黃牛之革. 莫之勝說.)

제2효는 정당하고 가운데 자리에 있으며 위의 구오와 호응한다. 부정부패가 성행하여 양심 있는 사람들이 당연히 은둔할 시기지만, 끝까지 물러나지 않고 활보하는 소인의 무리에 항거하는 모습이다. 이것이 마치 굳고 질긴 황소 가죽으로 지조를 얽어 맨 듯하다.

 구삼(─): 얽매여 있는데 물러나야 한다. 질병이 있어 위태롭다. 하지만 신하와 아내를 부양하는 데는 좋다.(九三, 係遯. 有疾厲. 畜臣妾吉.)

제3효는 아래의 육이와 가까이 하고 있어 위로 올라가지 못한다. 물러나 은둔하려고 하지만 부하와 처자식을 버리고 갈 수 없는 모습이다. 이러지도 저러지도 못하는 상황에서 고민하다가 병이 나서 위태롭다. 벼슬을 버리고 조용하게 집에서 부하와 처자식을 부양하면 좋다.

구사(─): 좋아하면서 물러난다. 군자는 좋고 소인은 그렇지 못하다.(九四, 好遯. 君子吉, 小人否.)

제4효는 아래의 초육과 호응한다. 세상의 미련을 끊고 조용하게 물러나 나름대로 괜찮은 은둔 생활을 한다. 양심 있는 사람은 기꺼이 그것을 즐길 수 있지만. 소인은 자신의 시대를 누려야 하므로 그렇게 하지 못한다.

 구오(─): 아름답게 여기며 물러난다. 곧게 행동하면 좋다.(九五, 嘉遯. 貞吉.)

제5효는 아래로 육이의 음과 호응한다. 양심 있는 사람이 은둔 생활을 하러 가면서 가족이나 부하에 대한 애착이 없는 것은 아니다. 하지만 훌륭한 아내가 덕망이 높은 남편의 뜻을 존중하여 흔쾌히 은둔을 허락한다. 이런 상황에서 마음을 바르게 가지면 더욱 좋다.

 상구(─): 여유 있게 물러난다. 이롭지 않음이 없으리라.(上九, 肥遯. 无不利.)
제6효는 가장 높고 먼 곳에서 초육의 음과 호응한다. 세속적인 모든 사안을 초월하고 먼 곳으로 은둔 생활을 떠나는 양심 있는 사람의 모습이다. 그만큼 마음을 내려놓았으므로 여유로운 은둔을 한다. 그런 사람에게 무슨 일이건 이롭지 않은 것이 있겠는가?

대비: 예방/치료의 배려

둔(遯)은 '세상을 피해 물러난다'는 뜻이다. 세상은 긍정적 측면과 부정적 측면, 즉 정의와 평화가 무르익어 태평한 시기가 있고, 부정과 부패가 성행하여 극도로 쇠락한 시기가 있다. 특히, 부정부패가 성행하여 점점 혼란을 거듭하는 때, 시기적으로 나쁘고 운이 막혔을 때는, 잠시 물러나 다음 기회를 노리며 은둔해 있는 편이 낫다. 시기적으로 후퇴할 때다.

이런 시기에는 일반적으로 사람들의 마음이 들떠 있어, 세상에 함부로 나아가려는 성급한 모습을 보이기 쉽다. 하지만 세상의 기운이 쇠퇴하여 이로움이 없다. 모든 일에서 일시적으로 손을 떼는 것이 좋다. 아무리 미련이 남더라도 용단을 내려서 손을 떼라! 그렇게 하는 것이 피해가 적다. 혼란스러운 시대일수록 뜬소문에 귀 기울이지 말라! 가능한 한 벌어진 일들을 수습하여 현상을 유지하도록 애써야 한다. 혼란이 거듭되어 갈수록 믿고 의지하던 사람과 헤어져 큰 손해를 볼 수도 있다. 목은 마른데 아무리 우물을 파도 샘물이 솟을 기미를 보이지 않는다. 자신만의 능력이나 재산이 있거나 그것을 물려받아 어느 정도 여유가 있는 사람들은 그 재산과 능력을 가지고 세상을 떠나라! 그것이 능력과 재산을 보전하고 물러나 은둔 생활을 하는 즐거움을 맛볼 때다.

현재 자신의 처지가 이 괘에 해당하는 경우, 예의가 없거나 상식에 어긋나는 행동을 하는 사람들과 다투지 말라! 그런 생활태도보다는 멀리 몸을 피하는 것이 좋다. 현실에서 역량을 발휘하려고 해도 뜻대로 되지 않는 시기다. 자신의 주장이나 뜻이 옳다 하더라도 나서지 말라! 상대가 약해 보이더라도 겨루며 경쟁하지 않아야 한다. 다음 기회를 엿보면서 몸을 피하고 기다리는 것이 좋다. 정의롭지 않은 일들이 세상에 횡행할 때는 삶의 본질을 생각하며 심사숙고하는 자세가 중요하다. 현실적으로 힘을 발휘하는 유행에 민감하거나 인기 있는 내용들과 영합하면, 우리 삶은 건전함이 무너진다. 건강이나 활력을 잃는다. 혼란스러운 시기일수록 세상이나 사회, 인간 삶의 본질을 묵묵히 수행하라! 정의를 알차게 이행할 수 있는 미래를 대비하며 기다리는 인내가 필요하다.

34. 대장(大壯䷡): 크게 자라남

䷡　　震上
　　　　乾下

위 괘는 진(震☳ 雷)이고 아래 괘는 건(乾☰ 天)이다.
이 괘를 '뇌천대장(雷天大壯)'이라 한다.

괘의 뜻

대장[大壯䷡ː 크게 자라남]은 곧게 행동하는 것이 이롭다.(大壯, 利貞.)

양의 기운이 크게 자라나 성장하고 음의 기운이 시들어 쇠퇴하는 때다. 성장하여
힘이 솟구치며 세력이 떨쳐 일어나는 시기다. 이런 때일수록 흥분에 들뜬 상태를
가라앉히고 마음을 바르게 가져야 이롭다.

　대장(大壯䷡)의 모습을 보면, 위 괘는 진(震☳)이고 아래 괘는 건(乾☰)이다. 진
(震☳)은 우레[雷]를 나타내고 건(乾☰)은 하늘[天]을 상징한다. 때문에 이 괘를
'뇌천대장(雷天大壯)'이라 한다. '대장(大壯)'은 문자 그대로 '크게 자라나 무성해지
다'는 뜻이다. 굳센 양의 기운이 아래에서 위로 올라가므로 부드러운 음의 기운이
쇠퇴하는 모습이다. 또한 우레가 하늘 위의 너무 높은 곳에서 우르릉 쾅쾅거리므

로 비를 내리게 하지 못하는 형상이다. 이는 아직 때가 이르지 않았음을 상징한다.

대장(大壯▦)이 둔(遯▦) 다음에 자리하는 이유는 아래와 같이 설명된다. 앞에서 본 둔(遯)괘는 '물러난다' '은둔한다'는 뜻이었다. 그런데 세상의 어떤 사물이건 완전히 끝까지 물러날 수는 없다. 흔적도 남기지 않고 사라질 수 없다는 말이다. 둔(遯)은 '멀리 떠난다'는 뜻이고, 대장(大壯)은 '크게 나아가 자라나다'는 의미다. 둔은 음(‑‑)이 자라 올라가는 만큼 양(‑)이 물러나는 것이고, 대장은 양이 크게 자라나는 상황이다. 쇠퇴하면 반드시 자라나므로 쇠락과 생장은 서로 의존한다. 그러므로 물러나게 되면 반드시 자라난다. 이것이 대장(大壯▦)이 둔(遯▦) 다음에 자리하는 이유다.

괘의 모양은 우레[震▦: 雷]가 위에 있고 하늘[乾▦: 天]이 아래에 자리한다. 하늘을 나타내는 건은 굳세고 우레를 나타내는 진은 움직임을 상징한다. 그러므로 굳셈으로 움직인다. 굳센 양은 큰 것인데, 그 양이 자라서 이미 가운데를 지난 모양이다. 크게 됨은 자라난 것으로 우레의 위엄과 진동이 하늘에 있다. 이 또한 크게 자라남을 형상한다.

효의 뜻

초구(‑): 발아래에서 점점 자라난다. 정벌을 나가면 나쁘게 되지만, 그만큼의 믿음은 있으리라.(初九, 壯于趾. 征凶, 有孚.)

제1효는 아래 괘의 맨 아래에 정당한 자리에 있으나 위의 세 양효에 눌려 있다. 발아래에서 걸음을 방해하는 무언가가 자라나면서 점점 성장하고 있다. 그러니 발을 떼어 나가면 갈수록 나쁜 시기다.

구이(ー): 곧게 행동해야 좋다.(九二, 貞吉.)

제2효는 음의 자리에 양이 있어 정당하지는 않다. 그러나 가운데 자리를 차지하고 위의 육오와 호응한다. 가운데 있는 만큼 덕성이 있으므로 바른 마음을 지니고 행동해 나간다면 그래도 괜찮다.

 구삼(ー): 소인은 자라나 무성한 것을 쓰고, 군자는 그것을 쓰지 않는다. 곧게 행동하더라도 위태롭다. 수컷 양이 울타리를 들이받아 그 뿔이 빠질까 흔들거린다.(九三, 小人用壯, 君子用罔. 貞厲. 羝羊觸藩, 羸其角.)

제3효는 정당한 자리에서 위의 상육과 호응한다. 소인은 세력을 믿고 날뛰며 횡포를 부린다. 하지만 군자는 그것을 믿지 않는다. 이런 때는 소인이 아무리 마음을 바르게 해도 위태롭다. 철모르는 어린 수컷 양이 단단한 울타리를 들이받고 뿔이 휘어지는 형국이다.

 구사(ー): 곧게 행동하면 좋고 뉘우침이 없게 된다. 울타리가 터져 수컷 양이 피곤하게 갇혀 있지 않는다. 큰 수레의 바퀴살이 튼튼하여 힘이 있다.(九四, 貞吉, 悔亡. 藩決不羸. 壯于大輿之輹.)

제4효는 음의 자리에 양으로 있어 정당하지 못하지만, 바로 위의 육오와 가까이 한다. 큰 수레를 타고 가는 군자가 마음을 바르게 하고 있어 좋고 후회가 없다. 단단하던 울타리도 터져 있어 수컷 양이 뿔로 들이 받지 않고도 나갈 수 있다.

육오(--): 수컷 양을 어디에선가 잃어버린다. 하지만 뉘우침은 없다.(六五, 喪羊于易. 无悔.)

제5효는 정당하지 못하지만 가운데 자리에 있으면서 아래 구이와 호응한다. 어디에선가 양을 잃어버린 높은 지위의 여성이 도무지 후회하는 기색이 없다. 양을 잃어버렸으나 위의 가운데 자리에 있는 만큼 덕망이 있고 아래의 기운이 강한 남성을 얻었다.

상육(--): 수컷 양이 울타리를 들이받는다. 물러날 수도 없고 나아갈 수도 없다. 그러니 이로울 일이 없다. 이럴 때일수록 어렵게 여기면 좋으리라. (上六, 羝羊觸藩. 不能退, 不能遂. 无攸利. 艱則吉.)

제6효는 정당하면서도 가장 높은 자리에 있고 아래 육삼과 호응한다. 어린 수컷 양이 자기의 힘만 믿고 그 뿔로 단단한 울타리를 받아버렸다. 뿔이 울타리에 꽂혀 뒤로 물러나지도 못하고 앞으로 나아가지도 못하고 있다. 이로울 것이 없다. 하지만 이 어려움을 참고 있으면 나중에 주인이 와서 구해 줄 것이다.

대비: 예방/치료의 배려

대장(大壯)은 '크게 왕성하다'는 뜻이다. 세상 만물과 인간 사회의 모든 상황이 시대 추세에 맞추어 왕성해 가는 때다. 문제는 너무 자라나 무성해지면서 지나치게 나아갈까 우려된다. 때문에 조용하게 자신의 입장을 치키는 것이 좋다. 그래야 자신의 기반을 탄탄하게 다지는 동시에 실패가 적을 것이다.

대장(大壯)의 시기는 여러 측면에서 굉장히 왕성한 때다. 세력이 마구 뻗어나가는 상황이기 때문이다. 이는 달리고 있는 자동차가 멈출 수 없을 정도로 브레이크가 걸리지 않는 상태와 유사하다. 브레이크를 미리 점검하고 멈춰야할 시기에는 멈출 수 있도록 준비하여 마음의 여유를 가질 필요가 있다. 또한 그 무성한 정도가 사나운 호랑이에게 뿔이 난 모습이다. 엄청나게 강한 인상이지만 어딘가 두려운 데가 있다. 날씨로 비유하면, 한 여름에 천둥이 치는 것과 같아 주위가 몹시 시끄러울 때다. 그러므로 성장하여 세력을 얻어가는 그대로 무조건 나아가지 않도록 조절하는 융화책이 필요하다. 굴러가는 자동차의 브레이크가 고장난 것처럼, 멈추지 않고 굴러가기만 한다면 충돌이나 전복과 같은 사고를 유발한다. 자신이 갖고 있는 힘만을 믿는 때이기 때문에, 부자는 돈을, 재주꾼은 재능을, 젊은 사람은 혈기를 자랑한다. 다른 사람의 의견이나 충고를 듣지 않고 자신의 생각대로 밀고 나가기만 한다. 이런 자세는 실패로 전락하기 쉽다.

현재 자신의 처지가 이 괘에 해당하는 경우, 양(陽—)의 기운이 뻗어나가는 시기이므로 자신이 추구하는 일을 확장해도 좋다. 하지만 그 정도를 지나치면 실패하거나 망칠 위험도 도사리고 있다. 강한 운세만 믿고 돌진하다가는 실속이 없을 수도 있다. 때문에 상식에 어긋나거나 예의에 벗어나는 행동은 조심해야 한다. 대세를 타고 있을수록 조심하는 지혜가 요청된다. 출세가도를 무조건 달리기보다 사람들과 더불어 출세하며, 일상을 합리적으로 운용해 나가는 삶의 건전함을 중시해야 한다. 삶의 열정이 왕성하고 그로 인해 성공이 눈앞에 보인다할지라도, 한꺼번에 달성하고 그만두는 양식은 지양해야 한다. 삶의 평온을 지속할 수 있도록 조절하며 조심하는 균형 감각을 함양할 필요가 있다.

35. 진(晉☲☷): 나아감

☲☷ 離上
     坤下

위 괘는 리(離☲ 火)고 아래 괘는 곤(坤☷ 地)이다.
이에 '화지진(火地晉)'이라 한다.

괘의 뜻

진[晉☲☷ 나아감]은 강후에게 여러 차례 말을 전하는 상황이다. 낮에도 세 차례나 접견을 한다.(晉, 康侯用錫馬蕃庶. 晝日三接.)

진은 나아가는 진취의 시기다. 왕이 유목 민족의 지도자인 강후에게 사람을 다스리는 방도에 필요한 말을 많이 해 주었다. 특히, 낮에도 세 번이나 만나 앞으로 잘 나아갈 수 있도록 지침을 주었다.

 진(晉☲☷)의 모습을 보면, 위 괘는 리(離☲)고 아래 괘는 곤(坤☷)이다. 리(離☲)는 불[火]를 나타내고 곤(坤☷)은 땅[地]을 상징한다. 때문에 이 괘를 '화지진(火地晉)'이라 한다. '진(晉)'은 '진(進)'과 같은 뜻으로, '나아가다'는 말이다. 땅 위에 불이 있는 형상이다. 이는 땅 위로 해가 떠올랐다는 의미다. 밤을 거쳐 새벽이 지나고 날이 밝 있다. 밝은 태양 아래서 이제 제각기 맡은 일을 열심히 할 수 있는 때가 되었다.

진(晉☲☷)이 대장(大壯☳)다음에 자리하는 이유는 간단하다. 어떤 사물이건 완벽하게 끝까지 자라날 수는 없다. 그 사물의 특성에 맞게 최대한 자라게 되면 일정 수준에서 머물게 마련이다. 그것은 동물이나 식물의 성장을 보면 확인할 수 있다. 절대 무한대로 자라지 않는다. 그렇다고 다 자란 사물이 그대로 끝까지 머물 수도 없다. 자라난 만큼 반드시 다음 단계로 나아가게 마련이다. 때문에 진(晉)괘가 대장(大壯)괘 다음에 자리한다.

괘의 모양은 불[離☲: 火]이 위에 있고 땅[坤☷: 地]이 아래에 자리한다. 이는 밝은 태양이 땅 위로 솟아오르는 형국이다. 땅 위로 해가 떠오르면서 점차로 밝아진다. 그리하여 '나아가 밝고 성대하다'는 의미의 진(晉)이 된다. 모든 사물은 점점 나아가 융성해진다. 때문에 진(晉)이 '나아간다'는 뜻을 지니게 되었다.

효의 뜻

 초육(--): 나아가려다 억누른다. 하지만 곧게 행동하면 좋다. 믿어주지 않더라도 여유로우면 잘못되는 일은 없으리라.(初六, 晉如摧如, 貞吉. 罔孚, 裕无咎.) 제1효는 양의 자리에 음으로 있어 정당하지 못하고 위의 육이와 육삼에 막혔다. 그래도 구사의 양과 호응하여 나아가려는 기상은 있다. 강후가 왕을 만나는 모습을 보면 나아가는 것 같기도 하고 아닌 것 같기도 하다. 마음을 바르게 가지면 당연히 좋고, 신뢰가 없더라도 예물이 풍족하면 잘못되는 일은 없을 수 있다.

육이(--): 나아가려다 근심스럽다. 하지만 곧게 행동하면 좋다. 이 큰 복을
임금의 어머니에게서 받는다.(六二, 晉如愁如, 貞吉. 受兹介福于其王母.)
제2효는 정당하면서도 가운데 자리를 차지하고 있으나 위에 있는
양의 기운과 호응이 없다. 덕망을 갖춘 한 여성이 근심스런 마음으
로 윗사람을 만나보고 싶어 할 뿐이다. 하지만 윗사람이 같은 성질
을 지닌 여성이므로 더욱 걱정이다. 그래도 마음을 바르게 하고 동
정을 얻으면 복을 받을 수는 있다.

 육삼(--): 무리가 진실하게 믿어준다. 그만큼 뉘우침이 없다.(六三, 衆允. 悔亡.)
제3효는 아래에 있는 초육과 육이의 음의 기운과 함께 상구의 양의
기운과 호응한다. 아래 괘의 맨 위에 있으므로 비교적 높은 자리에
있는 한 여성이 자기 부하들을 데리고 위 괘의 맨 위 최고의 자리
에 있는 한 남성에게 나아간다. 모두의 마음이 진실하므로 후회하
는 일이 없다.

 구사(-): 나아감이 생쥐와 같다. 그러니 곧게 행동하더라도 위태롭다.(九
四, 晉如鼫鼠. 貞厲.)
제4효는 음의 자리에 양으로 있어 정당하지 못하고 아래로 초육과
호응한다. 이런 상황은 자연스럽게 나아가기보다 앞으로 돌진하는
형국이다. 생쥐처럼 맹목적으로 나아가려고 하므로 마음을 바르게
가지더라도 끝내는 위태로울 수밖에 없다.

육오(--): 뉘우침이 없다. 잃고 얻음을 근심하지 말라. 가는 것이 좋으므로 이롭지 않음이 없다.(六五, 悔亡. 失得勿恤. 往吉, 无不利.)

제5효는 양의 자리에 음으로 있어 정당하지 못하고 아래에 호응하는 양도 없다. 다만 높은 곳의 가운데 자리에 있어 그만큼 덕망은 있다. 그 덕망을 바탕으로 앞으로 나아가도 후회하는 일은 없다. 이기느냐 지느냐의 성패를 크게 염두에 둘 필요도 없다. 앞으로 나아갈수록 좋다.

 상구(一): 뿔에 나아간다. 고을을 정벌하는 데 사용하면, 위태롭지만 좋으므로 잘못되는 일은 없다. 하지만 곧게 하더라도 부끄러우리라.(上九, 晉其角. 維用伐邑, 厲吉无咎. 貞吝.)

제6효는 끝까지 나아가서 위험한 지경이다. 그럼에도 아래 괘의 육삼과 호응하여 허물은 없다. 정벌 전쟁으로 이해하면, 국경의 끝까지 나아간 군대는 위태롭다. 그러나 백성이 호응하는 상황이라 그렇게 위험하지는 않다. 문제는 군대를 돌려 다른 고을을 정벌할 때다. 이런 경우에도 소소한 갈등이나 고민은 있으나, 궁극적으로 큰 문제는 없다.

대비: 예방/치료의 배려

진(晉)은 '나아가다'는 뜻으로 '진(進)'과 같은 의미다. 왕의 명령을 받는 제후가 명령을 받아 행동하고, 충성을 바쳐 크게 칭찬받는 상황을 보여준다. 왕이 유목민족의 지도자인 강후에게 여러 가지 말을 해주면서 발전을 모색하는 형국이다.

다시 강조하면, 진(晉)은 진(進)과 음도 동일하고 뜻도 같다. '나아가다'라는 말은 '이제부터 활동을 시작할 때'라는 뜻이다. 지평선 위로 아침 해가 떠오르는 모습이다. 태양이 차츰차츰 떠올라 중천에서 빛나는 것처럼, 운세도 점차적으로 향상되고 발전해 나간다. 이때 나아가는 방향은 밝은 쪽을 향하여 강하게 뻗는다. 아침 무렵의 햇빛은 약하지만, 떠오를수록 태양은 이글거리며 강렬한 빛을 발산하는 것과 유사하다. 그렇게 되면 머지않아 큰 성과를 이룩할 수 있다. 기나긴 밤 시간이 지나고 아침이 왔다. 그리고 하루 일과가 시작되어 나아가게 될 때는 아주 바빠질 것이다. 지금까지 고생해 온 사람은, 이제 그 고생을 벗어나 자신의 의견을 제시하고 희망을 충분히 밝히며 전망을 가질 수 있을 때다. 기회가 왔다. 그렇다고 모든 일을 한꺼번에 처리하려고 해서는 안 된다. 차례와 순서에 따라 기초를 탄탄하게 만들고 서서히 나아가 성공으로 이끌어가야 한다. 나아가는 과정에 어려움이나 다양한 방해가 있더라도 타개할 수 있다. 그러므로 항상 마음을 바르게 가지고 생활할 수 있도록 해야 한다.

현재 자신의 처지가 이 괘에 해당하는 경우, 사람은 날이 밝으면 일을 해야 한다는 사실을 인지해야 한다. 인간 사회에서 개인적이건 사회적이건 바쁘게 활동해야 할 시기를 맞았다. 일하는 만큼 사업이 번창할 수 있고, 사회적 지위도 높아질 수 있으며, 명성을 떨칠 수도 있다. 당연히 그 반대의 경우도 고민해야 한다. 일하며 성공할수록 주위의 시기질투, 경쟁자들의 방해가 심해질 수도 있다. 중요한 것은 부지런히 힘써 일해야 한다는 점이다. 날이 밝아 해가 뜨는, 아침의 시기를 구체적으로 확인하고 진지하게 삶에 몰두할 필요가 있다. 열정을 갖고 몰입하는 가운데 자신뿐만 아니라 타자를 돌아보면서, 단순한 개인적 경쟁보다는 사회적 협력을 고려해야 한다. 그래야만 열심히 공부한 만큼 보람도 크게 된다.

36. 명이(明夷☷☲): 어두움

☷☲ 坤上
       離下

위 괘는 곤(坤☷ 地)이고 아래 괘는 리(離☲ 火)다.
이에 '지화명이(地火明夷)'라고 한다.

괘의 뜻

명이[明夷☷☲ 어두움]는 어렵게 여기고 곧게 행동함이 이롭다.(明夷, 利艱貞.)

어둡고 혼란한 시대는 괴롭다. 때문에 마음을 바르게 가져야 좋다. 어두운 시기의 사람들은 대부분이 생활상에서 곤란을 겪는다. 그러나 각자 자신의 마음을 곧게 갖고 생활하면 몸에 이롭다.

　명이(明夷☷☲)의 모습을 보면, 위 괘는 곤(坤☷)이고 아래 괘는 리(離☲)다. 곤(坤☷)은 땅[地]을 나타내고 리(離☲)는 불[火]을 상징한다. 때문에 이 괘를 '지화명이(地火明夷)'라고 한다. 명이(明夷)는 '밝은 것을 깨뜨리다'는 말이다. '밝은 것을 깨뜨리다'는 간략하게 이해하면 '어두움으로 빠져들어 혼란스럽다'는 의미다. 위로 활활 타올라야할 불이 아래로 숨어들었다. 마치 해가 땅 아래로 들어가 있는 형상이다. 해가 떠 있는 한 낮의 밝음은 사라지고 암흑이 지배하는 어둠의 세계가 되었다는 뜻이다.

명이(明夷䷣)가 진(晉䷢) 다음에 자리하는 이유는 간단하다. '진(晉)'은 '나아감'인데, 어떤 존재이건 나아가면 그 과정에서 상처를 입게 된다. '명이(明夷)'에서 '이(夷)'는 '상처가 나는 것'을 뜻한다. 인간의 삶에서 나아가는 일이 그치지 않으면, 반드시 상처를 입게 되는 것은 일종의 이치다. 그것이 명이(明夷)괘가 진(晉)괘 다음에 오는 논리다.

괘의 모양은 땅[坤☷: 地]이 위에 있고 불[離☲: 火]이 아래에 자리한다. 불로 상징되는 밝은 태양이 땅 속으로 들어가 있는 형국이다. 진(晉䷢)을 뒤집으면 명이(明夷䷣)가 되기 때문에 진괘와 정반대의 뜻을 지닌다. 진괘는 밝은 형상인데 현명한 지도자가 위에 있어 훌륭한 사람들이 함께 나아가는 때다. 하지만 명이괘는 어두운 형국으로 어리석은 지도자가 위에 있어 훌륭한 사람들이 상처를 입는 때다. 지성이 박해받는 시대다. 해가 땅 속으로 들어가 그 밝은 것이 상처를 입어 어둡기 때문에 명이(明夷)다.

효의 뜻

초구(一): 밝음이 가려져 어두워졌고, 새가 날아가려고 날개를 드리운다. 군자가 떠남에 사흘 동안 먹지 못한다. 갈 데가 있기에 주인이 말을 하느니라.(初九, 明夷, 于飛垂其翼. 君子于行, 三日不食. 有攸往, 主人有言.) 제1효는 정당한 자리에서 위의 육사와 호응한다. 어두워 캄캄한 때 날아가는 새가 날개 죽지를 제대로 활짝 펴지 못하고 조심스럽게 날아간다. 군자가 길을 떠나려고 하는데 앞이 캄캄하여 걱정이 많다. 사흘 동안 먹지 못하고 어떻게 할지 여러 가지로 궁리하다 겨우 떠난다. 이때 주인이 어두운 데 왜 길을 떠나느냐고 말한다.

육이(--): 밝음이 가려져 어두운데 왼쪽 다리를 다쳤다. 도와주는 말을 건장한 것으로 쓰면 좋다.(六二, 明夷, 夷于左股. 用拯馬壯, 吉.) 제2효는 음의 기운으로 가운데 정당한 자리에 있다. 그러나 아래로 초구와 위로 구삼의 양의 기운에 갇혔다. 이는 어두운 밤길을 가다가 왼쪽 다리를 다친 형상이다. 그 사람을 구원하는 데는 건장한 말이 있으면 좋다.

구삼(━): 밝음이 가려져 추운데 남쪽으로 사냥하여 큰 머리를 얻었다. 다급하게 곧게 행동해서는 안 된다.(九三, 明夷, 于南狩, 得其大首. 不可疾貞.)

제3효는 정당한 자리에서 위 괘의 상육과 호응한다. 추운 겨울에 남쪽을 정벌하러 가서 한 나라의 우두머리를 포로로 잡았다. 하지만 그 우두머리의 마음을 쉽게 얻을 수 없다. 무조건 급하게 바로 잡으려고 해서는 곤란하다.

 육사(--): 왼쪽 옆의 배로 들어간다. 밝음이 가려져 어두운 마음을 얻어, 문 앞의 뜰로 나온다.(六四, 入于左腹. 獲明夷之心, 于出門庭.)

제4효는 아래로 초구와 호응하고 위로 육오와 가까이 한다. 어두운 시대에 그 지도자 속으로 들어가 그 마음을 알아내고, 그 무리로부터 피해 다른 나라로 가는 형국이다.

육오(--): 은나라 충신인 기자의 밝음이 가려져 어두워졌다. 곧게 함이 이롭다.(六五, 箕子之明夷. 利貞.)

제5효는 양의 자리에 음으로 있어 정당하지 못하나 가운데를 차지하여 나름대로의 덕성이 있다. 아래로는 호응이 없고 위로는 어두운 상육과 가까이 하고 있어 더욱 어지럽게 된다. 은나라 말기의 충신인 기자가 미친 체 하고 다녔지만, 그 마음만은 바르게 하여 몸을 보존할 수 있었다.

상육(--): 밝지 못하여 어둡다. 처음에는 하늘에 오르고, 나중에는 땅으로 들어가리라.(上六, 不明晦. 初登于天, 後入于地.)

제6효는 아래 괘의 구삼과 호응하지만 너무 높은 곳에 있으면서 어둡기만 하다. 처음에는 최고로 높은 자리에 앉았다. 그러나 나중에는 백성의 마음을 잃고 훌륭한 신하들도 모두 떠나 그 위엄이 땅에 떨어져 망하고 만다. 은나라 말기의 주(紂)임금을 상징한다.

대비: 예방/치료의 배려

명이(明夷)는 해가 땅 속으로 들어가 어두운 밤을 의미한다. 그러나 밤이 언제까지나 계속되지는 않는다. 밝음이 상처를 입어 어둠이 짙어지고, 다시 모든 것이 밝은 정상으로 돌아올 때까지, 괴로움이 있더라도 바른 길을 지키며 조용히 기다려야 한다.

명이(明夷)는 '밝은 것이 깨진다'는 뜻이다. 해가 떠 있는 밝은 대낮이라면 모든 것이 적극적으로 정정당당하게 진행되겠지만, 어두운 밤과 같은 암흑의 세계에서는 대낮과 다른 양상으로 전개된다. 어두운 만큼 위험을 피하려고 노력해야 한다. 그래야만 몸이 안전하게 보존되는 시기다. 어두운 때는 밝은 시기의 정상적인 운세가 통하지 않는 상태다. 아무리 실력과 재능을 가지고 있어도, 그것을 세상에서 펼치며 활동할 수 없는 시기다. 또한 아무리 노력한다고 해도 인정받기 어렵다. 밤의 어둠, 암흑의 세계는 어떤 방향으로 진행될지 짐작하기 힘든 상태다. 그만큼 사람들에게 속거나 유혹을 당하지 않도록 주의해야 한다. 정당하게 생각하고 있는 일도 다른 사람에게 함부로 노출할 수 없는 때다. 재능이 많거나 일을 잘하면 미움을 받거나 시기질투를 당하기 쉽다. 그러므로 자신을 너무 드러내 표현하지 않도록 주의해야 한다. 돌발적으로 발생하는 재난이나 사람들 사이의 원한도 조심해야 한다.

현재 자신의 처지가 이 괘에 해당하는 경우, 먼저 암흑의 세계에 처해 있다는 사실을 깨달아야 한다. 상식을 벗어나는, 인간 같지 않은 사람들로부터 시기와 모함을 당할 수 있으므로 신중하게 살펴야 한다. 아무리 정의롭게 애써 일하려고 해도 뜻대로 되지 않는다. 이런 시기에는 하던 일에서 손을 떼고 다음 기회를 기다리며 실력을 기르는 것이 좋다. 마음에 정의를 품고 기다려야 한다. 어두운 시기, 또는 암흑의 세계에서 인간의 삶은 정상적으로 존재하거나 이행하기 어렵다. 암흑의 세계에서 활개 치는 사람들에게 이익이 되거나 유리한 것들만이 용인될 것이 뻔하다. '좋은 약은 맛이 쓰다!'라는 말이 있듯이, 올바른 삶은 특정한 시기에 유행하거나 인기를 누리는 양식으로 전개되지 않는다. 세상을 비추는 태양처럼, 밝은 곳에 녹아들어 있어 그 정의로움조차 인식하지 못할 때가 많다. 그대가 어둠의 시기를 맞이했다면, 밝은 새벽을 인도하는 태양처럼, 온밤을 기다리며 견뎌내는 지혜를 발휘해야 한다.

37. 가인(家人☲): 집안사람

☴ 巽上
☲ 離下

위 괘는 손(巽☴ 風)이고 아래 괘는 리(離☲ 火)다.
이에 '풍화가인(風火家人)'이라 한다.

괘의 뜻

가인[家人☲ 집안사람]은 여자가 곧게 행동해야 이롭다.(家人, 利女貞.)

한 집안의 여자가 바르게 행동해야 아름답다. 아래 괘의 육이와 위 괘의 구오가
각각 정당하고 가운데 자리를 차지하고 있다. 또 호응하여 잘 화합한다. 한 집안
[가문]이 잘 되려면 집안의 주부가 마음을 바르게 먹어야 이롭다.

　가인(家人☲)의 모습을 보면, 위 괘는 손(巽☴)이고 아래 괘는 리(離☲)다. 손(巽
☴)은 바람[風]을 나타내고 리(離☲)는 불[火]을 상징한다. 때문에 이 괘를 '풍화
가인(風火家人)'이라 한다. '가인(家人)'은 '가족'이나 '가문', '집안사람'이라는 뜻이
다. 괘의 모양이 바람이 부는 아래쪽에서 불이 붙는 형상이다. 그기에 처음에는
조그마한 불씨에 지나지 않지만, 바람이 불어서 훨훨 타오를 수 있다는 의미다.

가인(家人☲☴)이 명이(明夷☷☲) 다음에 자리하는 이유는 다음과 같이 설명된다. '명이(明夷)'에서 '이(夷)'는 '상처를 입었다'는 뜻이다. 그만큼 드러나지 못하고 가려졌다. 밖에서 상처를 입은 사람, 빛을 보지 못하고 가려져 뒤처진 사람은 반드시 집안으로 돌아오기 때문에 가인(家人)괘를 그 다음에 두었다. 집밖에서 상처를 입고 뒤처진 생활을 한 경우, 초라해지면서 곤궁해진다. 그렇게 되면 삶의 보금자리인 집안으로 돌아오게 마련이다. 가인괘에서는 무엇보다 가족 간에 이루어지는 집안사람 사이의 도리를 강조한다. 부모와 자식, 남편과 아내, 형제자매 사이의 윤리를 바르게 하고, 은혜와 의리를 돈독히 하는 일이다.

괘의 모양은 바람[巽☴: 風]이 위에 있고 아래에는 불[離☲: 火]이 자리한다. 이는 바람이 불에서 나오는 형국이다. 불이 세차게 타오르는데 바람까지 생겨나 불어댄다. 바람이 불 속에서, 즉 안에서 나오는 모습이다. 안에서 나오므로, 집안에서 집밖으로 미치는 상황이다. 아래 괘의 이효(▪▪)와 위 괘의 오효(▬)가 안팎으로 남자와 여자의 자리를 바르게 한다. 이것이 다름 아닌 가인(家人)의 법칙이다. 집안에서는 바르게 행동하고 밖에서는 공손한 것이 도리다. 집안에서의 행실을 미루어 밖으로 행할 뿐이다. 때문에 가인(家人)은 안에서 나오는 모습을 취했다.

효의 뜻

 초구(➖): 집안을 법도로 막는다. 그러면 뉘우침이 없으리라.(初九, 閑有家. 悔亡.)

제1효는 양의 기운으로 성질이 강하고 밝다. 정당한 자리에서 위 괘의 육사와 호응한다. 한 집안이 엄정한 법도로 집안을 다스려 나아가면 후회하는 일이 없다.

 육이(⚋): 일을 이루는 것이 없다. 안에서 음식을 먹인다. 곧게 해야 좋다.(六二, 无攸遂. 在中饋. 貞吉.)

제2효는 정당한 자리에서 위의 구오와 호응한다. 한 집안의 남편과 아내가 억지로 일하지는 않는다. 부드러운 남편이라면 어떤 일도 성공할 수 없다. 부드러운 아내라면 가운데 자리의 덕성을 갖추고 있기에 강직한 남편을 내조하여 공을 세우므로 그만큼 좋다.

 구삼(➖): 집안사람들이 고래고래 소리를 부르짖는다. 엄격하게 한 것을 뉘우치지만 좋다. 부녀자들이 희희덕거리며 소리를 내면 끝내는 부끄럽게 된다.(九三, 家人嗃嗃, 悔厲吉. 婦子嘻嘻, 終吝.)

제3효는 정당한 자리에서 강직한 특성을 보인다. 괘에 남자가 네 사람, 여자가 두 사람 있다. 남자들은 성질이 나서 꽥꽥 소리를 지르는데, 여자들은 호호 하고 웃으며 즐거워한다. 이런 상황에서 남자들이 자신의 행동을 뉘우치면 위태롭지만 좋고, 여자들이 계속 웃어대면 마침내 부끄러움을 당하게 된다.

육사(--): 집안을 부유하게 한다. 아주 좋다.(六四, 富家. 大吉.)

제4효는 정당한 자리에서 아래 괘의 초구와 호응한다. 화합하여 가꾸어 가는 만큼 한 집안이 부유하게 되어, 아주 좋은 분위기가 될 것으로 예상된다.

 구오(一): 임금이 한 집안을 이룬다. 그렇게 되면 근심하지 않아도 좋다. (九五, 王假有家, 勿恤, 吉.)

제5효는 높으면서도 정당한 자리에서 아래의 육이와 호응한다. 한 집안을 이룬 왕이 쓸데없이 걱정할 필요가 없다. 아래 위가 제대로 화합한 만큼 앞으로 행복의 문이 열린다.

 상구(一): 믿음을 갖고 위엄으로 한다. 그러면 끝내는 좋으리라.(上九, 有孚威如. 終吉.)

제6효는 가장 높은 곳에서 정당하지 못한 자리에 있다. 그러나 바로 아래 구오가 지닌 양의 기운을 타고 있다. 실제적 권한은 없지만, 신뢰 속에서 어느 정도의 위엄을 갖추면 그래도 괜찮다.

대비: 예방/치료의 배려

가인(家人)은 '한 집안의 사람'을 말한다. 집안은 삶의 안식처다. 밖에서 일에 지친 식구들을 따스하게 맞이해주는 공간이다. 집안사람의 따뜻하고 밝은 마음씨는 집안의 안정과 평화를 위해 매우 중요하다. 집안의 친척, 남편과 아내, 자식을 소중하게 여기는 식구들 모두가 그러해야 한다. 특히, 전통적인 현모양처(賢母良妻)는 집안사람의 중심이다. 아울러 장유유서(長幼有序)를 비롯하여 집안의 법도와 전통을 지켜나갈 경우, 그 집안은 오래토록 번영할 수 있다.

사람들이 집안의 따스함을 요청하면서 안식처를 바라게 되는 이유는 간단하다. 냉정한 사회 현실이 가져다주는 비인간적 차가움 때문이다. 사회란 일종의 생존경쟁의 장이다. 삶의 전쟁터다. 아무리 화목한 집안도 예외는 아니다. 이는 집안의 구성과 깊은 연관이 있다. 가정에서의 분쟁, 친척 간의 다툼, 애정 등 다양한 가족 문제로 괴로움이 생기기 쉽다. 한 개인이나 사회 공동체는 내부로부터 따스한 기운을 느낄 수 있도록 안정이 필요하다. 정신적 측면도 중요하지만, 물질적 경제적 측면도 충분히 고려해야 한다. 집안도 마찬가지다. 먹고 사는 경제 문제가 안정되지 않으면 불안이 그치지 않는다. 이런 점에서 집밖에 나가서 적극적으로 행동하기보다 집안을 정비하는 일이 급선무다. 집안의 창문을 통해 저 하늘의 달빛을 보라! 집밖의 담벼락이나 길가에서 서성거리며 집안을 소홀히 할 시간이 없다. 어떤 차원에서건 인간이 머무르는 곳은 집안이다. 어떤 일을 하건, 자신의 독단에 의지하기보다는 집안사람들, 윗사람이나 어른의 의견에 따라야 보다 효과가 난다.

현재 자신의 처지가 이 괘에 해당하는 경우, 불씨처럼 조그마한 일에도 조심해야 한다. 말과 행실을 삼가고 그것으로 말미암아 초래되는 재앙을 받지 않도록 경계해야 한다. 밖으로 일을 벌이기보다는 먼저 내부를 충실하게 다질 필요가 있다. 집 바깥의 일보다는 집안의 일을 먼저 보살피고 공동체의 외부보다는 내부를 우선적으로 정비하는 것이 중요하다. 개인의 삶도 유사하다. 인격은 내면과 외면을 동시에 아우르는 작업이다. 내면을 알차게 채우고 외면을 적절하게 수식하여 조화와 균형미를 이룰 필요가 있다. 내면 성숙에만 몰두하거나 외면을 치장하는 데만 신경 쓰는 일은 온전한 삶의 태도로 보기 어렵다. 건전한 사람은 내면과 외면의 조화로운 발달 가운데 자연스럽게 성장한다.

38. 규(睽☲☱): 불화와 반목

☲ 離上
☱ 兌下

위 괘는 리(離☲ 火)고 아래 괘는 태(兌☱ 澤)다.
이에 '화택규(火澤睽)'라고 한다.

괘의 뜻

규[睽☲ 어긋남]는 작은 일을 하는 경우에 좋다.(睽, 小事吉.)

서로 어긋나는 일이 발생할 때, 작은 일을 하는 경우는 괜찮다. 어긋남은 괘의 모양처럼, 물의 기운과 불의 기운이 상충한 데서 나온다. 물 아래에 불이 있는 것보다 물 위에 불이 있으므로 위험이 덜하다. 큰일이라면 나쁘다. 그러나 작은 일이면 도리어 좋다.

규(睽☲)의 모습을 보면, 위 괘는 리(離☲)고 아래 괘는 태(兌☱)다. 리(離☲)는 불[火]을 나타내고 태(兌☱)는 연못[澤]을 상징한다. 때문에 이 괘를 '화택규(火澤睽)'라고 한다. '규(睽)'는 노려보면서 '불화'나 '반목'을 일으킨다는 뜻이다. 그만큼 서로 '어긋나는 상황'을 연출한다. 불이 연못 위에 있는 형국이므로, 불의 기운과 물의 기운이 서로 상충한다. 적대 관계에 있을 수밖에 없는 형상이다.

규(睽)가 가인(家人) 다음에 자리하는 이유는 간단하다. 집안사람 사이의 도리가 쇠퇴하여 다하면, 반드시 그 집안의 법도는 일그러지게 되어 있다. 때문에 규괘로 받았다. 이때 규(睽)는 '일그러지다' '어그러지다'는 의미다. 집안의 법도가 다하면 어긋나 흩어지는 것은 이치가 그렇다는 말이다.

괘의 모양은 불[離: 火]이 위에 있고 연못[兌: 澤]이 아래에 자리한다. 위에 있는 불은 활활 타오르고, 아래에 있는 연못은 적셔 내려가 두 기운이 서로 어긋난다. 집안의 경우, 둘째 딸과 막내딸이 함께 살고 있을지라도, 나중에 시집가는 곳이 각기 다르다. 이처럼 '그 뜻을 함께 하지 않는다'는 의미도 담겨 있다.

효의 뜻

 초구(━): 뉘우침이 없어진다. 말을 잃고 그걸 잡으려 쫓아가지 않아도 저절로 돌아온다. 나쁜 사람을 만나도 잘못되는 일은 없으리라.(初九, 悔亡. 喪馬勿逐, 自復. 見惡人无咎.)

제1효는 정당한 자리에서 위로 올라가려고 한다. 그러나 위 괘의 구사에 가로막혀 되돌아오는 형국이다. 말을 잃어버린 사람이 찾으러 가지 않아도 그 말이 스스로 되돌아온다. 사악한 사람을 만나더라도 해치려 하지 않기 때문에 잘못되는 일은 없다.

구이(ー): 임금을 골목에서 만난다. 그래도 잘못되는 일은 없다.(九二, 遇主于巷. 无咎.)

제2효는 음의 자리에 양으로 있어 정당하지 못하다. 하지만 가운데 자리하여 그만큼의 덕성이 있고 위의 육오와 호응한다. 누추한 마을에 사는 덕망 있는 남성이 높은 자리에 있는 여성을 만나는 상황이다. 그런 만큼 특별하게 잘못되는 일은 없다.

 육삼(--): 수레가 끌려간다. 소가 가로막는다. 그 사람이 머리가 깎이는 천형을 당하고 또 코가 베어지는 비형을 당한다. 처음은 없고 마침은 있다.(六三, 見輿曳. 其牛掣, 其人天且劓. 无初有終.)

제3효는 양의 자리에 음으로 있어 정당하지 못하다. 그러나 위의 상구와 호응한다. 머리가 깎이고 코가 잘린 죄인이 수레를 몰고 있는 데 소가 가로 막아 그 수레가 뒤로 끌려간다. 처음에는 그 상황을 도와주는 사람이 없다. 시간이 지난 후, 나중에는 높은 자리에 있는 사람이 도움을 준다.

 구사(ー): 서로 어긋나 외롭다. 아주 착한 남편을 만나 서로 믿는다. 하지만 위태롭게 여겨야 잘못되는 일이 없다.(九四, 睽孤. 遇元夫, 交孚. 厲无咎.)

제4효는 음의 자리에 양으로 있어 정당하지 못하다. 뿐만 아니라 아래위로 호응도 없다. 그러므로 서로 어긋나 외롭다. 바로 아래의 육삼과 바로 위의 육오와 가까이 하다 보니, 외로운 남성이 높은 지위에 있는 여성과 만나 신뢰를 쌓는다. 이런 상황이 조금 위태롭고 위험할 수는 있다. 하지만 잘못되지는 않는다.

육오(--): 뉘우침이 없어진다. 같은 종족이 살을 깨물 듯 친근하게 지낸다. 가는 데 무슨 잘못을 저지르겠는가? (六五, 悔亡. 厥宗噬膚. 往何咎.)

제5효는 양의 자리에 음으로 있어 정당하지 못하다. 그러나 가운데 자리를 차지하고 있는 만큼 덕성이 있고, 아래의 구이와 호응한다. 높은 자리에 있는 여성이 친족들과 친근하게 지내며 서로 화합하는 형상이다. 이런 사람은 어디를 가서 어떤 일을 하건, 잘못을 저지르지 않는다.

 상구(--): 서로 어긋나 외롭다. 진흙을 등에 묻힌 돼지와 수레에 물건이 실려 있는 것을 본다. 먼저는 활줄을 당겼다가 뒤에는 활줄을 풀어놓는다. 도적이 아니라 혼인을 청하려는 사람이다. 가다가 비를 만나면 좋으리라.(上九, 睽孤. 見豕負塗, 載鬼一車. 先張之弧, 後說之弧. 匪寇婚媾. 往遇雨則吉.)

제6효는 음의 자리인데 양으로 있어 정당하지 못하다. 가장 높은 자리에서 아래로는 육삼과 호응한다. 어떤 여인이, 등에 진흙이 묻은 돼지를 끌고 또 물건을 수레에 가득 싣고 온다. 그것을 본 남성이 활로 쏘려다가 활을 거두었다. 그 여인은 도둑이 아니라, 예물을 싣고 혼인을 요청하러 온 사람이다. 지금 비가 온다면 그 여인이 돌아가지 못하고, 남성과 화합할 것이므로, 괜찮은 상황이다.

대비: 예방/치료의 배려

규(睽)는 '서로 다르다' 또는 '서로 반목하다'는 뜻이다. 다르다는 것은 서로 어긋나기 때문에 발생한다. 세상은 기본적으로 다르고 어긋나 있는 것들의 융합이자 복합이다. 남성과 여성의 경우, 성별이 다르다. 하지만 애정 면에서는 서로가 정을 통한다. 이와 반대로 같은 성인데도 얼굴이 저마다 다르고 성격도 달라 서로 반목하고 적대하는 수도 있다. 예를 들면, 복숭아나무와 오얏나무는 같은 계절에 피는 예쁜 꽃이다. '앞 다투듯 꽃 피운다'는 말이 있듯, 복숭아꽃과 오얏꽃은 그 특징이 달라도 유사한 종류의 꽃이다. 이런 상황에서는 큰일을 해결하거나 중요한 문제를 처리하려고 덤벼들어서는 안 된다. 작은 일에 만족하며 소소한 즐거움에 그쳐야 한다.

　규(睽)는 자신과 상대방의 생각에 상당한 차이가 있음을 의미한다. 동일한 목적이나 목표를 설정하고 그것을 추구하더라도, 그 방법과 태도, 의견 등이 다를 수 있다. 이런 경우, 함께 일을 도모하기가 쉽지 않다. 일일 진행하면서 제대로 조화를 이루기 어렵다. 어떤 공동체나 단체가 있을 때, 겉으로는 평온해 보여도 내부에는 심각한 대립과 갈등이 있을 수 있다. 집안에서 구성원들 사이에 화목을 이루지 못하는 때도 있다. 자기 자신에게만 해당하는 경우에도 한 가지 목적을 설정하지 못하고 두 가지 목표로 나누어 일을 진행하면 어느 것을 먼저 할 것인지 그 선후 문제를 고심하게 된다. 자기의 입장이나 처지가 생각대로 움직여지지 않아 망설이는 상태에 처한다. 이런 상황에서는 자기의 의견이나 계획을 상대에게 말해 주어도 잘 들어주지 않는다. 이런 여러 사례가 다름이고 어긋남이다.

현재 자신의 처지가 이 괘에 해당하는 경우, 불과 물이 서로 다른 곳을 지향하듯이, 어긋난 기운이 가득한 사람이다. 이런 상황에 처한 사람은 심각한 내면의 갈등을 겪으며 자기모순에 처해 있다. 한 가족이라면 가족끼리 뜻을 달리하고, 사업을 하는 사이라면 동상이몽(同床異夢)의 형국이다. 인간의 삶은 개인적으로나 사회적으로 일탈행위를 예방하고 치료하는 기능을 지닌다. 어떤 개인이건 사회건 자신에게 맡겨진 본분을 이행하는 과정에서, 서로 다른 의견이나 어긋나 일그러지는 현상이 나타나게 마련이다. 그 갈등과 모순 상황을 적극적으로 분석하고 검토하여 대안을 모색하는 것이 삶의 처방이다. 현재 나는, 우리 사회는, 어떻게 일그러져 있는가? 그 자화상의 확인과 합리적 대처를 위해, 삶을 진지하게 다시 설계해야 한다.

39. 건(蹇☵☶): 막혀 어려움

☵
☶

坎上
艮下

위 괘는 감(坎☵ 水)이고 아래 괘는 간(艮☶ 山)이다.
이에 '수산건(水山蹇)'이라 한다.

괘의 뜻

건[蹇☵☶ 막혀 어려움]은 서남쪽이 이롭고 동북쪽이 이롭지 않다. 훌륭한 사람을 보는 것이
이롭다. 곧게 행동하면 좋다.(蹇, 利西南, 不利東北. 利見大人. 貞吉.)

막혀서 험난한 때를 보여준다. 괘의 모양이 산 위에 물이 있는 형국이다. 아래 괘
구삼의 양의 기운은 두 개의 음의 기운 위에 있고 위 괘 구오의 양의 기운은 두
개의 음의 기운 사이에 빠져 있다. 이에 사람들이 주나라 사람들이 사는 서남쪽
으로 가면 이롭고 은나라 사람들이 사는 동북쪽으로 가면 이롭지 않다. 서남쪽으
로 가서 훌륭한 지도자를 보게 되면 이롭고 마음을 바르게 하면 좋다.

건(蹇☵☶)의 모습을 보면, 위 괘는 감(坎☵)이고 아래 괘는 간(艮☶)이다. 감(坎
☵)은 물[水]을 나타내고 간(艮☶)는 산(山)을 상징한다. 때문에 이 괘를 '수산건

(水山蹇)'이라 한다. '건(蹇)'는 걸음걸이가 온전하지 못한 '절름발이'를 뜻한다. 걸음걸이가 온전하지 못하므로 모든 일을 하는데 장애가 있을 수밖에 없다.

건(蹇☳)이 규(睽☲) 다음에 자리하는 이유는 간단하다. 앞에 나온 '규(睽)'는 일이 '어긋나 일그러지는 상황'이다. 어긋나 일그러지면 반드시 그만큼의 어려움이 따른다. 이에 '건(蹇)'은 어려움을 나타낸다. 어긋나 일그러지는 때는 반드시 어려움이 있으므로 건괘가 규괘 다음에 있다. '건(蹇)'은 '험하여 막혔다'는 의미를 지니기 때문에 어려움에 처한 상황과 마찬가지다.

괘의 모양은 물[坎☵: 水]이 위에 있고, 산[艮☶: 山]이 아래에 자리한다. 위에 있는 감괘에서 물은 험난한 상황을 나타내고, 아래에 있는 간괘에서 산은 그치는 모습이다. 험난한 상황이 앞에 놓여 있어 그쳤으므로, 더 이상 나아갈 수 없다. 앞에는 험난한 상황에 빠지고, 뒤에는 높은 산에 막혀 있으므로, 어려움에 처한다.

효의 뜻

초육(--): 가면 어렵고 오면 영예로우리라.(初六, 往蹇, 來譽.)

제1효는 양의 자리에 음으로 있어 정당하지 못하다. 그러면서도 앞으로 나아가려고 하니 위의 구삼의 양의 기운이 막고 있다. 위에서 호응도 없다. 절뚝발이가 걸어가니 동북쪽은 적들이 있어 험난하여 어렵고, 서남쪽은 친척들이 있어 환영을 받는다.

육이(--): 왕의 신하가 어렵게 여기고 어렵게 여긴다. 그것은 자신의 몸이 제 몸이 아니기 때문이다.(六二, 王臣蹇蹇. 匪躬之故.)

제2효는 정당한 가운데 자리를 차지하고 위 괘의 구오와 호응한다. 그러나 바로 위의 구삼의 양의 기운에 막혀 있다. 혼란의 소용돌이 가운데 여러 신하들이 발꿈치가 잘리는 월형(刖刑)을 받아 절뚝거리게 되었다. 안타까운 상황이지만 이들의 모습이 본래 그런 것은 아니다.

 구삼(一): 가면 어렵고 오면 되돌아온다.(九三, 往蹇, 來反.)

제3효는 가장 높은 자리에 있는 위 괘의 상육과 호응한다. 절뚝발이가 길을 가는데, 앞으로 가면 험난하다. 그러나 뒤로 오면 자기 고향으로 되돌아오게 된다.

 육사(--): 가면 어렵고 오면 연합한다.(六四, 往蹇, 來連.)

제4효는 위로 구오와 가까이 하려고 나서지만 구오가 육이와 호응하고 있어 어렵다. 이에 절뚝발이가 길을 가는데, 앞으로 가면 험난하다. 그러나 뒤로 오면 같은 무리의 사람들이 있어 그들과 함께 한다.

 구오(一): 크게 어려움을 겪지만 벗이 온다.(九五, 大蹇, 朋來.)

제5효는 아래의 육사와 위의 상육 사이에 빠져 있다. 그러면서도 육이와 호응한다. 때문에 아주 위험한 지경에 빠져 어쩔 수 없는 것처럼 보인다. 하지만 뜻밖에도 자신의 친구가 뒤에서 와서 구출해 준다.

상육(--): 가면 어렵고 오면 커서 좋다. 이에 훌륭한 사람을 보는 것이 이로우리라.(上六, 往蹇, 來碩, 吉. 利見大人.)

제6효는 가장 높은 자리에 정당하게 있으면서 아래 구삼과 호응한다. 절뚝발이가 길을 가는데, 앞으로 가면 험난하다. 그러나 되돌아오면 이익이 많다. 멀리 가기보다는 가까이 있는 훌륭한 사람을 만나는 것이 더욱 이롭다.

대비: 예방/치료의 배려

건(蹇)은 추위로 인하여 '발이 오므라드는 것'을 뜻한다. 또한 발을 제대로 쓰지 못하는 '앉은뱅이'나 '절름발이'를 말한다. 이는 길을 가려고 해도 신체가 자유롭지 못하므로, 앞길에 괴로움이 놓여있는 때다. 마음대로 진행이 안 된다. 서남쪽 지역의 평지는 안전하다. 하지만 동북쪽 지역의 험난한 산악지대는 위험과 곤란으로 가득하다. 이런 상황에서는 위험을 피하여 안전한 방향을 선택하고, 실력 있는 사람의 협조를 얻어 조심스럽게 행동해야 한다.

험난함이나 막혀서 어려운 사태를 보고 가만히 머물러 있는 것은 지혜로운 일이 아니다. 건(蹇)은 모험을 감행하거나 무모한 용기를 부리는 사람의 행동을 억제한다. 억제되어 움직이기 어려운 만큼 그의 운세는 막혀 있다. 발이 제대로 움직여지지 않기 때문에 길을 가기가 곤란한 상태다. 신체의 움직임이 자유롭지 못할 때 자신을 유지하게 만드는 것은 이성적 사고와 지적 능력뿐이다. 그러므로 그만큼 자기의 운세를 깨닫고 신중히 처신해야 한다.

현재 자신의 처지가 이 괘에 해당하는 경우, 앞뒤로 꽉 막혀 있어 조금도 움직일 수 없는 불우한 처지에 직면해 있다. 험준한 산을 넘어 허겁지겁 달려 왔지만, 앞에 또 큰 강이 가로 놓여 있다. 막혀서 나아가지 못하는 어려움에 부딪쳐, 하는 일마다 어려움을 겪을 수 있다. 하지만 험난한 일은 일상에서 수시로 다가올 수 있으므로 슬기롭게 극복할 자세를 갖추어야 한다. 인간의 삶은 근원적으로 어려움을 극복하는 자세와 태도를 기르는 과정 아니던가! 인생은 위험(危險)과 악운(惡運)을 비롯하여 수많은 난제(難題)를 헤쳐 나가는 과정이다. 어려움 없는 삶은 존재할 수 없다. 정도의 차이가 있을 뿐이다. 삶의 상황을 보다 안정적이고 쉬운 방향으로 해결할 수 있도록 모색하는 것이 각자가 담당한 일이다. 자신이 처한 위기를 극복하기 위해 취하는 자세나 태도, 방법을 터득하여 삶의 능력을 증진하는 활동이 살아가는 이유다.

40. 해(解☳☵): 흩어져 풀림

☳ 震上
☵ 坎下

위 괘는 진(震☳ 雷)이고 아래 괘는 감(坎☵ 水)이다.
이에 '뇌수해(雷水解)'라고 한다.

괘의 뜻

해[解☳☵ 흩어져 풀림]는 서남쪽이 이롭다. 갈 데가 없으면 와서 돌아오는 것이 좋다. 갈데가 있으면 재빠르게 행동하는 것이 좋으리라.(解, 利西南. 无所往, 其來復吉. 有攸往, 夙吉.)

험한 지경에서 풀어지는 것은 서남쪽이 이롭다. 갈 데가 없으면 되돌아오는데 이런 상황도 좋다. 갈 데가 있으면 늦지 않게 빨리 행동해야 한다. 우레와 비가 합작하여 가뭄 피해가 해소되는 형상이다. 우렛소리가 서남쪽에서 울리고 동북쪽에 비가 내린다. 주나라 사람들이 사는 서남쪽은 전쟁을 모면하게 되고, 은나라 사람들이 사는 동북쪽은 전쟁의 화를 입는다. 앞으로 갈 곳이 없으면 주나라 본토로 돌아오는 것이 좋다. 갈 곳이 있으면 빨리 갔다 오는 것이 좋다.

해(解☷☳)의 모습을 보면, 위 괘는 진(震☳)이고 아래 괘는 감(坎☵)이다. 진(震☳)은 우레[雷]를 나타내고 감(坎☵)은 물[水]을 상징한다. 때문에 이 괘를 '뇌수해(雷水解)'라고 한다. '해(解)'는 '흩어지고 풀린다'는 뜻이다. 위에서는 우렛소리가 나고 아래에서는 물이 흐르는 모습이다. 얼어붙었던 모든 존재가 봄을 맞아 스르르 녹아 물이 되어 흐르고, 겨울잠을 자던 사물들이 깨어나 봄날을 맞이하는 시기다. 얼음이 녹고 사물들이 깨어나는 현상이 다름 아닌 '흩어져 풀어지는' 상황이다.

해(解☷☳)가 건(蹇☶☵) 다음에 자리하는 이유는 간단하다. 건(蹇)은 험하거나 어려운 상황을 말하는데, 어떤 사물이건 끝까지 험하고 어려움을 당하지는 않는다. 꽁꽁 얼었던 땅이 풀어지듯이, 험하고 어려운 일은 다하고 나면 반드시 흩어지게 마련이다. 해(解)괘는 흩어지고 풀리는 것이므로 건(蹇)괘의 다음에 자리했다.

괘의 모양은 우레[震☳: 雷]가 위에 있고 물[坎☵: 水]이 아래에 자리한다. 위의 진괘는 움직이는 상황이고 아래의 감괘는 험난하다. 험한 것의 밖에서 움직여 험한 지경에서 벗어나기 때문에, 험난한 상황이 풀려 흩어지는 형상이다. 또한 위에서는 우레가 우르릉 퉁탕거리고 아래에서는 비가 되어 내리는 의미이므로, 음양이 교감하여 호응하며 부드럽게 퍼진다. 세상의 환난이 풀려 흩어지는 때를 보여준다.

효의 뜻

초육(--): 잘못되는 일은 없으리라.(初六, 无咎.)

제1효는 정당한 자리는 아니지만 위의 구사와 호응한다. 험난한 시대는 이제 지나고 해방의 시대를 맞이하기 시작했다. 그런 만큼 앞으로 특별하게 잘못될 일은 없다.

구이(一): 사냥하여 세 마리 여우를 잡았는데, 누런 구리 화살을 얻었다. 곧게 행동하면 좋다.(九二, 田獲三狐, 得黃矢. 貞吉.)

제2효는 음의 자리에 양으로 있어 정당하지 못하다. 그러나 가운데 자리를 차지하여 그만큼의 덕성이 있고 위로 육오와 호응한다. 뿐만 아니라 초육과 육삼의 음의 기운까지도 통솔한다. 어떤 사냥꾼이 여우 세 마리를 잡아 가죽을 벗기다가 구리로 만든 화살 하나를 얻은 형국이다. 그러므로 흥분하지 말고 마음을 바르게 가지면 좋다.

육삼(--): 짊어지고 또 올라탔다. 그러니 도둑을 오게 한다. 곧게 행동하더라도 부끄럽게 된다.(六三, 負且乘, 致寇至. 貞吝.)

제3효는 아래로 구이와 위로 구사의 양의 기운을 올라탔다. 그만큼 다른 음의 질투가 있다. 어떤 사람이 좋은 물건을 등에 지고 좋은 말을 타고 길을 가고 있다. 이럴 경우 반드시 도둑이 물건을 탐내어 덤벼든다. 마음이 아무리 바르더라도 도둑이 습격하면 위험에 처하고 부끄러운 일을 당할 수 있다.

구사(ー): 너의 엄지발가락을 풀어놓아라. 친구가 와서 믿을 것이다.(九四, 解而拇. 朋至斯孚.)

제4효는 위로는 육오의 발밑에 있고 아래로는 육삼과 가까이 한다. 그러면서 초육과 호응한다. 소인들과 어울리는 사람의 모습으로, 발가락을 끊어 버리지 못하는 것과 같은 형상이다. 때가 끼어 더러운 발가락과 같은 소인과 어울리지 말고, 그것에서 벗어나면, 믿을 만한 친구들이 와서 함께 한다.

 육오(--): 군자가 오직 풀어버림이 있다. 그래야 좋다. 소인에게도 믿음을 줄 것이다.(六五, 君子維有解, 吉. 有孚于小人.)

제5효는 양의 자리에 음으로 있어 정당하지 못하다. 하지만 가운데 자리를 차지하여 그만큼 덕성이 있고 아래 구이와 호응한다. 이는 험난한 상황에서 풀려나려는 사람의 모습을 상징한다. 그런 사람은 행복하다. 반대로 험난한 지경에서 벗어나지 못한 사람에게는 언젠가 벗어날 수 있으리란 믿음을 준다.

 상육(--): 공(公)이 높은 담 위에서 새매를 쏘아 잡았다. 이롭지 않음이 없으리라.(上六, 公用射隼於高墉之上, 獲之. 无不利.)

제6효는 정당한 자리에 있으나 그 자리가 너무 높다. 가장 윗자리이고 더구나 육오의 음의 기운 위에 있다. 이에 남작(男爵) 벼슬을 하는 사람이 높은 성 위에 앉아 새매를 잡는 형국이다. 새매를 잡는 경우 당연히 이롭다. 이롭지 않을 이유가 없다.

대비: 예방/치료의 배려

해(解)는 '풀다' '해결하다'는 뜻이다. 엉키거나 어려운 일에 직면했다면, 그것을 풀어 헤치려고 노력하라! 자신의 주장만을 강조하며 고독한 입장에 처하지 말고, 적극적으로 여러 사람과의 화해와 평화를 모색하는 것이 좋다. 특별히 행동할 필요가 없을 때는 자기 본분을 지키는 것도 현명한 대처다. 이런 때는 자신의 행동이 전개되는 모든 방면에서 목적이나 목표를 설정해 놓는 것이 중요하다. 기회가 왔을 때 바로 나아갈 수 있도록 말이다. 항상 실력을 갖춰두는 것이 문제를 해결하는 성공의 열쇠다.

이 시기는 겨울의 지독한 추위가 풀리고 봄의 천둥과 함께 봄비가 내리고 새싹이 무럭무럭 자란다. 또한 땅 속에서 동면(冬眠)하고 있던 동물이 깨어나는 상태를 나타낸다. 새로운 희망으로 활동을 전개할 성장의 기운이 뻗어나가는 시기다. 해(解)는 '해결(解決)'이나 '해방(解放)', 해소(解消)라는 말이 보여 주듯이 '풀어내는' 의미가 강하다. 때문에 지금까지 괴로움이나 어려움에 처해있던 사람들이 그것에서 풀려나거나 벗어나는 일을 뜻한다. 다른 차원으로 보면, 현재 무사태평한 상태에 있는 사람의 경우, 게으른 탓으로 모처럼의 행운을 잡지 못하는 수도 있다. 이미 성사되었던 계약이 취소되기도 하고 결혼 약속을 한 사람이 파혼을 하는 수도 있다.

현재 자신의 처지가 이 괘에 해당하는 경우, 하는 일들이 슬슬 풀려나가기 때문에 서서히 활동할 시기를 맞이했다. 기존의 막혔던 분위기가 사라지고 희망차고 활기찬 새 시대를 이끈다. 이전에는 시기 질투하고 중상모략하며 적대 관계에 있던 사람들도 생각을 바꾸고 협조하려는 시점이다. 인생은 다양한 측면에서 제

각기 특색을 가지고 진행된다. 그 과정에서 정도와 수준의 차이는 있지만, 질적 도약의 시기가 존재한다. 삶의 차원과 단계가 이전에 정체되어 있던 시기와 다르게 새로움을 맛보며 진보하는 것이다. 그 도약의 시기를 지속적으로 이어나가면, 적절한 정체의 시기를 거쳐, 보다 높은 차원으로 수준 높은 인생을 연속적으로 펼쳐갈 수 있다.

41. 손(損☲): 덜어냄

☲ 艮上
兌下

위 괘는 간(艮☶ 山)이고 아래 괘는 태(兌☱ 澤)다.
이에 '산택손(山澤損)'이라 한다.

괘의 뜻

손[損☲ 덜어냄]은 믿음이 있으면 엄청나게 좋고, 잘못되는 일도 없다. 곧게 할 수 있고, 가는 것이 이롭다. 이를 어디에 쓰겠는가? 두 개의 그릇은 제사에 쓸 수 있다.(損, 有孚元吉, 无咎. 可貞, 利有攸往. 曷之用, 二簋可用享.)

서로 신뢰하는 가운데 덜어내거나 줄여 가면 아주 좋다. 더해지는 이익이 많아지기 때문이다. 이런 때는 잘못을 저지르지 않는 것은 물론이고 마음도 바르게 해야 한다. 그런 상황에서 갈 데가 있는 것도 이롭다. 덜어낸 것은 어떤 곳에 사용할 수 있겠는가? 고기는 두 개의 제기에 담아 제사에 쓸 수 있다.

손(損☲)의 모습을 보면, 위 괘는 간(艮☶)이고 아래 괘는 태(兌☱)다. 간(艮☶)은 산(山)을 나타내고 태(兌☱)는 연못[澤]을 상징한다. 때문에 이 괘를 '산택손

(山澤損)'이라 한다. '손(損)'은 흔히 '잃다'나 '손해보다'라는 부정적 의미로 이해하기 쉽다. 하지만 '덜어내다' 또는 '줄이다'라는 뜻을 부각하면 '희사(喜捨)'나 '봉사', '투자'와 같은 긍정적 의미로 이해된다. 위에는 높은 산이 있고 아래에는 연못이 자리 잡아 자신의 몸을 낮추고 있는 형국이다. 산의 위엄이 돋보이는 동시에 연못이 산을 위해 희생하고 있다.

손(損䷨)이 해(解䷧) 다음에 자리하는 논리적 이유는 의미상 아래와 같이 설명된다. 앞에 있는 해(解)괘는 풀어져 느슨해지는 상황이다. 어떤 사물이건 느슨해지면 반드시 그에 따라 잃는 것이 있다. 때문에 손(損)괘로 받았다. 풀어지고 느슨해지면 반드시 잃는 것이 있고, 잃으면 손해를 보는 것처럼 느껴진다. 그것은 모든 사안에서 보존되어야 할 기준에 비해 넘쳐날 때, 덜어내거나 줄이는 상황과 상통한다.

괘의 모양은 산[艮☶: 山]이 위에 있고 연못[兌☱: 澤]이 아래에 자리한다. 특징으로 보면 산은 높고 연못은 깊다. 아래가 깊으면 위가 더욱 높아 보인다. 그러므로 아래에서 덜어내어 위에 보태주는 뜻이다. 또 연못이 산 아래 있고 그 기운이 위로 통하여 온갖 사물에 이로움을 주므로 아래에서 덜어내어 위에 보태주는 상황이 된다.

효의 뜻

 초구(—): 일을 멈추고 빨리 간다. 그래야 잘못되는 일이 없다. 부어서 덜어내리라.(初九, 已事遄往, 无咎. 酌損之.)

제1효는 정당한 자리에서 위로 육사와 호응한다. 신뢰가 가득한 가운데 제사를 지내다가 어떤 일로 인해 제사를 그만두고 빨리 간다. 제사를 중지한 것이 손해 보는 일은 아니다. 신뢰가 있는 만큼 이익이 있어 허물이 없다. 제사 때 신에게 술을 부어 올리면, 그 술은 없어지지만 사람은 복을 받는다.

 구이(—): 곧게 함이 이롭다. 정벌하러 가면 나쁘다. 덜어내지 않고 보태도록 해준다.(九二, 利貞. 征凶. 弗損益之.)

제2효는 음의 자리에 양으로 있어 정당하지 않다. 하지만 가운데 있으면서 위의 육오와 호응한다. 정벌을 나가 이익을 취하려는 사람이 자신의 자리를 지키지 않고 쓸데없이 밖에 나가 손해를 보는 상황이다. 이런 경우, 손해를 보지 않는 것이 오히려 보탬이 된다.

육삼(--): 세 사람이 가면 한 사람을 덜어낸다. 한 사람이 가면 그 벗을 얻는다.(六三, 三人行則損一人. 一人行則得其友.)

제3효는 위의 상구와 호응하여 그것을 좇아가 동화하려 한다. 세 개의 양이 나란히 하면 하나의 음을 잃게 되고, 상구가 육삼과 호응하여 벗을 얻는다. 세 사람이 함께 여행가면 세 사람 가운데 한 사람을 잃게 되고, 자기 혼자 여행하면 도중에 한 여자를 얻어 친구가 된다.

 육사(--): 그 질병을 덜어내는 데 재빠르게 하면 기쁨이 있다. 그만큼 잘 못되는 일은 없다.(六四, 損其疾, 使遄有喜. 无咎.)

제4효는 정당한 자리를 차지하고 아래 초구와 호응한다. 앓고 있던 병이 조금 나아 기뻐하는 사람의 모습인데, 몸 관리를 잘하여 앞으로 질병이 없을 것이다.

 육오(--): 어떤 이가 열 쌍의 거북으로 보태주어도 어길 수 없다. 엄청나게 좋다.(六五, 或益之十朋之龜, 弗克違. 元吉.)

제5효는 양의 자리에 음으로 있어 정당하지 못하다. 그러나 가운데 자리를 차지하고 있으면서 아래 구이와 호응한다. 덕성을 갖춘 한 여성 지도자가 현명하고 강직한 남성과 결합하기 때문에, 서로에게 아주 유익하고 큰 도움이 된다. 거북점을 쳐보더라도 나쁜 징조가 아니므로 크게 복을 받는다.

상구(━): 덜어내지 않고 보태도록 해주며, 잘못을 저지르지는 않는다. 곧게 행동하면 좋다. 가는 것이 이롭다. 신하를 얻는 일이 집안에서만이 아니리라.(上九, 弗損益之, 无咎. 貞吉. 利有攸往. 得臣无家.)

제6효는 음의 자리에 양으로 있어 정당하지 못하다. 그러나 가장 높은 자리에서 아래의 육삼과 호응하고 또 육오와 가까이 하고 있다. 이는 제5효의 여성 지도자 위에 있는 사람으로, 여성 지도자의 아버지에 해당한다. 그는 자신이 손해 보지 않고 이득을 얻는다. 아무 허물이 없으나 마음을 바르게 가지는 것이 좋다. 이런 방식으로 딸을 위해 일을 하므로 어디를 가든지 이롭다. 세상 사람을 자신의 신하로 복종시키는 일을 기쁨으로 여기면서, 집안이나 가족이 있음을 잊어버린다.

대비: 예방/치료의 배려

손(損)은 손해와 이득을 말할 때의 손해에 해당한다. 그러나 그냥 잃어버린다는 손실(損失)의 손은 아니다. 단순한 손해가 아니라 그 손해를 딛고 이득을 얻는다. 다른 사람을 위해 자기의 무엇인가를 덜어준다. 동시에 자신도 만족을 느끼며 상대를 기쁘게 한다. 이렇게 덜어주고 보태주는 가운데 '덜어냄'이 손의 참뜻이다. 별다른 이익도 없으면서 자기의 신념을 위해 희생한다. 잃음으로써 또는 손해를 보면서도 오히려 즐거움을 얻는다.

손(損)은 '손해'나 '이익', '잃고 얻는다'는 말에서 보듯이, 물질적으로는 손해를 보더라도 그 행위에 따라 상대를 기쁘게 하고 사람들에게 다양한 덕을 베푼다. 그 과정에서 덜어주는 일은 단순하게 남을 위해 손해를 본 것이 아니다. 덜어준 만큼 덕을 베풀었기에 반드시 그만큼 자기에게 이익으로 돌아온다. 예를 들어, 친인척에게 자금을 대주어 사업을 하게 했다고 하자. 일시적으로는 나의 돈을 대주었으므로 손해를 입은 것처럼 보인다. 하지만 자금을 얻어 쓴 친인척은 반드시 그 은혜에 보답하여 나중에 큰 이익을 줄 수도 있다. 눈앞에 이익만을 보지 말라! 보다 멀리 보고, 장래의 이익을 추구하라! 그것은 채우는 데 급급하기보다는 비우고 덜어내는 데서 시작될 수 있다.

현재 자신의 처지가 이 괘에 해당하는 경우, 다른 사람을 위한 봉사나 희사를 통해 정신적 희열을 맛보려는 노력이 필요하다. 때문에 자기희생을 치루더라도 큰일을 위해 작은 일에 얽매이지 않는다. 지금은 희생하면서 봉사하지만, 미래에는 반드시 긍정적 결과로 돌아올 수 있는 투자와 지출을 생각하라! '배워서 남 주자!'라는 재미있는 표현이 있다. 인생은 눈앞에 금방 드러나는 성과, 일을 하자말자 뚜렷한 효과를 보여주지 않는 경우가 많다. 현재를 참고 견뎌내며 희생과 봉사로 축적한 내용물이 한참 후에 결과로 나타난다. 그런 점에서 인생은 현실에 투자하는 자기희생이자 미래에 이익을 생산하기 위한 창조활동이다.

42. 익(益䷩): 보태줌

䷩ 巽上
　　震下

위 괘는 손(巽☴ 風)이고 아래 괘는 진(震☳ 雷)이다.
이에 '풍뢰익(風雷益)'이라 한다.

괘의 뜻

익[益䷩ 보태줌]은 갈 곳이 있어 이롭다. 큰 냇물을 건너는 것이 이롭다.(益, 利有攸往.
利涉大川.)

인간의 생활에 필요한 물품을 얻으려면 그것이 풍부한 곳으로 이동해 가야할 필
요가 있다. 그래야 삶에 이롭다. 이동을 할 때는, 앞에 가로 놓여 있는 큰 냇물을
무사히 건너가는 일이 중요하다. 이것이 사람의 삶을 풍요롭도록 보태주는 이로
움이다.

　　익(益䷩)의 모습을 보면, 위 괘는 손(巽☴)이고 아래 괘는 진(震☳)이다. 손(巽
☴)은 바람[風]을 나타내고 진(震☳)은 우레[雷]를 상징한다. 때문에 이 괘를 '풍
뢰익(風雷益)'이라 한다. '익(益)'은 흔히 '이익'이나 '이득'을 의미한다. 그러나 개

인적으로 얻는 사사로운 이익보다 공공의 이익을 뜻하는 말로 '보태주다' 또는 '더해주다'라는 의미가 강하다. 위에는 바람이 불고 아래에는 우레가 친다. 위와 아래 모두가 꿈틀대면서 움직이는 형국이어서 매우 적극적인 삶이 진행되고 있음을 감지할 수 있다.

익(益☳)이 손(損☶) 다음에 자리하는 논리적 이유는 의미상 아래와 같이 설명된다. 손괘는 '덜어낸다'는 의미인데, 덜어내기만 하면 모두 없어진다. 덜어내기를 다하게 되면 반드시 보태게 되므로 익괘로 받았다. 인간 세상의 흥성함과 쇠퇴함, 덜어냄과 보태줌은 순환하는 것처럼 보인다. 덜어냄이 다하면 반드시 보태주어야 하는 것이 삶의 이치다.

괘의 모양은 바람[巽☴: 風]이 위에 있고 우레[震☳: 雷]가 아래에 자리한다. 위 아래에서 우레와 바람 두 가지가 서로 보태주는 형상이다. 바람이 세차면 우레가 빠르고 우레가 몰아치면 바람이 성난 듯이 불어, 두 기운이 서로 돕고 보태준다. 손괘와 진괘는 모두 아래에 있는 효가 변해 이루어졌다. 음(--)이 변해 양(—)이 되는 것은 보태줌이고, 양(—)이 변해 음(--)이 되는 것은 덜어냄이다. 위 괘에서 덜어내 아래 괘에 보태주는 것은, 위에서 덜어내 아래에 보태주는 상황이다. 아래가 두터우면 위가 편안하기 때문에 아래에 보태준다.

효의 뜻

 초구(━): 크게 일을 일으켜야 이롭다. 엄청나게 좋고 잘못되는 일은 없으리라.(初九, 利用爲大作. 元吉, 无咎.)

제1효는 정당한 자리에서 위의 육사와 호응한다. 이처럼 위 아래로 음양의 조화가 잘 이루어지는 일은, 인간 사회에서 삶에 이롭고 유익한 상황이다. 그것은 농사를 짓는 작업으로, 아주 좋은 일이 되는 동시에 아무 탈이 없는 것이다.

 육이(--): 어떤 이가 열 쌍의 거북으로 보태주어도 어길 수 없다. 그만큼 길이 곧게 하면 좋다. 임금이 써서 상제께 제사지내더라도 좋다.(六二, 或益之十朋之龜, 弗克違. 永貞, 吉. 王用享于帝, 吉.)

제2효는 정당한 가운데 자리에서 위로 구오와 호응한다. 훌륭한 사람이 위에 있는 군주를 섬기고, 온 세상에 덕을 펼쳐 유익하다. 이런 상황은 신령스러운 거북점을 쳐도 어김없이 좋은 징조로 나타난다. 영원히 마음을 바르게 가지면 좋다. 더구나 군주와 마음을 합쳐 하늘에 제사를 지내면 상제가 기뻐하여 복을 준다.

육삼(--): 보태줌을 나쁜 일에 쓰더라도 잘못되는 일은 없다. 믿음을 갖고 알맞게 행하며 공에게 알릴 때 홀을 쓴다.(六三, 益之用凶事, 无咎. 有孚 中行, 告公用圭.)

제3효는 양의 자리인데 음으로 있어 정당하지 못하다. 하지만 위로 상구와 호응한다. 이에 위로 보태주는 일이 좀 부정적인 곳일지라 도, 그 쓰임이 잘못되기보다는 사람들이 이해해 줄 수 있는 사안일 수 있다. 그리하여 윗사람이 아무리 과격하거나 비굴한 성격을 지 닌 사람일지라도 신뢰를 갖고 적절하게 인도할 수 있다.

 육사(--): 알맞게 행하면 공에게 알리고 따른다. 쓰고 의지하여 나라를 옮 기는 것이 이롭다.(六四, 中行, 告公從. 利用爲依遷國.)

제4효는 정당한 자리에서 아래의 초구와 호응한다. 적절한 균형과 절제의 길인 중용의 도를 행하는 경우, 상황과 힘의 무게 중심에 따 라 일처리가 진행된다. 마찬가지로 나라의 도읍을 옮겨 사람들에게 이로움을 주려는 논리도 그러함을 상징한다.

 구오(ー): 믿음을 갖고 마음을 은혜롭게 한다. 묻지 않아도 엄청나게 좋다. 믿음을 갖고 나의 덕을 은혜롭게 여긴다.(九五, 有孚惠心, 勿問元吉. 有孚 惠我德.)

제5효는 정당한 가운데 자리를 차지하고 아래로 육이와 호응한다. 덕망을 갖춘 임금에게 충성을 다하며 신뢰를 갖는다. 신뢰가 전제 되었을 때는 특별히 점을 통해 묻지 않아도 아주 좋다. 진실한 믿음 이 임금의 덕망을 고맙게 여긴데서 나오기 때문이다.

상구(━): 보태주는 사람이 없으므로, 어떤 경우에는 쳐야 한다. 변하지 않는 마음으로 보태주겠다고 하지 말라. 나쁘리라.(上九, 莫益之, 或擊之. 立心勿恒, 凶.)

제6효는 아래로 육삼과 호응하지만, 가장 높은 곳에 있어 위험하다. 가장 높은 곳에 있으므로 더 이상 보태줄 필요가 없다. 차라리 배격하는 것이 좋을 수도 있다. 항상 그에게 이익을 주겠다는 마음을 가져서는 안 된다. 나중에 화가 미칠 수도 있다.

대비: 예방/치료의 배려

익(益)은 '이익'이나 '이득'이라고 할 때의 '익'을 말한다. 부족한 경우에 보태주는 일이다. 보태주는 일은 엄청나게 많은 이윤이나 이득을 남기고, 그것을 더욱 축적하여 이익을 취하려는 자세가 결코 아니다. 궁핍하고 어려운 상황을 타개하려면, 그 고난을 극복하기 위해 적극적으로 행동해야 한다. 그런 삶의 투쟁 과정에서 즐거움이 얻어지고, 물질적인 면이나 정신적인 면에 풍족한 활력이 넘치게 된다. 기회가 좋다면 과감하게 돌진할 필요도 있다.

익(益)은 무엇보다도 공익이 우선이다. 먼저 여러 사람의 이익을 도모한 다음, 자기의 이익을 취해야 한다. 사업을 하는 경우라면, 공익의 차원에서 일이 많아 매우 바쁜 시기에 해당한다. 바쁜 만큼 일하고 그에 해당하는 다양한 보상이 보태줌의 차원에서 진행된다. 농사를 짓는 경우라면, 농가마다 풍년을 구가하는 기뽐이 넘치는 때다. 보태주는 기운은 기초가 튼튼하여 순조롭게 뻗어나가는 모습이다. 윗사람이나 어른의 뒷받침이 있어, 자신이 본래 갖고 있는 능력 이상의 실력을 발휘할 수 있게 된다. 집안에서도 서로 보태주려는 자세를 통해 원만한 가정의 삶이 지속될 수 있다.

현재 자신의 처지가 이 괘에 해당하는 경우, 어떤 일을 하건 적극적으로 나서야 한다. 공공의 이익을 위한 일이라면 더욱 적극성을 띠는 것이 좋다. 특히, 정의로운 일이라면 바로 실천하고, 부당한 일이라면 지체 없이 고쳐야 한다. 공익을 위한다는 명목으로 졸속적이거나 맹목적으로 사업을 추진해서는 곤란하다. 알찬 계획을 통해 적극적으로 시행하려는 자세가 중요하다.

43. 쾌(夬☱): 결단력

兌上
乾下

위 괘는 태(兌☱ 澤)고 아래 괘는 건(乾☰ 天)이다.
이에 '택천쾌(澤天夬)'라고 한다.

괘의 뜻

쾌[夬☱ 결단력]는 왕의 조정에서 용기를 드날려 미덥게 호소하지만 위태롭게 여기는 일
이 있다. 고을에서 알려 전쟁에 나아감을 이롭게 여기지 않는다. 그래서 갈 데가 있는 것
이 이롭다.(夬, 揚于王庭, 孚號有厲. 告自邑, 不利卽戎. 利有攸往.)

조정에서 나름대로 용기를 드러내며 호소를 한다. 어느 정도 신뢰가 있기는 하
지만 아직은 위험한 부분이 있다. 그러기에 먼저 자신의 고을 사람들에게 얘기한다.
무력으로 전쟁을 하는 것이 이롭지 못하다. 덕으로 다스리는 길로 가는 것이 좋다.
쾌(夬☱)의 모습을 보면, 위 괘는 태(兌☱)고 아래 괘는 건(乾☰)이다. 태(兌☱)
는 연못[澤]을 나타내고 건(乾☰)은 하늘[天]을 상징한다. 때문에 이 괘를 '택천쾌
(澤天夬)'라고 한다. '쾌(夬)'는 '터놓다' '결정하다'는 뜻을 지니고 있는데, 어떤 일

을 결단하거나 일이 결렬된 경우를 의미한다. 맨 위에 음효(━━)가 하나 있을 뿐, 나머지 다섯 효가 모두 양(━)이다. 아래에 있는 굳센 양의 기운이 위로 치받으며 올라가므로 일종의 하극상을 보이고, 아래와 위가 마찰이 많은 형국이다. 이런 경우, 위에 있는 지도자는 아래를 향해 원만하게 터놓고 중대결단을 내려야 한다.

쾌(夬䷪)가 익(益䷩) 다음에 자리하는 논리적 이유는 의미상 아래와 같이 설명된다. 익괘에서 '아래로 보태준다'고 했는데, 보태주는 일이 한계에 이르면 반드시 터지게 마련이다. 때문에 쾌괘로 받았다. 위와 아래의 관계상 그 이치로 보면, 언제까지 기한을 정해서 보태주는 일은 없다. 보태주는 일은 반드시 적절한 한계를 정해야 한다. 그렇지 않으면 끝내 문제가 생기고 일이 터질 수 있다.

쾌의 모양은 연못[兌☱: 澤]이 위에 있고 하늘[乾☰: 天]이 아래에 자리한다. 연못은 물을 모아둔 곳이므로 낮은 곳인 아래에 있어야 마땅하다. 그런데 높은 곳인 위에 올라가 있다. 이것이 터지는 형상이다. 다섯 개의 양효(━)가 아래에서 자라나 위로 올라오려 하고, 하나의 음효(━)가 위에서 사라지려 한다. 여러 양의 기운이 위로 올라가 하나의 음을 결단하여 제거하려고 한다.

효의 뜻

 초구(一): 발이 나아감에 씩씩하다. 가서 이기지 못하여 잘못을 저지르게 되리라.(初九, 壯于前趾. 往不勝, 爲咎.)

제1효는 정당한 자리에서 위로 올라가려는 기운이 너무 강하다. 그러나 위에서 호응이 없다. 이는 급하게 나아가려는 군사의 모습이다. 마구 나아가려고 하지만 가봐야 이기지 못하고 잘못을 저지른다.

 구이(一): 두려워 호소한다. 늦은 밤에 적군이 있더라도 걱정할 일은 없다.(九二, 惕號. 莫夜有戎, 勿恤.)

제2효는 음의 자리에 양으로 있어 정당하지 못하고 가운데 자리하지만 위에서 호응이 없다. 군사를 데리고 가다가 도중에 행진을 멈추고 부하들에게 두려운 마음으로 명령하는 상황이다. 이처럼 조심성 있는 지휘관의 경우, 깊은 밤에 적군을 만나더라도 큰 근심이 없다.

 구삼(一): 얼굴은 씩씩하지만, 나쁜 일이 있다. 군자가 결단할 것을 결행하면 홀로 갈 때 비를 만나 젖는 듯이 하여 성냄이 있다. 그러나 잘못되는 일은 없다.(九三, 壯于頄, 有凶. 君子夬夬, 獨行遇雨, 若濡有慍. 无咎.)

제3효는 정당한 자리에서 위의 상육과 호응한다. 성난 기운이 얼굴에 가득한 사람은 그만큼 나쁜 일이 벌어지게 마련이다. 과감하고 결단성 있는 군자의 경우, 혼자 가다가 비를 만난 것처럼 비에 옷이 조금 젖은 체하고 만다. 겉으로 성난 기운을 드러내지 않고 속으로 품는다. 그만큼 잘못되지 않는다.

구사(━): 볼기에 살이 없어, 가는 것을 머뭇거린다. 양을 끌고 가듯이 하면 뉘우침이 없겠지만 말을 들어도 믿지 않는다.(九四, 臀无膚, 其行次且. 牽羊悔亡, 聞言不信.)

제4효는 음의 자리에 양으로 있어 정당하지 못하다. 아래로 호응도 없다. 얼굴이 바싹 말라 볼기에 살이 없는 남성을 상징한다. 살이 없어 뼈가 아프므로 다른 사람과 함께 앞으로 걸어갈 수 없다. 이런 사람은 양을 여러 마리 끌고 가듯이 천천히 가면 후회가 없다. 하지만 양이 목동의 말을 잘 듣지 않듯이, 다른 사람의 말을 잘 듣지 않는 동시에 믿으려고 하지 않는다.

구오(━): 비름나물처럼 결단하고 결행하되 알맞게 행하면, 잘못되는 일은 없다.(九五, 莧陸夬夬, 中行无咎.)

제5효는 정당하고 가운데 자리를 차지하고 있지만 아래로 호응이 없다. 비름나물은 부러지기 쉬운 풀이다. 이 사람은 기질도 강하고 덕망도 있지만 아래로 보필하는 신하가 없다. 위의 상육은 가까이 하고는 있지만 위에 있어 기질이 꺾이기 쉽다. 이에 자신을 지키려는 절제와 균형의 미덕을 통해 잘못을 줄여야 한다.

상육(--): 호소할 곳이 없다. 마침내 나쁜 일이 있으리라.(上六, 无號. 終有凶.)

제6효는 정당한 자리이면서 가장 꼭대기에 있고 아래로 구삼과 호응한다. 위 괘에서 가장 높은 자리에 있는 여성이 아래 괘에서 가장 높은 자리에 있는 남성과 사귄다. 처음에는 화합하여 좋은 것 같다. 그러나 자리와 특성이 다른 만큼 나중에는 화를 입게 된다. 이때 아무리 구원을 요청해도 호응하는 사람이 없다. 끝이 좋지 못하다.

대비: 예방/치료의 배려

쾌(夬)는 결의(決意)나 결단(決斷), 결정(決定)이라고 할 때의 '결(決)'과 같은 의미다. 중대한 일을 결정함을 말한다. 특히, 왕이 정사를 보면서 정책을 결정할 때 참고하는, 조정에서 행하는 올바른 의견 주장과 연관된다. 결정적 시기에 큰 부정을 저질렀다 하더라도 쓸데없이 단순한 무력을 사용해서는 안 된다. 공명정대하게 논리적이고 이론적으로 설득하여 만사를 순조롭게 이끌어 결의를 다져야 한다.

쾌는 중대한 일을 결의하고 결단한다는 뜻이다. 지나치게 세력이 강하고, 밀고 나아가는 힘이 넘쳐 겸손하게 처신하지 못하면, 도리어 실패를 초래하기 쉽다. 상당수의 사람들은 여러 가지 사업에 손을 대고, 분수에 넘친 일에 마음을 둔다. 무엇보다도 제대로 감당하지 못하면서 성급하게 일을 처리하는 자세가 정책 결정을 방해한다. 균형 감각을 상실하고 한쪽으로 기울기 쉽다. 결의하고 결정하는 과정에서는 스스로 자제하는 힘도 길러야 한다. 아무리 튼튼한 제방도 조그마한 개미구멍으로 무너질 수 있다. 아무리 탄탄한 기획과 이론으로 무장한 일일지라도, 조그마한 흠집은 없는지 하나하나 점검하며 살펴보아야 한다. 결단의 순간은 좋은 기운의 흐름을 타고 있지만 항상 위험한 기운도 함께 도사리고 있음을 명심해야 한다. 물이 넘쳐 둑이 무너지기 직전을 상상해 보라! 결단은 상당수가 터지기 일보 직전의 상황에서 이루어진다.

현재 자신의 처지가 이 괘에 해당하는 경우, 여러 양(陽━)이 나아가 하나의 음(陰--)을 결단하여 제거하려는 상황이므로, 일종의 위험한 사태에 직면했다고 볼 수 있다. 주변 사람들의 핍박과 공갈 협박이 잦고, 다양한 소송에 휘말린다. 때문에 그에 맞대응하는 행위를 삼가고, 상대방과 원만하게 터놓고 얘기하며 사태를 수습할 필요가 있다. 윗사람에게는 공손하게 처신하고 아랫사람에게는 너그럽게 대하며, 적대 관계에 있는 사람에게는 화해와 용서를 통해 관용을 베풀어야 한다.

44. 구(姤☰☴): 모여서 만남

☰ 乾上
☴ 巽下

위 괘는 건(乾☰ 天)이고 아래 괘는 손(巽☴ 風)이다.
이에 '천풍구(天風姤)'라고 한다.

괘의 뜻

구[姤☰☴ 모여서 만남]는 여자가 건장하다. 여자를 취하지 말아야 한다.(姤, 女壯. 勿用取女.)

기운이 아주 억센 여자를 만났다. 그런 여자와 결혼하지 말라. 다섯 개의 양(━)
이 뜻하지 않은 하나의 음(--)을 만나는 형상이다. 이는 한 여성이 너무나 기운
이 세어 여러 남성을 통솔한다.

구(姤☰☴)의 모습을 보면, 위 괘는 건(乾☰)이고 아래 괘는 손(巽☴)이다. 건(乾
☰)은 하늘[天]을 나타내고 손(巽☴)은 바람[風]을 상징한다. 때문에 이 괘를 '천
풍구(天風姤)'라고 한다. '구(姤)'는 '만나다'는 뜻이다. 하늘 아래에서 바람이 부는
형상을 하고 있다. 이는 여기저기 흩어져 있던 구름들이 모여 비를 내릴 징조를
연출한다. 맨 아래 하나의 음효(--)가 그 위의 다섯 양효(━)를 떠받치고 있어 음

의 기운이 왕성한 모양이다.

구(姤☴)가 쾌(夬☱) 다음에 자리하는 논리적 이유는 의미상 아래와 같이 설명된다. 앞에 자리하는 쾌(夬)괘는 터놓고 결단하는 뜻이 있었다. 터놓고 결단하면 반드시 만나서 해결을 모색한다. 때문에 구괘로 받았다. 터놓고 결단하는 행위는 이것과 저것을 판가름하는 일이다. 무언가를 결단하여 판가름하고 난 후, 사람들은 서로 만나 다시 합해 나가려는 의지를 보인다. 원래부터 합쳐져 있었다면 만나서 의논할 일이 없다.

괘의 모양은 하늘[乾☰: 天]이 위에 있고 바람[巽☴: 風]이 아래에 자리한다. 위아래 두 괘의 특징으로 보면, 바람이 하늘 아래에서 불고 있다. 이때 하늘 아래에 있는 것은 모든 존재인 사물에 해당한다. 그 사물은 바람이 불 때 바람을 타고 접촉하므로 반드시 만나기 마련이다. 즉 하나의 음효(--)가 아래에서 처음 생기고, 그것이 위의 양효(—)와 만난다.

효의 뜻

초육(--): 쇠말뚝에 매여 있는 만큼 곧게 행동하면 좋다. 갈 데가 있어 가게 되면 나쁜 일을 당한다. 여윈 돼지가 사로 잡혀 폴짝대며 발버둥치는 듯하리라.(初六, 繫于金柅, 貞吉. 有攸往, 見凶. 羸豕孚蹢躅.)

제1효는 양의 자리에 음으로 있어 정당하지 못하다. 위로 구사와 호응한다. 괘의 맨 아래 약한 기운으로 있으면서 위의 강한 기운인 구이와 구삼에 눌려 있다. 그러므로 밖으로 나가려하지 말고 제자리에 가만히 있는 것이 좋다. 한 사람이 타고 가던 수레가 쇠말뚝에 매여 있다. 매여 있는 만큼 마음을 굳게 먹고 추이를 지켜보는 것이 낫다. 앞으로 나가려고만 하면 반드시 나쁜 일이 생긴다. 말라서 약한 돼지가 우리 바깥으로 나가려고 버둥대는 것보다는 우리 안에 가만히 있는 것이 좋다.

구이(一): 부엌에 물고기가 있어, 큰 잘못은 없다. 그러나 손님에게는 이롭지 않다.(九二, 包有魚, 无咎. 不利賓.)

제2효는 음의 자리에 양으로 있어 정당하지 못하다. 그러나 가운데 자리를 차지하고 아래의 초육과 가까이한다. 부엌에 생선 한 마리가 있다. 집안사람들끼리 그냥 구워 먹거나 국을 끓여 먹는 것은 괜찮다. 하지만 귀한 손님을 대접하기에는 마리 수도 적고 고기 질도 형편없다.

구삼(一): 볼기에 살이 없어, 그 가는 것을 머뭇거린다. 위태로울지라도 크게 잘못하는 일은 없다.(九三, 臀无膚, 其行次且. 厲无大咎.)

제3효는 정당한 자리에 있으나 위로 호응이 없다. 한 사람이 바짝 마른 얼굴을 하고 볼기에 살이 없다. 그만큼 편안히 있을 수도 없고 앞으로 빨리 걸어갈 힘도 없어 꾸물댄다. 좀 위태로운 상황이지만 큰 잘못을 저지르지는 않는다.

 구사(一): 부엌에 물고기가 없다. 나쁜 일이 일어난다.(九四, 包无魚. 起凶.)

제4효는 음의 자리에 양으로 있어 정당하지 못하다. 아래 초육과 호응하지만 그 음을 다른 양에 빼앗긴다. 부엌에서 요리에 쓸 생선이 있어야 하는데, 그것이 없다. 그러니 반드시 나쁜 일이 일어날 수밖에 없다.

 구오(一): 박달나무 잎으로 오이를 싼다. 아름다운 맛을 지녀 하늘에서 떨어져 얻은 것이 있다.(九五, 以杞包瓜. 含章, 有隕自天.)

제5효는 정당하고 가운데 자리를 차지하고 있으면서 여러 양의 기운을 통솔한다. 하나의 박달나무 잎에 싸여 있는 여러 개의 오이를 보니, 그 속에 아름다운 맛을 머금고 있다. 이는 하늘이 준 축복이다.

상구(一): 그 뿔에서 만난다. 부끄러우나 잘못되는 일은 없으리라.(上九, 姤其角. 吝无咎.)

제6효는 가장 높은 자리에 있으면서 음의 자리에 양으로 있어 정당하지 못하다. 아래의 호응도 없다. 뿔에 받치는 사람의 모습을 상징한다. 위험했고 부끄럽지만 잘못되는 일은 없다.

대비: 예방/치료의 배려

구(姤)는 '만난다'는 뜻이다. 정상적으로 자연스럽게 만나기보다는 '예의를 갖추지 않고 우연히 만난다'는 의미가 강하다. 한자로는 '해후(邂逅)'라고 할 때의 후(逅)와 같은 말이다. 한 여성이 다섯 남성에게 맞서고 있다. 이는 여성의 세력이 아주 강력함을 의미한다. 전통 사회의 입장에서 볼 때, 이와 같은 여성은 가정적이라 할 수 없다. 상당한 활동력을 가진 여성으로, 사회활동을 열심히 하여 그에 상당하는 대우를 받을 수 있는 유형이다.

다시 강조하면 구(姤)는 '우연히 만난다'는 뜻이다. 운세가 나쁜 경우에는 사기를 당하거나 각종 재난을 맞이 할 수도 있다. 큰 바람에 지붕이 날아가거나, 잘 지은 농사를 망치는 등 불상사를 당한다. 너무 많은 일을 벌여 놓은 경우에는 불어 닥치는 바람 앞에서 곧 쓰러질 것 같은 농작물처럼, 수확을 장담하지 못한다. 목표를 분명히 세우지 못하고 우왕좌왕하다가 일을 망친다. 특히, 인생에서 여자 문제로 실패가 많을 때다. 상대편 여성이 나쁜 것이 절대 아니다. 이쪽에서 무언가에 잘못 미혹되기 때문에 몸을 망친다. 집안에서는 여자들이 나대며 세력이 강하여 골치를 앓는 때다. 주변에서 달콤한 말로 꾀는 사람을 조심하라!

　현재 자신의 처지가 이 괘에 해당하는 경우, 만남의 과정에서 돌발적인 상황이 발생할 수 있다. 긍정적이건 부정적이건 만남을 통해 겪어야 하는 사건들이 많다. 만나서 문제를 협의하고 합의를 거치면서 규칙을 정해야 한다. 그런 과정에서 상당한 재화를 모우거나 높은 지위를 획득할 기회가 올 수도 있다.

45. 췌(萃☷): 무성한 모임

```
☱   兌上
☷   坤下
```

위 괘는 태(兌☱ 澤)고 아래 괘는 곤(坤☷ 地)이다.
이에 '택지췌(澤地萃)'라고 한다.

괘의 뜻

췌[萃☷ 무성한 모임]는 왕이 사당을 가지게 되었다. 훌륭한 사람을 봄이 이로우므로 형통
하다. 곧게 행동하는 것이 이롭다. 큰 제물을 써서 좋다. 갈 데가 있는 것이 이롭다.(萃,
王假有廟. 利見大人, 亨. 利貞. 用大牲吉. 利有攸往.)

임금이 여러 사람을 모아놓고 사당에서 제사를 지낸다. 왕이 사당을 가지게 되었
고, 덕망이 높은 제사장을 보는 것이 이롭고, 그만큼 모든 일이 잘 통한다. 왕은
마음을 바르게 가져야 이롭다. 소나 양, 돼지와 같은 큰 제물을 사용하여 제사 지
내면 좋다. 이렇게 하면 어디를 가든지 이로울 것이다.
 췌(萃☷)의 모습을 보면, 위 괘는 태(兌☱)고 아래 괘는 곤(坤☷)이다. 태(兌☱)
는 연못[澤]을 나타내고 곤(坤☷)은 땅[地]을 상징한다. 때문에 이 괘를 '택지췌

(澤地萃)'라고 한다. '췌(萃)'는 '취'로도 발음하며, '모이다'라는 뜻인 취(取)와 같은 의미다. 그래서 '모인다' '풀이 무성해지다'라는 말로 표출된다. 땅 위에 연못이 있어 물을 공급하는 형상이므로 땅위의 초목이 무성하게 된다. 초목이 무성한 것처럼 인간 사회에서는 사람이 많이 모이는 형국이다.

췌(萃☷)가 구(姤☴) 다음에 자리하는 논리적 이유는 의미상 아래와 같이 설명된다. 구(姤)괘는 만나는 상황이었고, 사물은 서로 만난 이후에 모이기 때문에 췌(萃)괘로 받았다. 사람이 한 곳에 많이 모이면 서로 교제하면서 활기를 띤다. 물론 그 가운데 다양한 사건이 발생할 수도 있다. 중요한 것은 모여서 엮이고 그 결속을 통해 사회를 살아간다는 점이다.

괘의 모양은 연못[兌☱: 澤]이 위에 있고 땅[坤☷: 地]이 아래에 존재한다. 연못이 땅 위에 올라가 있는 것은 물이 모여 있기 때문이다. 연못이 단순하게 땅 위에 있기보다는 연못이 땅보다 위로 올라가 있는데, 이는 한창 모이는 뜻을 담고 있다.

효의 뜻

 초육(--): 믿지만 끝까지 하지 못하고 이에 어지러워지고 그로 인해 모인다. 부르짖으면 일제히 비웃는다. 하지만 근심하지 말고 가면 잘못되는 일은 없으리라.(初六, 有孚不終, 乃亂乃萃. 若號, 一握爲笑. 勿恤, 往无咎.) 제1효는 양의 자리에 음으로 있어 정당하지 않다. 그러나 위로 구사와 호응한다. 사람들이 소와 양과 돼지를 잡아 제물을 차리려고 우왕좌왕 한다. 혼란스럽다. 소리를 부르짖는 듯하고 웃는 것 같기도 하다. 그래도 근심할 것은 없다. 제사를 지내고 일이 잘 되어 별 탈은 없다.

육이(--): 끌어당기면 좋다. 잘못되는 일은 없다. 정성이 있으면 여름 제사로 할지라도 이롭다.(六二, 引吉. 无咎. 孚乃利用禴.)

제2효는 정당한 자리에서 위로 구오와 호응한다. 위의 덕망 있는 임금이 제사 지낼 준비를 한 여러 무리를 이끌면 좋다. 그런 경우에 아무리 작은 제사일지라도 잘못되지 않고 좋다.

 육삼(--): 모이려다가 한탄한다. 하지만 이로울 것이 없다. 가면 잘못을 저지르는 일은 없지만 조금 부끄럽다.(六三, 萃如嗟如, 无攸利. 往无咎, 小吝.)

제3효는 양의 자리에 음으로 있어 정당하지 못하다. 위로 호응은 없으나 바로 위의 구사와 가까이 한다. 한 여성이 함께 제물 차릴 친구가 없어 탄식한다. 그렇게 한다고 이로울 것도 없다. 그대로 참고 나가면 나중에 남성이 도와주지만, 부끄러운 상황이다.

 구사(―): 아주 좋다. 잘못되는 일이 없다.(九四, 大吉. 无咎.)

제4효는 음의 자리에 양으로 있어 정당하지 못하다. 하지만 아래로 초육과 호응하고 육삼과 가까이한다. 재주도 있고 능력도 있는 한 남자가 위로는 임금을 가까이 하여 충성을 다하고, 아래로는 세상의 백성을 통솔한다. 그러니 아주 좋을 수밖에 없다. 아무런 잘못도 생기지 않는다.

구오(ㅡ): 모임에 지위가 있어, 그만큼 잘못을 저지를 일이 없다. 믿지 않을 경우에는 엄청나게 오래동안 곧게 행동해야 한다. 그러면 뉘우침이 없다.(九五, 萃有位, 无咎. 匪孚, 元永貞. 悔亡.)

제5효는 정당한 가운데 자리에서 아래로 육이와 호응한다. 덕망 있는 임금이 여러 신하와 백성을 거느리며 다스리니, 특별한 잘못이 없다. 사람들이 믿지 않을 경우에도 마음을 바르게 가지고 나아가므로 후회가 없다.

상육(--): 한탄하며 눈물과 콧물을 흘린다. 그만큼 잘못되는 일은 없으리라.(上六, 齎咨涕洟. 无咎.)

제6효는 정당한 자리를 차지했으나 너무 높은 곳에 있다. 슬퍼서 눈과 코에서 눈물을 흘리는 왕의 어머니 모습이다. 그래도 아래에 덕망 있는 임금의 세력에 힘입어 크게 잘못되는 일은 없다.

대비: 예방/치료의 배려

췌(萃)는 '모이다'는 뜻이다. 풀이 무성한 것처럼, 사람이나 물결이 모이는 형상이다. 나라 사람을 모우는 제왕은 종묘에 참배하여 성대한 제사를 지내고, 많은 제물을 바쳐 마음으로 조상에게 감사해야 한다. 그래야만 자신의 그런 행동을 모범으로 삼아 많은 백성이 모이고, 백성의 마음을 모아 정치를 실행해 나갈 수 있다.

나라를 다스리는 데는 인재가 가장 중요하다. 인재가 모여야 한다. 인재를 길러내고 모이게 만드는 일을 상징적으로 비유한 고사가 바로 '등용문(登龍門)'이다. 등용문은 잉어가 용문에 오르는 형상이다. 나라를 다스리는데 필요한 훌륭한 인재, 이른바 수재들이 모여든다는 의미다. 이런 시기의 운세는 아주 강하다. 췌는 '모인다'는 뜻이기 때문에 무슨 일에나 물건이 모이고 이익이 찾아온다. 따라서 사람들도 기꺼이 모여든다. 모여서 업무를 나누다 보면 계급계층이 분별되고, 중요도에 따라 지위가 높아진다. 문제는 사람이 모일 때의 상황이다. 이 시기에는 좋은 일이 있는 반면 경쟁도 심하고 분쟁도 일어나기 쉽다. 그럴 때일수록 싸우지 말고 인재를 얻을 수 있도록 사람들과 화합하는 정치력이 필요하다.

현재 자신의 처지가 이 괘에 해당하는 경우, 사람들이 모여들기 때문에 사람 사이에 필연적 경쟁이 예고된다. 그러나 이때 경쟁은 지는 게임이 아니라 이길 가능성이 매우 높다. 때문에 시험을 보면 합격하고 사업을 하면 번성한다. 지위를 다투는 경우에는 승급할 수도 있다.

46. 승(升䷭): 올라감

䷭ 坤上
    巽下

위 괘는 곤(坤☷ 地)이고 아래 괘는 손(巽☴ 風)이다.
이에 '지풍승(地風升)'이라 한다.

괘의 뜻

승[升䷭ 올라감]은 엄청나게 형통한 상황이다. 훌륭한 사람을 만나보고, 근심하지 않는다. 남쪽으로 정벌해 가면 좋다.(升, 元亨. 用見大人, 勿恤. 南征吉.)

하늘에 제사를 지내고 크게 형통할 때 제사장이나 지도자를 만나본다. 그런 만큼 근심하지 말고 남쪽을 치면 좋다. 바람이 땅 밑에서 위로 올라가고, 두 개의 양의 기운이 위로 올라가 남쪽에서 흥성하는 모습이다. 임금이 위로 하늘에 제사를 지낸다. 이때 현명한 사람을 만나볼 것이고, 그의 지도를 받아 남쪽으로 적군을 정벌하면 괜찮다.

　승(升䷭)의 모습을 보면, 위 괘는 곤(坤☷)이고 아래 괘는 손(巽☴)이다. 곤(坤☷)은 땅[地]을 나타내고 손(巽☴)은 바람[風]을 상징한다. 때문에 이 괘를 '지풍

승(地風升)'이라 한다. '승(升)'은 '승(昇)'과 같은 의미로 '오르다' '올라간다'는 뜻
이다. 단순하게 보면 땅 속에 바람이 있는 형상이다. 바람은 나무를 상징하므로,
이는 나무가 땅 속에서 움을 틔우고 무럭무럭 자라나는 모양이다. 그래서 '오르
다'는 뜻을 담보한다.

승(升䷭)이 췌(萃䷬) 다음에 자리하는 논리적 이유는 의미상 아래와 같이 설명
된다. 췌괘는 사람들이 모이는 형국이고, 승괘는 그것을 이어 모여서 올라간다.
때문에 승괘로 받았다. 사물이 쌓이고 모이면 더욱 높고 커지게 마련이다. 발전을
거듭하고 끊임없이 향상되어 나가는 속성을 보인다. 일종의 진보다.

괘의 모양은 땅[坤☷: 地]이 위에 있고 바람[巽☴: 風]이 아래에 자리한다. 나무
[바람]가 땅 아래 있으므로, 땅 속에서 나무의 싹이 나오는 모습이다. 나무가 싹
을 틔어 땅 속에서 나와 자라면서 더욱 높아지는 형상이다.

효의 뜻

초육(--): 성실하게 자라난다. 아주 좋으리라.(初六, 允升. 大吉.)
제1효는 양의 자리에 음으로 있어 정당하지 않다. 그러나 위의 구
이와 가까이 하며 위로 올라간다. 진실한 마음으로 하늘에 제사를
지내 시작이 아주 좋다.

구이(一): 정성이 있으면 이에 여름 제사를 지내도 이롭다. 잘못되는 일이 없다.(九二, 孚乃利用禴. 无咎.)

제2효는 음의 자리에 양으로 있어 정당하지 못하다. 그러나 가운데를 차지하고 위로 육오와 호응한다. 이에 정성을 담으면 여름 제사일지라도 크게 잘못되는 일은 없다.

 구삼(一): 빈 고을로 올라간다.(九三, 升虛邑.)

제3효는 정당한 자리에서 위로 상육과 호응한다. 한 사람이 제사를 지내는데, 제향할 신도 사람도 없는 빈 고을에서 지낸다. 그러니 좋을 것도 나쁠 일도 없다.

 육사(--): 왕이 기산에서 제사를 지낸다. 좋은 일인지라 잘못되는 일은 없다.(六四, 王用亨于岐山. 吉无咎.)

제4효는 정당한 자리에서 아래의 구삼을 타고 있다. 주나라 문왕이 은나라 주임금의 신하로서 자신의 영토 안에 있는 기산의 산신에게 제사를 지내는 모습이다. 그 제사는 나쁠 것도 없고 잘못될 일도 없다.

육오(--): 바르게 해야 좋고, 계단을 올라가듯이 한다.(六五, 貞吉, 升階.)

제5효는 양의 자리에 음으로 있어 정당하지 못하다. 그러나 가운데 자리를 차지하고 아래 구이와 호응한다. 주나라 문왕이 뜰의 계단에서 제사를 지내고 일을 시작하려고 한다. 이 경우에도 마음을 바르게 해야 좋다.

상육(--): 올라가는 일에 어두우므로, 쉬지 않고 곧게 행동해야 이로우리라.(上六, 冥升, 利于不息之貞.)

제6효는 정당한 자리에서 아래 구삼과 호응한다. 그러나 너무 높은 자리에 있어 더 이상 올라가면 위험하다. 아래와 소통하면서 마음을 바르게 가지면 괜찮다.

대비: 예방/치료의 배려

승(升)은 '오르다'는 뜻이다. 한자로는 승(昇)과 상통한다. 올라간다는 말은 새로운 희망을 향하여 노력하면 반드시 도달한다는 의미다. 위로 오르려는 사람은 자기의 재능과 실력을 정확하게 평가하고, 그것을 인정해주는 사람의 의견을 따를 필요가 있다. 그래야 자신의 힘을 충분히 발휘할 수 있다. 누군가 언젠가는 알아줄 날이 있을 것이니, 염려하지 말고 목표를 향해 매진하라!

'오르다'는 의미의 승은 식물이 싹을 틔워 자라는 일에 비유되기도 한다. 땅속에 묻힌 씨앗이 싹을 틔운다. 그리고 따스한 햇볕과 적절한 영양소를 공급받고 무럭무럭 성장한다. 이렇게 하여 큰 나무가 되어가는 과정이 '오르다'는 뜻을 상징한다. '오르다'가 때를 만났을 경우 기운이 솟아오른다. 지위가 승진하고 승급의 기회가 찾아온다. 재물이 불어나고 늘어난다. 그렇다고 단번에 비약하는 것은 절대 아니다. 단계를 밟아 차근차근 솟아오른다. 이런 시기에는 재능과 능력이 있었음에도 불구하고, 그 동안 눈에 띄지 않았던 사람들이 등용되는 기회가 오기도 한다. 실력을 갖추었다면, 자신의 편에 있는 인재를 적극적으로 추천할 수 있는 여건이 마련되기도 한다. 능력을 갖춘 인재를 추천하며, 윗사람이나 선배를 찾아 도움을 바랄 수 있는 좋은 기회다.

현재 자신의 처지가 이 괘에 해당하는 경우, 나무에서 움이 트고 싹이 나듯이, 조그마한 것을 쌓아 큰 것을 만들 수 있다. 희망이 가득한 상황이다. 그러나 아직은 때가 좀 이른 편에 해당한다. 이제 갓 싹을 틔웠기 때문에 제대로 자라기에는 여러 가지 위험이 뒤따른다. 그러므로 너무 조급하게 서둘지 말고, 차근차근 자신의 실력을 배양해야 한다.

47. 곤(困☵☱): 곤경에 처함

☱☵ 兌上
　　坎下

위 괘는 태(兌☱ 澤)고 아래 괘는 감(坎☵ 水)이다.
이에 '택수곤(澤水困)'이라 한다.

괘의 뜻

곤[困☵☱ 곤경에 처함]은 형통할 수 있다. 곧은 행동을 하는 훌륭한 사람이면 좋은데, 잘못 되는 일이 없기 때문이다. 말을 해도 믿지 않는다.(困, 亨. 貞, 大人吉, 无咎. 有言不信.)

곤경에 처했으면서도 형통할 수 있으므로 마음을 바르게 가져야 한다. 훌륭한 사람은 마음을 바르게 지니므로 특별한 허물이 없다. 이때는 어떤 말을 해도 믿지 않는다. 곤궁한 가운데서도 마음을 바르게 가지는 훌륭한 사람의 모습이다. 훌륭한 사람의 행동은 올바르기 때문에 특별한 잘못이 없다. 그러나 자신이 곤궁할 때는 아무리 좋은 말을 해도 사람들이 믿어주지 않는다.

　곤(困☵☱)의 모습을 보면, 위 괘는 태(兌☱)고 아래 괘는 감(坎☵)이다. 태(兌☱)는 연못[澤]을 나타내고 감(坎☵)은 물[水]을 상징한다. 때문에 이 괘를 '택수곤

(澤水困)'이라 한다. '곤(困)'은 아주 '곤란하다' '피곤하다' '힘들다'는 뜻이다. 글자의 모양처럼 사방이 갇혀 있는[口] 나무[木]다. 뻗어나가고 싶어도 꼼짝할 수 없는 절망적 형국이다. 곤경에 처했다! 연못에 물이 고여 있어야 하는데, 그 아래로 물이 모두 빠져 나가버리는 상황이다.

곤(困䷜)이 승(升䷭) 다음에 자리하는 논리적 이유는 의미상 아래와 같이 설명된다. 승(升)괘는 모여서 올라간다는 뜻인데, 올라가기만 하고 그치지 않으면 반드시 피곤해진다. 때문에 곤괘로 받았다. '승(升)'은 아래로부터 올라가는 것인데, 아래로부터 위로 올라가는 일은 힘써 나아가는 작업이다. 따라서 그치지 않으면 반드시 피곤하고 힘들기 마련이다.

괘의 모양은 연못[兌☱: 澤]이 위에 있고 물[坎☵: 水)]이 아래에 자리한다. 물이 연못 위에 있어야 연못 가운데 물이 있는 형상이 된다. 그런데 연못의 아래에 물이 있는 형상은 연못 아래로 물이 빠져버렸다. 즉 연못이 바짝 말라 물이 없는 모습이다. 이는 힘들고 어렵고 모자람을 뜻한다. 연못에 물이 없고 바닥으로 모두 스며들고 말았다.

효의 뜻

 초육(--): 엉덩이가 나무 등걸 때문에 곤경에 처했다. 어두운 골짜기로 들어가 3년 동안 만나보지 못하리라.(初六, 臀困于株木. 入于幽谷, 三歲不覿.)

제1효는 양의 자리에 음으로 있어 정당하지 못한 상태에서 구사와 호응한다. 하지만 가장 곤경에 빠질 수 있는 맨 아래에 자리하고 있다. 깊은 골짜기로 들어가다가 엉덩이가 나무 등걸에 걸려 곤란을 당하고 있다. 이런 상황에서는 3년이 되어도 구제받기 힘들다.

 구이(ー): 술과 밥을 먹기 곤란하다. 붉은색 슬갑이 한창 오고 있다. 제사를 지내는 것이 이롭다. 가면 나쁘지만 잘못되는 일은 없다.(九二, 困于酒食. 朱紱方來. 利用享祀. 征凶无咎.)

제2효는 음의 자리에 양으로 있어 정당하지 못하다. 아래로 초육과 위로 육삼의 음의 기운 가운데 빠져 곤란을 겪는다. 한 사람이 술과 밥을 먹기에도 곤란한 지경에 빠져 있지만, 얼마 지나지 않아 붉은 빛 끈을 찬 임금이 몸소 와서 인재를 등용한다. 지금은 조상에게 제사를 지낸 것이 어렵지만, 마음을 바르게 하고 기다리면 좋다. 먼저 임금에게 가서 구하면 예의에 어긋나지만, 크게 잘못되지는 않는다.

육삼(--): 돌에 치여 곤경에 처하고 가시나무에 앉아 있다. 집에 들어가도 아내를 만나보지 못한다. 그만큼 나쁘다.(六三, 困于石, 據于蒺藜. 入于其宮, 不見其妻. 凶.)

제3효는 양의 자리에 음으로 있어 정당하지 못하다. 위로 별도의 호응이 없고, 강한 구사와 가까이 하지만 구사와 구오에 막혀 있다. 발이 돌을 차서 아픈데 거기에다 가시나무에 의지하고 있다. 자기 집에 들어가 봐야 아내도 나가고 없다. 이런 상황은 최악의 곤경이다.

 구사(一): 느리게 오지만, 쇠수레 때문에 곤경에 처한다. 부끄럽지만 끝이 있다.(九四, 來徐徐, 困于金車. 吝有終.)

제4효는 음의 자리에 양으로 있어 정당하지 못하다. 아래로 초육과 호응하지만 위로는 구오에 막혀 있다. 어떤 사람이 깊은 구렁텅이에 수레가 빠져 곤경에 처했다. 훌륭한 사람이 이를 구해주려고 오지만, 수레가 고장 나서 느릿느릿 천천히 온다. 구렁텅이에 빠졌던 소인이 자기의 잘못을 뉘우치고 부끄러워한다. 하지만 결국에는 구제된다.

구오(━): 코를 베이고 발을 베이니 적색 슬갑 때문에 곤경에 처한다. 늦게는 기쁨이 있다. 제사에 쓰는 것이 이롭다.(九五, 劓刖, 困于赤紱. 乃徐有說. 利用祭祀.)

제5효는 정당하게 가운데 자리를 차지하고 있다. 그러나 아래로 호응이 없다. 코와 다리가 잘리는 형벌을 받은 것처럼 신하와 백성을 모두 잃은 임금의 모습이다. 지금은 곤란에 처해 어렵지만 나중에는 현명한 신하의 도움을 받을 것이다. 제사지낼 때와 같이 경건한 마음으로 성찰하면 좋다.

상육(--): 칡넝쿨과 위태로움 때문에 곤경에 처한다. 움직임 있을 것이라 말하고, 뉘우치고 뉘우쳤다면, 가는 것이 좋으리라.(上六, 困于葛藟于臲卼. 曰動, 悔有悔, 征吉.)

제6효는 너무 높은 자리에서 위태롭게 있다. 마치 칡넝쿨에 얽히고 위태로운 곳에서 곤란을 당하는 모습이다. 위태로움에 처해 있는 만큼, 움직일 때마다 후회막급이다. 그래도 후회를 했다면, 다시 마음을 가다듬고 정벌하러 가도 좋다.

대비: 예방/치료의 배려

곤(困)은 '곤란하다' '괴롭다' '고민하다' 등의 뜻이다. 곤경에 처해 어려움에 빠져 있는 상황이다. 현명하고 지혜로운 사람이라면 곤경에 처한 상황에서도 절도를 지키고 올바른 행동을 할 것이다. 그러나 곤란을 당하거나 어려움에 봉착하면, 아무리 진정성 있게 사실을 호소해도, 사람들이 좀처럼 믿어주지 않는다. 그래서 어려운 상황이 더욱 어렵게 꼬일 수 있다.

곤(困)은 글자 자체가 울타리 안에 나무가 있는 꼴이다. 나무가 성장하는데 적극적으로 방해를 받고 있는 상황이다. 인생에서는 뜻하지 않는 일에 방해를 받는 경우가 많다. 때문에 어떤 일을 하더라도 막히고 답답하다. 사방이 꽉 막힌 상태다. 이런 곤경에 처하면 지위가 떨어지기도 하고 심한 경우에는 직업을 잃는 수도 있다. 이런 시기에는 시간을 낭비할 틈이 없다. 어느 때보다 연구를 거듭하고 공부하여 장기전을 치를 각오를 해야 한다. 그런 자세로 나아가면 가까운 미래에 희망이 보일 것이다. '세월이 약'이라는 말이 있듯이, 때가 해결책을 가져온다. 곤경의 시기는 자신의 능력과 노력의 부족도 있지만, 기본적으로 기운이 막힌 상태다. 때문에 어느 정도는 때를 기다려 보는 것이 좋다. 기다리는 기간에 자기의 결점을 찾아내고, 새로운 기회를 모색해야 한다.

현재 자신의 처지가 이 괘에 해당하는 경우, 괴로운 일을 당하거나 어려움에 처해 있기 쉽다. 빈곤에 시달릴 수도 있고, 자신에게 합당한 본분이나 할 일을 잃었을 수도 있다. 물질적으로 정신적으로 피곤한 상황이고, 인생에서 몹시 곤란함을 당한 때다. 그러나 실망할 필요는 전혀 없다. 곤경에 처한 상황 자체가 일종의 기회일 수 있다. 어려움이 형통의 시작일 수 있다는 말이다. 마음을 바르게 갖고 실력을 기르면서 조용히 때를 기다리는 용기가 중요하다.

48. 정(井☵): 맑은 샘

☵ 坎上
  巽下

위 괘는 감(坎☵ 水)이고 아래 괘는 손(巽☴ 風)이다.
이에 '수풍정(水風井)'이라 한다.

괘의 뜻

정[井☵ 맑은 샘]은 고을을 바꾸어도 우물은 바꾸지 않는다는 의미를 함축한다. 잃는 것도 없고 얻는 것도 없다. 오고 가는 이가 우물을 사용한다. 거의 길어 올렸으나 우물에서 두레박의 줄을 모두 당기지 못하고, 두레박을 깨뜨린다. 그만큼 나쁘다.(井, 改邑不改井. 無喪無得. 往來井井. 汔至, 亦未繘井, 羸其瓶. 凶.)

맑은 샘이 솟아 나오는 우물은 삶의 필수요소다. 고을은 폐허가 되면 고치지만 거기에 있는 우물은 수리하지 않는다. 큰 손해도 없고 이익도 없다. 그냥 우물은 우물일 뿐이다. 잃은 것도 없고 얻은 것도 없다. 사람들이 가고 오면서 우물을 사용한다. 아무리 우물의 물을 마셔도 다 길러낼 수 없다. 다만 두레박이 깨지면 물을 마시지 못하므로, 그것이 나쁜 상황이다.

정(井䷯)의 모습을 보면, 위 괘는 감(坎☵)이고 아래 괘는 손(巽☴)이다. 감(坎☵)은 물[水]을 나타내고 손(巽☴)은 바람[風]을 상징한다. 때문에 이 괘를 '수풍정(水風井)'이라 한다. '정(井)'은 글자 그대로 '우물'이다. 물이 위에 있고 바람이 아래에 있다는 말은, 바람이 나무를 상징하므로, 나무로 만든 두레박이 우물 속에 있다는 뜻이다. 이는 맑은 우물물을 퍼 올려 마실 수 있는 희망을 일러준다.

정(井䷯)이 곤(困䷮) 다음에 자리하는 논리적 이유는 의미상 아래와 같이 설명된다. 곤괘는 '피곤하고 힘들다'는 의미인데, 위에서 곤란을 겪는 경우에는 그 결과가 반드시 아래로 돌아온다. 때문에 정괘로 받았다. 아래에 있는 것은 우물만한 것이 없다. 맑은 샘이 솟아 생명수를 제공하기 때문이다.

괘의 모습은 물[坎☵: 水]이 위에 있고 바람[巽☴: 風]이 아래에 자리한다. 위에 있는 감괘는 물을 나타내고 아래에 자리하는 손괘는 나무[바람]이다. 손(巽)은 '들어간다'는 의미를 담고 있으므로, 손괘가 상징하는 나무는 물을 길어 올릴 수 있도록 움푹 들어간 두레박의 모습이다. 즉 두레박으로 우물에서 물을 긷는 상황이다.

효의 뜻

 초육(--): 우물이 흙탕물이라 마시지 않는다. 묵어서 썩은 우물에는 짐승들도 찾아오지 않으리라.(初六, 井泥不食. 舊井无禽.)

제1효는 양의 자리에 음으로 있어 정당하지 못하다. 위의 구이와 가까이 하지만 위로 호응이 없다. 맑은 샘물이 솟지 않고 흙탕물이 섞인 우물은 사람이 마시지 않는다. 오래된 우물은 물을 마실 수 없는 상황이 되었기에, 짐승도 물을 마시러 오지 않는다.

구이(━): 우물이 골짜기의 물처럼 두꺼비에게 흐른다. 옹기 두레박은 깨져서 샌다.(九二, 井谷射鮒. 甕敝漏.)

제2효는 음의 자리에 양으로 있어 정당하지 못하다. 아래 초육과 가까이 하지만 위로 호응이 없다. 물이 조금 밖에 나오지 않는 우물이다. 우물 밑에 있는 작은 두꺼비 정도나 먹을 만한 적은 양의 물이다. 그런데다가 또 두레박조차 깨져 물을 기른다고 해도 새고 만다.

 구삼(━): 우물이 깨끗한데도 마시지 않는다. 나의 마음이 슬프다. 길어 올려서, 왕이 밝은 마음을 가지면 함께 그 복을 받을 것이다.(九三, 井渫 不食. 爲我心惻. 可用汲, 王明, 並受其福.)

제3효는 정당한 자리에서 상육과 호응한다. 그러나 상육이 너무 높은데 있어 별 소용이 없다. 우물을 깨끗하게 청소하여 물도 잘 나온다. 하지만 높은 곳에 있어 임금에게 드리지 못하는 것이 마음 아프다. 왕이 총명하여 이 우물의 맑은 샘물을 마시면 영원히 복을 받는다.

 육사(━ ━): 우물을 벽돌로 꾸민다. 잘못되는 일은 없다.(六四, 井甃, 无咎.)
제4효는 정당한 자리에서 위의 육오와 가까이 한다. 우물을 튼튼하게 만들고, 맑은 샘물을 보호하기 위해, 돌을 아래에서 위로 차곡차곡 쌓아 만든다. 이런 수리사업은 어떤 허물도 없다.

구오(一): 우물이 맑아, 시원한 샘물을 마신다.(九五, 井冽, 寒泉食.)
제5효는 정당한 가운데 자리에 있다. 맑은 샘물로 가득한 깨끗하고 차가운 우물이다. 마음이 깨끗해지고 덕망이 높은 임금이 마시기에 딱 맞다.

상육(--): 우물물을 길러내야 하니 뚜껑을 덮지 말라. 오랜 믿음이 있어 아주 좋으리라.(上六, 井收勿幕. 有孚元吉.)
제6효는 가장 높은 자리에 있으나 아래 구삼과 호응한다. 잘 만들어진 우물을 보니, 누구나 와서 마실 수 있다. 그러므로 우물 뚜껑을 덮어 놓지 않아야 한다. 믿을 수 있는 만큼 마실 수 있는 우물임을 알게 되면 모두가 고마움을 느끼며 행복해 할 것이다.

대비: 예방/치료의 배려

정(井)은 '우물'이다. 맑은 샘물은 일상생활에서 가장 필요한 생명수다. 우물은 누구나 사용할 수 있는 것이므로, 사람이 주거를 옮겨도 파놓은 우물은 다른 사람이 사용하도록 그냥 두고 간다. 그것이 기본 도리다. 우물의 맑은 샘물은 아무리 퍼내도 또 흘러 나와 같은 수위를 유지한다. 불어나거나 줄어들지 않는다. 맑은 샘물이 확보되었다면, 그 다음 문제는 두레박이다. 두레박이 깨지거나 줄이 끊어지면 물을 길어 올리지 못한다. 그러므로 그 우물물이 소용없게 된다.

우물의 맑은 샘물과 두레박! 중요한 것은 우물에서 물을 퍼 올리는 일이다. 물을 퍼 올리려면, 온전하게 길러서 마실 수 있게 될 때까지, 그만큼 걱정이 많고 마음을 놓을 수 없다. 맑은 샘물을 길러 온전하게 마실 때까지 항상 불안하다. 마음에서는 혼란이 일어나 뒤숭숭하다. 우물이 제대로 청소되지 않고, 샘물이 흐린 경우에 처음에는 이를 어떻게 처리해야 할지, 고심이다. 그러나 시간이 지나면서 혼탁했던 물은 가라앉고 마시기에 적합해진다. 이 맑은 물을 퍼 올리게 되므로 나중에는 점차 안심할 수 있는 상태다. 꾸준한 노력이 이런 성과를 가져온다. 우물의 장소가 변하지 않는 것처럼, 새로운 것보다 오래된 것을 지켜나가는 일이 무난하다. 인간이 살아가는 공간이 집안이나 회사 등 사회 공동체의 내부에는 상당히 어려운 문제들이 많이 있다. 그럴수록 우물물의 원리처럼 가만히 제자리를 지켜 흔들림이 없어야 한다.

현재 자신의 처지가 이 괘에 해당하는 경우, 우물의 전반적인 상태를 이해해야 한다. 우물은 물을 길러 먹을 수 있는 생명력이 부여되는 곳이다. 하지만 우물이 제 역할을 하려면 맑은 물을 유지할 수 있도록 청소도 해야 하고, 물을 잘 기를 수 있도록 두레박도 유지해야 한다. 뿐만 아니라 우물물과 두레박이 있더라도 물을 길러 올리는 수고로운 작업을 실천해야 유용하게 쓸 수 있다. 따라서 우물을 파고 청소하고 맑은 샘물을 길러 올리듯이, 자신은 물론 다른 사람을 위해 충실히 일할 자세를 지녀야 한다.

49. 혁(革☲☰): 새롭게 함

```
☱  兌上
☲  離下
```

위 괘는 태(兌☱ 澤)고 아래 괘는 리(離☲ 火)다.
이에 '택화혁(澤火革)'이라 한다.

괘의 뜻

혁[革☲☰ 새롭게 함]은 시간이 지나야 믿게 된다. 엄청나게 형통하고 곧게 행동함이 이롭다. 뉘우침이 없으리라.(革, 己日乃孚. 元亨, 利貞. 悔亡.)

세상을 바꾸는 변혁은 지금 당장은 알기 어렵다. 시간이 어느 정도 지나야 이해하고 알게 된다. 바뀐 만큼 형통하여 좋다. 하지만 마음을 바르게 지녀야 이롭고, 후회하는 일이 없다.

  혁(革☲☰)의 모습을 보면, 위 괘는 태(兌☱)고 아래 괘는 리(離☲)다. 태(兌☱)는 연못[澤]을 나타내고 리(離☲)는 불[火]을 상징한다. 때문에 이 괘를 '택화혁(澤火革)'이라 한다. '혁(革)'은 '변혁' '개혁' '혁신' '혁명' 등의 뜻을 지닌다. 쉽게 말하면 '세상을 바꾼다'는 의미다. 그래서 위에 있는 연못과 아래에 있는 불이 서로 충돌하는 형국이다. 서로 다른 성질을 지닌 것이 충돌하므로, 이 과정에서 혁명이 발생한다. 이때 혁명은 올바른 길로 바뀌어 나가는 양식으로 전개된다.

혁(革䷰)이 정(井䷯) 다음에 자리하는 논리적 이유는 의미상 아래와 같이 설명된다. 정괘에서 아래에 있는 우물은 '길러져 생명력을 부여하면 변혁하는 것'이 그 이치다. 이 때문에 혁괘로 받았다. 우물은 청소를 하지 않고 그대로 두면 더러워져 못쓰게 된다. 청소하여 바꾸어야 한다. 바꾸면 맑고 깨끗하게 된다. 그것이 변혁해야 하는 이유다.

괘의 모습은 연못[兌䷹: 澤]이 위에 있고 불[離䷝: 火]이 아래에 자리한다. 연못 속에 불이 있는 모습이다. 물과 불은 서로 없애는 상충작용을 한다. 물이 불을 없애고 불이 물을 말려, 서로 변혁하는 계기로 작용한다. 불의 성질은 위로 올라가려 하고 물의 성질은 아래로 내려가려 하므로, 이 둘이 서로 어긋나게 나아가면 상호 반목이 있을 뿐이다. 불이 아래에 있고 물이 위에 있어 서로 나아가면서 상극하여 없애려고 하기 때문에 변혁이 된다.

효의 뜻

 초구(一): 황소 가죽으로 묶으리라.(初九, 鞏用黃牛之革.)

제1효는 정당한 자리에 있으나 위로 호응이 전혀 없다. 그런 만큼 움직이지 않고 가만히 있을 뿐이다. 황소 가죽으로 물건을 묶어 감싸고 있는 것처럼, 자기 자리를 굳건하게 지키면서 세상을 바꿀 혁명의 때를 기다린다.

 육이(--): 시간이 지나야 이에 새롭게 바뀐다. 정벌하러 가는 것이 좋으니, 잘못되는 일은 없다.(六二, 己日乃革之. 征吉, 无咎.)

제2효는 정당한 자리에서 위의 구오와 호응한다. 시간이 지나 기다리던 날에 혁명을 일으킨다. 이때 혁명의 대상인 적을 정벌하러 가면 좋다. 어떤 잘못도 발생하지 않는다.

 구삼(一): 정벌하러 가면 나쁘니, 곧게 행동해도 위태롭다. 새롭게 바꾸어야 한다는 말이 세 번 일치하면, 믿음이 생긴다.(九三, 征凶, 貞厲. 革言三就, 有孚.)

제3효는 정당한 자리에서 위의 상육과 호응한다. 혁명의 과정에서 상황판단을 잘해야 한다. 때가 무르익지 않았는데 개혁의 대상을 치러 가면 좋지 않다. 마음가짐을 바르게 하여 나아간다 해도 위태롭다. 충분히 기다렸다가 혁명을 도모하는 여러 사람의 의견을 듣고, 의견일치를 본 다음에 정벌하러 가야 신뢰가 쌓인다.

구사(━): 뉘우침이 없다. 믿음이 있을 때, 혁명을 일으키면 좋다.(九四, 悔亡. 有孚改命, 吉.)

제4효는 음의 자리에 양으로 있어 정당하지 못하다. 혁명의 과정에서 후회할 일이 없고, 신뢰가 쌓여 있으면, 그 혁명이 성공할 가능성이 높다.

 구오(━): 대인이 호랑이처럼 바뀐다. 점치지 않아도 믿음이 있다.(九五, 大人虎變. 未占有孚.)

제5효는 정당하면서 가운데 자리를 차지하고 있다. 동시에 아래로 육이와 호응한다. 대인이 갑자기 왕이 된 모습이다. 나라의 미래 운명이 어떠할지 점치기 전인데도, 혁명에 감화를 받고 신뢰를 보이며 찾아오는 사람이 있다.

 상육(--): 군자는 표범같이 바뀌고, 소인은 얼굴빛을 고친다. 정벌하면 나쁘므로, 곧은 데 자리하면 좋으리라.(上六, 君子豹變, 小人革面. 征凶, 居貞吉.)

제6효는 가장 높은 자리에 있으면서 아래로 구삼과 호응한다. 가장 높은 자리에 있는 군자가 표범 같이 갑자기 왕의 아버지가 되었다. 세상 사람들이 그의 덕행을 보고 감화를 받아 복종한다. 하지만 아직 몇몇 소인이 다시 변혁을 꿈꾸며 소란을 피운다. 그렇더라도 당장 이들을 치러 가서는 안 된다. 마음을 바르게 정돈하고 자신의 자리를 지키는 것이 좋다.

대비: 예방/치료의 배려

혁(革)은 '새롭게 한다' '새롭게 바꾼다'는 말이다. 낡은 것이 새로운 것으로 옮아 가는 과정이다. 그 과정은 정상적인 절차와 도리를 밟아 나가야 하며, 하나의 결정적 전환을 통해 변화가 이루어져야 한다. 기존의 미숙한 점을 개선하고, 미래를 성숙하게 지향해야 한다. 그래야 혁명의 성과를 기대할 수 있다.

'새로 바뀐다'는 의미의 변혁이나 혁명의 상징은 사계절의 변화에서 그 단초를 찾을 수 있다. 인간의 삶에서 사계절은 어디에 비유할 수 있는지 고려하면, 혁명의 시기를 충분히 탐구할 수 있다. 기존의 것, 과거의 것이라고 하여 무조건 혁명의 대상이 되는 것은 결코 아니다. 예컨대, 같은 조직의 선배나 연장자가 하는 일이 오래된 것이라고 무조건 나쁜 것만은 아니라는 말이다. 그러나 상황과 때의 흐름, 시대 추세를 거역할 수 없는 것처럼, 젊은 세대의 새로운 의견은 충분히 고려할 필요가 있다. 그래야만 시대를 개척하는 동시에 새로운 국면을 정착할 수 있다. 새로운 사태를 받아들인다는 것은 그리 쉬운 일이 아니다. 자칫하면 실패하기 쉽다. 그만큼 충분히 익숙한 때가 다가온 다음에 새것으로 바꿀 혁명을 개시해야 한다. 인간의 삶에는 새롭게 바꾸어야 할, 교체해야 할 것이 많다. 문제는 시기다. 취업이나 결혼, 진급 등등 인사 교류의 문제가 심각하다. 현재 진행하고 있는 각종 사업도 변경이 많다. 일은 생기고 사라지고 또 생기고 사라진다. 이 굴절과 결절점이 변혁을 일러주는 일종의 시계다.

현재 자신의 처지가 이 괘에 해당하는 경우, 생활에 변화가 올 수 있다. 여러 차원에서 삶의 환경이 바뀐다. 현재 진행하고 있던 일이 방향 전환을 하여 자기

개혁을 꾀하고, 가정생활에서 결혼이나 입양 등을 통해 새 식구를 맞이할 수도 있다. 직장에서 다른 부서로 이동하거나 다른 직장으로 옮겨 갈 수도 있다. 이전 생활을 정돈하고 새로운 삶의 활력을 찾을 때다. 그것은 개인이건 사회 공동체건, 국가건, 인류사회 전체건, 마찬가지 논리가 적용된다.

50. 정(鼎☲): 익혀 나감

```
☲    離上
☴    巽下
```

위 괘는 리(離☲ 火)고 아래 괘는 손(巽☴ 風)이다.
이에 '화풍정(火風鼎)'이라 한다.

괘의 뜻

정[鼎☲ 익혀 나감]은 엄청나게 형통할 수 있다.(鼎, 元亨.)

솥은 불과 바람이 화합하여 그 속에 들어 있는 모든 물건을 변화시키는 도구다. 모든 물건을 익혀서 다음 단계로 나아간다는 의미에서 아주 좋다. 크게 형통하는 상황이다.
　정(鼎☲)의 모습을 보면, 위 괘는 리(離☲)고 아래 괘는 손(巽☴)이다. 리(離☲)는 불[火]을 나타내고 손(巽☴)은 바람[風]을 상징한다. 때문에 이 괘를 '화풍정(火風鼎)'이라 한다. '정(鼎)'은 음식물을 익혀 먹는 데 사용하는 '솥'을 말한다. 솥 가운데서도 발이 세 개 달린 솥이다. 발이 세 개 달린 솥은 그만큼 안정 되어 있음을 뜻한다. 손괘는 나무를 나타내고, 리괘는 여기에 불을 붙여주는 형국이다. 그러므로 나무와 불이 서로 합작하여 일이 순조로움을 나타낸다.

정(鼎☲☴)이 혁(革☱☲) 다음에 자리하는 논리적 이유는 의미상 아래와 같이 설명된다. 혁괘는 사물을 변혁하는 일인데, 이는 솥의 역할만한 것이 없다. 따라서 정괘로 받았다. 솥은 날 것을 익혀 변화시키고, 딱딱한 물건을 부드럽게 전환시켜 새롭게 만든다. 물과 불은 함께 있을 수 없는 것인데, 서로 합쳐 쓰이게 하여 서로 해를 끼치지 않게 할 수 있다. 이때 사물은 변한다. 그러므로 정괘가 혁괘 다음에 있다.

괘의 모양은 불[離☲: 火]이 위에 있고 바람[巽☴: 風]이 아래에 자리한다. 괘 전체로 보면, 가장 아래에 있는 음효(--)는 솥 아래에 달린 발이고, 가운데 가득 찬 세 개의 양효(—)는 솥의 배다. 이는 사물을 받아 솥 안에 둔 모습이다. 그 위에 있는 음효(--)는 솥의 귀고, 맨 위에 양효(—)는 솥의 고리다. 위 괘와 아래 괘로 나누어 보면, 가운데 비어 있는 괘[☲]가 위에 있고, 발이 달린 괘[☴]가 아래에서 받치고 있다. 이 모두가 솥의 모습이다.

효의 뜻

초육(--): 솥의 발이 넘어졌으나 나쁜 것을 쏟아내어 이롭다. 첩을 얻어 자식까지 두었으나, 잘못되는 일은 없으리라.(初六, 鼎顚趾, 利出否. 得妾以其子, 无咎.)
제1효는 아래 괘의 맨 아래에서 위의 구사와 호응한다. 물건을 모두 삶아 낸 후에 거꾸로 세워 놓은 솥이다. 그 솥 밑에 붙어 있던 찌꺼기는 긁어내면 좋다. 그리고 아들에게 새 아내를 얻게 하여 아들을 낳게 하면, 그것이 잘못된 일은 아니다.

구이(━): 솥에 내용물이 있다. 나의 원수에게는 질병이 있지만, 나에게 오지 못하게 하면 좋다.(九二, 鼎有實. 我仇有疾, 不我能即, 吉.)

제2효는 정당한 자리에 있는 것은 아니지만 아래 초육과 가까이 하고 위로 육오와 호응한다. 물건이 들어 있는 솥을 보니 좋다. 그런데 자신에게 가까이 다가오는 아래의 여성은 질병이 있으니 멀리하라. 위의 높은 자리에 있는 여성에서 충성을 다하는 것이 낫다.

 구삼(━): 솥의 귀가 바뀌어, 그 나아감이 막힌다. 그래서 살찐 꿩고기를 먹지 못한다. 하지만 화합하여 비가 내리고, 뉘우침이 없어져 마침내 좋다.(九三, 鼎耳革, 其行塞. 雉膏不食. 方雨虧悔, 終吉.)

제3효는 정당한 자리에 있으나 위로 호응이 없다. 솥의 귀가 달라졌다는 것은 그 작용에 이상이 생겼다는 말이다. 맛있는 꿩고기가 있어도 솥의 귀를 잡고 뚜껑을 열 수 없으니, 먹지 못하는 상황이다. 그러나 상구의 가장 높은 자리에 있는 분과 화합할 수만 있다면, 하늘에서 비가 내리는 것처럼, 처음에는 뉘우쳤지만 끝내는 좋은 일이 생길 것이다.

 구사(━): 솥 다리가 부러져, 공에게 바칠 음식이 쏟아졌다. 형벌이 무거우니, 나쁘다.(九四, 鼎折足, 覆公餗. 其形渥, 凶.)

제4효는 음의 자리에 양으로 있어 정당하지 않다. 그러나 아래 초육과 호응한다. 솥 다리가 부러질 정도로 음식을 차려 놓고, 위의 높은 자리에 있는 여인을 받들지 않고, 아래의 다른 여인과 마음이 맞아 서로 놀아난다. 그러다가 음식을 모조리 엎질러 놓고 쩔쩔매는 상황이다.

육오(--): 솥의 누런 귀는 금으로 만든 고리다. 곧게 행동함이 이롭다.(六五, 鼎黃耳, 金鉉. 利貞.)

제5효는 양의 자리에 음으로 있어 정당하지 못하다. 그러나 아래 구이와 호응한다. 금으로 솥의 귀를 만들었으니 그만큼 귀한 사람을 상대한다. 이에 마음을 바르게 가지면 괜찮다.

상구(一): 솥에 옥으로 만든 고리가 있다. 아주 좋고, 이롭지 않음이 없다.(上九, 鼎玉鉉. 大吉无不利.)

제6효는 가장 높은 자리에서 아래의 육오와 가까이 한다. 옥으로 만든 솥의 고리를 만들었으니 그만큼 귀한 대접을 받는다. 최고의 대우이자 좋은 일로 가득하다.

대비: 예방/치료의 배려

정(鼎)은 발이 세 개 달린 무쇠 솥이다. 안정된 상태에서 물건을 받치고 있다는 뜻이다. 세 개의 발은 협력인 동시에 안정을 가리킨다. 정치적으로 보면, '왕-제후-어진 신하'의 세 사람은 솥의 발 세 개에 해당한다. 이들이 모여서 잔치를 베풀고 즐겁게 담소하며 의견을 나누는 모습이 솥의 발이다. 그래서 세 사람이 솥의 발처럼 벌려 마주앉아 하는 이야기를 '정담(鼎談)'이라 한다. 세 세력이 솥발처럼 벌려 선다는 의미의 '정립(鼎立)'도 여기에서 나온 말이다.

정(鼎)은 안정감과 충실감으로 충만한 상태다. 물질적 재력이나 정신적 지능, 토대나 기반이 되는 자질의 3박자가 조화를 이루어 무슨 일이건 안정적으로 이행할 수 있는 시기이기도 하다. 그렇다고 혼자서 일을 독점해서는 안 된다. 솥의 세 발처럼 다른 사람의 힘을 빌려 서로 이익을 나누는 아량을 지녀야 한다. 혼자서 일을 해 나가려는 독단주의나 이기주의는 궁극적으로 실패한다.

현재 자신의 처지가 이 괘에 해당하는 경우, 나무가 불을 따르는 것이 괘의 의미이므로, 나무가 불에 타는 모습이 된다. 따라서 솥으로 음식을 삶고 익히는 뜻을 충분히 고려해야 한다. 나무에 불이 붙어 타고 있는 것처럼 모든 일이 순조로울 수 있다. 주변 사람들과 화합하면 어떤 일을 하건 성공할 수 있는 것처럼 보인다.

51. 진(震☳☳): 떨쳐 일어남

☳
震上
震下

위 괘도 진(震☳ 雷)이고 아래 괘도 진(震☳ 雷)이다.
이에 '진위뢰(震爲雷)'라고 한다.

괘의 뜻

진[震☳ 떨쳐 일어남]은 형통할 수 있다. 천둥이 칠 때 두리번거리거나, '히히' 하고 웃으
며 떠들어 댄다. 천둥소리가 100리까지 놀라게 해도, 국자와 울창주를 떨어뜨리지 않는
다.(震, 亨. 震來虩虩, 笑言啞啞. 震驚百里, 不喪匕鬯.)

아래위 모두에서 우렛소리가 진동한다. 우르릉 쾅쾅대는 만큼 모든 일이 시원하
게 통할 것이다. 천둥소리가 울리면 사람들은 두려워하기 마련이다. 그러나 조금
있다가 천둥소리가 그치면 사람들은 안심하면서 일상으로 돌아와서 다시 '히히'
거리며 웃는다. 천둥소리가 100리 밖까지 들릴 정도로 놀라게 하더라도, 제사를
지낼 때 사용하는 도구나 제물을 망가 뜨려서는 안 된다.

　진(震☳)의 모습을 보면, 위 괘와 아래 괘가 모두 진(震☳)이다. 진(震☳)은 우

레[雷]을 상징한다. 때문에 이 괘를 '진위뢰(震爲雷)'라고 한다. 위아래에서 우렛소리가 우르릉 쾅쾅대며 연거푸 일어나는 형상이다. 천둥번개가 동반되는 우렛소리는 사람을 공포에 떨게 만든다. 천둥소리 자체가 무서움의 대상이다.

진(震䷲)이 정(鼎䷱) 다음에 자리하는 논리적 이유는 의미상 아래와 같이 설명된다. 정괘는 솥을 나타내는데, 솥은 인간 사회에서 중요한 기물(器物)에 속한다. 이 기물을 주관하는 사람은 집안의 경우, 그 집안을 책임지고 나가는 맏아들만한 사람이 없다. 진괘는 맏아들을 나타내고 솥은 기구이기 때문에 기구를 주관하는 뜻을 취하여 정괘의 뒤를 이었다. 맏아들은 나라와 집안을 이끌어가는 미래의 지도자이기 때문에 주요기구를 주관하는 주인이 된다.

괘의 모습은 위아래에 모두 우레[震☳: 雷]가 자리한다. 즉 우레가 위아래에서 연속적으로 소리를 낸다. 하나의 양(—)이 두 음(--)의 아래에서 생겨나 움직이며 올라간다. 움직이며 오르는 것이 진(震)이다. 그런데 움직인다고 직접적으로 말하지 않았다. 그것은 진(震)에 '떨쳐 나오면서 떨며 두려워하는' 뜻이 있기 때문이다. 건(乾☰)괘와 곤(坤☷)괘가 교제하여, 첫 번째 교합으로 이루는 것이 진(震☳)괘다. 낳은 것 가운데 제일 크므로 장남을 상징한다. 그 모습이 우레고 그 뜻은 움직임이다. 그러므로 우레에는 진작하고 분발하는 형상이 있다. 떨쳐 일어나는 모습이다.

효의 뜻

 초구(一): 천둥이 칠 때 두리번거린다. 뒤에 '히히' 하고 웃으며 말하니, 좋으리라.(初九, 震來虩虩. 後笑言啞啞, 吉.)

제1효는 정당한 자리에서 강한 기운을 내뿜는다. 우렛소리가 진동해 올 때 사람들은 두려워하며 어쩔 줄 몰라 해 한다. 그러나 우렛소리가 그치면 일상으로 돌아와 안심하고 히히 거리며 웃는다. 이제 별 탈이 없다.

 육이(--): 천둥 치는 것이 위태롭다. 돈을 잃는데도 가장 높은 언덕으로 올라간다. 쫓아가지 말라. 7일 만에 얻는다.(六二, 震來厲. 億喪貝, 躋於九陵. 勿逐. 七日得.)

제2효는 아래에서 강하게 올라오는 초구와 가까이 있어 위태롭다. 우렛소리를 듣고 사람들이 두려워하며 떨고 있다. 집을 비롯하여 여러 재산을 잃을까 높은 언덕에 가서 망을 본다. 그렇다고 집을 비운 틈을 이용하여 물건을 훔쳐가는 도둑을 쫓아가지는 말라. 가만있어도 일주일 쯤 지나면 자연스럽게 그것이 되돌아온다.

육삼(--): 천둥 때문에 겁나고 불안하다. 두려워하면서 가면 잘못은 없다.(六三, 震蘇蘇. 震行无眚.)

제3효는 양의 자리에 음으로 있어 정당하지 못하다. 그러나 위의 구사와 가까이 하려 한다. 우렛소리를 듣고 무서워 떤다. 지금 두렵지만 정당한 자리를 찾게 되면 점차 재앙이 사라질 것이다.

구사(一): 천둥소리가 줄어든다.(九四, 震遂泥.)

제4효는 아래의 육삼과 위의 육오 두 음의 기운 사이에 빠져 있다. 그래서 얼마 지나지 않아 우렛소리가 줄어든다.

육오(--): 천둥이 가고 옴에 위태롭다. 하지만 잃는 것이 없고 일삼는 것이 있다.(六五, 震往來厲. 億無喪有事.)

제5효는 양의 자리에 음으로 있어 정당하지 못하다. 하지만 가운데 자리에서 아래 구사와 가까이 한다. 우렛소리로 꼼짝하지 못하고 있는 사람이 자신의 자리에서 균형을 잡고 있으면 특별히 나쁜 일은 생기지 않는다.

상육(--): 천둥 때문에 두려워 두리번거리며 보고 있으니, 가면 나쁘다. 천둥이 제 몸에 치지 않고 그 이웃에 친다고 하면, 잘못되는 일은 없다. 혼인한 사람들이 수군거릴 것이리라.(上六, 震索索, 視矍矍, 征凶. 震不于其躬, 于其鄰, 无咎. 婚媾有言.)

제6효는 음의 기운이 가장 높은 자리에 있어 위태롭다. 조금만 더 나아가면 떨어지고 만다. 우렛소리가 진동할 때 두렵지만 더 이상 몸을 떨면 위험하다. 스스로 조절하면서 객관성을 유지하라. 그러면 큰 탈은 없다. 주변에서도 여러 가지로 충고하며 경계하는 말을 해줄 것이다.

대비: 예방/치료의 배려

진(震)은 '천둥' '우레'를 뜻한다. 인간관계에서는 집안일을 전반적으로 주관하는 장남을 의미한다. 여러 사람이 한 자리에 모여 제사를 지낼 때, 갑자기 천둥이 치면 놀란다. 하지만 한 집안을 통솔하는 장남은 침착하게 행동하여 천둥소리로 놀란 집안사람들을 안정시켜야 한다. 이 천둥은 소리만 요란스러울 뿐, 인간에게 직접적 위해를 가하지는 않는다. 그러기에 놀랐던 사람도 천둥소리가 그치면서 일상의 웃음을 되찾고 즐거워한다. 침착하고 냉정하게 거동하면 어떤 일이 일어나더라도 무사히 지낼 수 있다.

진(震)은 '분투한다'는 의미가 있다. 떨쳐 일어나 싸운다는 말이다. 힘을 내어 분발하면 어떤 일이건 수행해 갈 수 있다. 나쁜 의미로 본다면 천둥은 소리만 요란하고 형태가 없다. 허세나 허풍만 부리는 꼴이다. 이는 어떤 일을 할 때, 내용이 없다는 의미와도 상통한다. 그런 경우, 변화가 많은 때는 실행으로 옮기기 힘들다. 알맹이가 없는 데 뭘 한단 말인가!

현재 자신의 처지가 이 괘에 해당하는 경우, 우레가 거듭 치는 형국에서처럼, 크게 놀랄 수 있다. 하지만 우레는 소리만 클 뿐, 소리에 비해 피해가 거의 없는 편이므로 피해를 입지는 않는다. 이에 비유해 보면, 큰일을 한답시고 덤벙대기는 하지만 소득이 없을 수도 있다. 인간사회에서도 천둥소리와 같은 허세나 헛기운이 다가오더라도 무서워하거나 미리 겁먹을 필요가 없다. 자세히 관찰하고 그 본질을 파악하여 침착하게 대응하면 그만이다. 사태의 본질을 알고 나면 평온한 일상으로 돌아갈 수 있다.

52. 간(艮☶☶): 머무름

☶☶ 艮上
    艮下

위 괘도 간(艮☳ 山)이고 아래 괘도 간(艮☳ 山)이다.

이에 '간위산(艮爲山)'이라 한다.

괘의 뜻

간[艮☶☶ 머무름]은 등에 멈춰 몸을 얻지 못하는 상황이다. 뜰을 다니면서도 사람을 보지 못한다. 그래도 잘못되는 일은 없다.(艮其背, 不獲其身. 行其庭, 不見其人. 无咎.)

사물과 등지고 있는 사람의 모습이다. 사물을 보아야 할 눈이 등 뒤에 머물러 있으면 물건을 몸에서 체득할 수 없다. 뜰에 나가 걷더라도 사람을 보지 못한다. 이 과정에서 외부의 사물과 접촉하지 않고 개인적인 욕심이 없으므로, 잘못되는 일은 없다.

간(艮☶☶)의 모습을 보면, 위 괘와 아래 괘가 모두 간(艮☳)이다. 간(艮☳)은 산(山)을 상징한다. 때문에 이 괘를 '간위산(艮爲山)'이라 한다. 위아래에서 산과 산으로 겹겹이 둘러 싸여 있는 형상이다. 산은 움직이지 않고 육중하게 앉아 있으므로 중후한 모양이다.

간(艮☶)이 진(震☳) 다음에 자리하는 논리적 이유는 의미상 아래와 같이 설명된다. 진괘는 우레가 연달아 치는 움직임을 나타낸다. 그런데 어떤 것도 끝까지 움직일 수는 없다. 멈추거나 머무르기 마련이다. 간괘는 멈춤이나 머무름을 상징하기 때문에 그 다음에 자리한다. 움직임과 고요함은 서로 말미암는데, 움직이면 고요함이 있고 고요하면 움직임이 있다. 어떤 것도 항상 움직이기만 하는 이치는 없다. 때문에 간괘가 진괘 다음에 있다.

괘의 모양은 산[艮☶: 山]이 위아래로 중첩되어 있는 형상이다. 얼핏 보면 가만히 앉아 멈추거나 머물러 있다. 그런데 간을 '멈춤'이나 '머무름'라 하지 않은 것은, 산의 모습을 하고 있어 안정되고 무거우며, 견고하면서도 꽉차 있는 의미 때문이다.

효의 뜻

 초육(--): 발꿈치에 머물러 있다. 그렇다고 잘못되는 일은 없다. 오래도록 곧게 함이 이로우리라.(初六, 艮其趾. 无咎. 利永貞.)

제1효는 양의 자리에 음으로 있어 정당하지 못하다. 올라가려 해도 맨 아래에 있어 움직일 수 없다. 걸어 나가려는 힘이 발가락에만 머물러 있어 어디를 가려고 해도 갈 데가 없다. 그 자리에서 발가락만 움직이고 있으면 크게 잘못되는 일은 없다. 오랫동안 마음을 바르게 가져야 몸에 좋다.

육이(--): 장딴지에 머물러 있다. 따르는 것을 구원하지 못하니, 그 마음이 시원하게 뚫리지 않는다.(六二, 艮其腓. 不拯其隨, 其心不快.)

제2효는 정당한 자리에 있으나 위의 구삼에게 막혀 올라가지 못한다. 종아리를 제대로 움직이지 못하여 발가락을 들 수 없다. 그만큼 마음이 편안하지 않다.

 구삼(ー): 몸의 가운데 경계에 머물러 있다. 등골을 못 쓰게 벌려놓으니, 위태하여 마음을 애태운다.(九三, 艮其限. 列其夤, 厲薰心.)

제3효는 양의 자리를 정당하게 차지하고 있다. 가운데 넓적다리에 힘이 없어 몸의 중간 부분인 허리를 제대로 쓰지 못한다. 척추를 움직이지 못하니 위태하여 마음만 애태운다.

 육사(--): 몸에 머물러 있다. 그렇다고 잘못을 저지르는 일은 없다.(艮其身. 无咎)

제4효는 정당한 자리에 있으면서 아래 구삼의 양의 기운을 타고 있다. 힘이 몸에 머무른다. 머물러 있을만한 자리에 있다. 이런 경우에 잘못되는 일은 없다.

육오(--): 광대뼈에 머물러 있다. 말에 순서가 있으니, 뉘우침이 없어진다.(六五, 艮其輔. 言有序, 悔亡.)

제5효는 양의 자리에 음으로 있어 정당하지 못하다. 그러나 가운데 자리를 차지하고 상구와 가까이 한다. 두 볼에 힘이 있어 말을 조리 있고 순서에 맞게 한다. 그만큼 후회가 적어진다.

상구(一): 돈독하게 머물러 있어, 좋으리라.(上九, 敦艮, 吉.)

제6효는 음의 자리에 양으로 있어 정당하지 못하다. 가장 높은 자리에서 아래 육오를 타고 있다. 가장 높은 자리지만 독실하게 머물러 있어 괜찮은 상황이다.

대비: 예방/치료의 배려

간(艮)은 '머무르다' '멈추다'는 뜻이다. 머물러 있으므로 움직이지 않는다. 자신에게 다가오지 않는다. 그냥 그렇게 멈추어 지키고 있을 뿐이다. 그러므로 아무도 없는 곳에서는 쓸데없이 행동을 유발할 필요가 없다. 특별한 효과나 공로를 구하지 말라! 좋은 의미에서 일을 하고 움직이기 위해 경거망동하지 말라! 행동을 삼가며 조용하게 자신을 돌아보는 것이 좋다. 산이 높이 솟아 움직이지 않는 것처럼, 인자요산(仁者樂山)의 마음으로, 고상한 정신과 부동(不動)의 마음이 중요한 시기다.

간(艮)을 맞이한 경우, 때가 올 때까지 움직이지 말고 기다려야 한다. 간은 산을 상징하고 움직이지 않는다는 뜻이다. 그런 만큼 함부로 움직여 나가지 말아야 한다. 움직이면 움직일수록 삶이 흔들리고 일이 불리해진다. 재산을 탕진하고 몸을 상하게 만든다. 지금까지 친하게 지내던 여러 사람들과 헤어지는 일이 생길 수도 있고, 친구와 대립하는 일이 생길 수도 있다. 신속하게 임기응변을 발휘하여 일처리를 하지 못하기 때문에 손해를 보는 입장에 놓일 수도 있다. 너무 느리거나 지나치게 꼼꼼한 자세는 오히려 손해를 유도한다.

현재 자신의 처지가 이 괘에 해당하는 경우, 산처럼 굳은 신념을 갖고 기회를 기다려야 한다. 산은 제 자리에 멈추어 있으며 움직이지 않는다. 그만큼 능동적으로 나서지 않는다. 또한 적극적으로 행동하지도 않는다. 산처럼 무겁고 굳세게 열심히 일해 나가면, 성과가 보일 수 있다.

53. 점(漸☴☶): 순서를 밟아감

```
☴  巽上
   艮下
```

위 괘는 손(巽☴ 風)이고 아래 괘는 간(艮☶ 山)이다.
이에 '풍산점(風山漸)'이라 한다.

괘의 뜻

점[漸☴☶ 순서를 밟아감]은 여자가 시집가는 경우에 좋다. 곧게 행동하는 것이 이롭다.(漸, 女歸吉. 利貞.)

점은 바람이 불어 산 위로 점차 올라가는 상황이다. 처녀가 시집을 가면 아주 행복하다. 하지만 마음을 바르게 가져야만 이롭다.

점(漸☴☶)의 모습을 보면, 위 괘는 손(巽☴)이고 아래 괘는 간(艮☶)이다. 손(巽☴)은 바람[風]을 나타내고 간(艮☶)은 산(山)을 상징한다. 때문에 이 괘를 '풍산점(風山漸)'이라 한다. '점(漸)'은 점차적으로 또는 점진적으로 '순서를 밟아 앞으로 나아가다'는 뜻이다. 바람이 산 위에 있는 형상인데, 이때 손괘의 바람은 나무를 나타낸다. 그러므로 산 위에서 나무가 서서히 자라나고 있는 형국이다.

점(漸☲☴)괘가 간(艮☶☷)괘 다음에 자리하는 논리적 이유는 의미상 아래와 같이 설명된다. 간괘는 멈춤을 나타내고 그친다는 의미인데, 어떤 사물이건 끝까지 멈추거나 그친 상태로 존재할 수는 없다. 멈추었다가 반드시 점차적으로 나아간다. 때문에 점괘로 받았다. 인간 사회의 일은 멈추면 멈춘만큼 견디다가 다시 나아가게 마련이다. 이것이 굽히고 펼쳐지는 이치다. 멈추게 되는 것 또한 점차적으로 나아가기 위해서고, 그 반대도 또한 점차적으로 나아가기 위해서다. 나아가는 것을 순서대로 하는 것이 점괘가 보여주는 '점차적 진입'이다. 점차적 진입은 천천히 느리게 나아가는 상황이다. 나아가기를 순서에 따라 하여 차례를 뛰어넘지 기 때문에 느리다.

괘의 모양은 바람[巽☴: 風]이 위에 있고 산[艮☶: 山]이 아래에 자리한다. 손괘의 바람은 나무를 상징하므로 산 위에 나무가 있는 모습이다. 나무가 높이 서 있는 것처럼 보이는 이유는 산이 든든한 밑바탕이 되기 때문이다. 높은 산이 바탕으로 자리하는 것은 그 나아감, 즉 나무가 서서히 자라나는 일의 근거로 작용해서다. 천천히 자라나는 순서에 의거하고 있기에 점차적 진입이라 한다.

효의 뜻

초육(--): 기러기가 점차로 물가에 나아간다. 어린 아이가 위태롭다. 약간의 말썽은 있으나 잘못을 저지르는 일은 없으리라.(初六, 鴻漸于干. 小子厲. 有言无咎.)

제1효는 양의 자리에 음효가 있어 정당하지 못하다. 하지만 위로 올라가려는 기운이 있다. 어린 기러기가 꾸르륵 소리를 내며 물가로 다가간다. 어린 새끼이므로 위태롭다. 사람들로부터 경계하는 말도 있기에 잘못되는 일은 없다.

육이(--): 기러기가 반석에 점차로 나아간다. 먹고 마시는 것이 즐겁고 즐겁다. 그만큼 좋다.(六二, 鴻漸于磐. 飮食衎衎, 吉.)

제2효는 정당한 가운데 자리에서 위로 구오에 호응한다. 그만큼 안전하게 평평한 바위로 올라가는 기러기다. 사람들이 안전한 곳에서 먹고 마시며 즐기는 상황과 같고, 편안하다.

구삼(一): 기러기가 육지로 점차로 나아간다. 남편이 가면 돌아오지 않고, 부인은 잉태하면 기르지 못한다. 나쁘다. 도적을 막는 것이 이롭다.(九三, 鴻漸于陸. 夫征不復, 婦孕不育. 凶. 利禦寇.)

제3효는 아래 괘의 맨 위에 있어 조금 지나치게 나아갔다. 위로 호응도 없다. 멀리 육지까지 나아간 기러기다. 남자의 경우 멀리까지 정벌하러 가서 다시 돌아오지 못하고, 여자의 경우 아기를 임신해도 키우기 어려운 상황이다. 좋지 않다. 남자는 밖으로 멀리 가지 말고 집안에서 도둑을 막는 것이 낫다.

 육사(--): 기러기가 나무로 점차로 나아간다. 간혹 그 평평한 가지를 얻으므로, 잘못되는 일은 없다.(六四, 鴻漸于木. 或得其桷, 无咎.)

제4효는 정당한 자리에서 위로 구오와 가깝다. 기러기가 차츰 나무 위로 올라가는 모양이다. 나무 가지 가운데 좀 평평한 것을 골라 깃들었다. 그만큼 잘못될 일이 없다.

구오(━): 기러기가 높은 언덕에 점차로 나아간다. 부인이 3년 동안 잉태하지 못했으나, 끝내 이길 수는 없다. 결국은 좋다.(九五, 鴻漸于陵. 婦三歲不孕, 終莫之勝, 吉.)

제5효는 정당한 가운데 자리를 차지하고 있다. 그러나 아래로 구삼과 육사에 막혀 있다. 언덕으로 날아가는 기러기이므로 끝내는 괜찮다. 부인의 경우. 남편을 가까이 하는 다른 여자와 또 자기와 가까운 다른 남자의 방해로 3년 동안 남편을 못 만나서 아기를 가질 수 없는 형국이다. 하지만 결국은 그들이 막지 못하므로 좋아진다.

 상구(━): 기러기가 허공에 점차적으로 나아간다. 그 깃털을 의식에 사용할 만하니, 좋으리라.(上九, 鴻漸于陸. 其羽可用爲儀, 吉.)

제6효는 음의 자리에 양으로 있어 정당하지 못하지만. 가장 높은 곳에 자리한다. 그만큼 공중으로 날아가는 기러기다. 공중으로 날아가고 떨어지는 깃털은 의식을 행할 때 장식물로 사용하기에 충분하다. 괜찮다.

대비: 예방/치료의 배려

점(漸)은 '천천히 나아가다'는 말이다. 그냥 느리게 나아가기보다는 '순서를 밟아' 천천히 나아간다. 특히, '여자가 순서에 의거하여 정식으로 결혼을 한다'는 뜻이다. 그것을 기러기의 일상에 비유했다. 기러기는 물가에서 바위로 오르고, 바위에서 육지로 나아가며, 나무 위로 올랐다가, 다시 언덕이나 산 위로 나아간다. 그리고는 허공을 박차 올라 높은 구름 속으로 날아간다. 그 모습이 순서를 밟아 차근차근 나아가는 대표적 사례다. 이처럼 인간도 일을 처리해 나갈 때 순서를 밟아 하나하나 방침을 세울 때다.

점은 산 위에서 나무가 착실하게 자라나는 것을 가리킨다. 묘목을 심으면 자라 큰 나무가 되어 산을 푸르게 만든다. 그것은 점진적이고 점차적인 발전이다. 지금까지 불우했던 사람들도 너무 걱정할 필요가 없다. 다시 하나씩 전개해가면 된다. 지금부터 새로운 미래를 향해 제일보를 내딛고, 순서를 밟아 차근차근 전진하면 된다. 그것이 희망이다. 이제부터 시작이고, 시작 단계에서 기초가 잡혀가는 과정이므로, 무모한 전진은 삼가야 한다.

현재 자신의 처지가 이 괘에 해당하는 경우, 어떤 일을 하건 점진적 차례, 즉 순서를 중시해야 한다. 아무리 큰 이익이나 성공이 눈앞에 보이더라도 차근차근 노력해야 한다. 기러기 무리가 처음에는 물에서 놀다가 바위로 올라와서 육지로 날고 그 다음에는 나뭇가지에 앉았다가 산 위로 날고, 하늘의 구름 속으로 날아올라 가듯이, 차례대로 질서를 이루며 날아가듯이, 삶을 재 정돈하며 성찰해야 한다.

54. 귀매(歸妹䷵): 결혼의 의미

䷵　震上
　　兌下

위 괘는 진(震☳ 雷)이고 아래 괘는 태(兌☱ 澤)다.
이에 '뇌택귀매(雷澤歸妹)'라고 한다.

괘의 뜻

귀매[歸妹䷵ 결혼의 의미]는 여자가 시집가는 일이다. 함부로 가면 좋지 않고, 이로울 게 없다.(歸妹, 征凶, 無攸利.)

어린 소녀가 늙은 남자에게 시집가는 형상이다. 정당하지 않은 상황에서 시집을 가면 나쁘게 될 수 있다. 그만큼 이로움이 없다

　귀매(歸妹䷵)의 모습을 보면, 위 괘는 진(震☳)이고 아래 괘는 태(兌☱)다. 진(震☳)은 우레[雷]를 나타내고 태(兌☱)는 연못[澤]을 상징한다. 때문에 이 괘를 '뇌택귀매(雷澤歸妹)'라고 한다. '귀(歸)'는 '돌아간다'는 뜻이고, '매(妹)'는 젊은 여자인 소녀를 말한다. '귀'와 '매'의 두 말이 합쳐진 '귀매(歸妹)'는 정상적인 절차를 거치지 않고 결혼한 젊은 여자를 의미한다. 진(震☳)은 우레를 나타내면서 사람

으로는 늙은 남자를 뜻하고, 태(兌☱)는 연못을 나타내면서 사람으로는 젊은 여자를 뜻한다. 남자와 여자의 만남이기는 하지만, 젊은 여자가 늙은 남자를 적극적으로 따라 붙는 형국이다.

귀매(歸妹☳)가 점(漸☶) 다음에 자리하는 논리적 이유는 의미상 아래와 같이 설명된다. 점괘는 점차적 진입이자 순서에 따라 서서히 나아가는 일이었다. 세상 일은 나아가면 반드시 돌아가는 곳이 있다. 이 돌아가는 곳을 상징하는 것이 귀매괘다. 나아가면 반드시 이르는 곳이 있으므로, 점차적으로 천천히 나아가면 돌아갈 곳이 있다. 그래서 여자가 돌아가는 곳, 즉 시집을 가는 일을 나타내는 귀매괘가 점괘 다음에 자리했다.

괘의 모양은 우레[震☳: 雷]가 위에 있고 연못[兌☱: 澤]이 아래에 자리한다. 진인 우레는 나이 많은 남자와 움직임을 나타내고, 태인 연못은 젊은 여자인 소녀와 기쁨을 상징한다. 이는 젊은 소녀가 늙은 성인 남자를 따르는 모습이다. 남자는 움직이고 여자는 기뻐한다. 또한 모두가 기뻐하면서 움직이는 형상이기도 하다.

효의 뜻

 초구(━): 소녀를 시집보내는 데 첩으로 보낸다. 절름발이가 걸어가는 것 같다. 하지만 가면 좋으리라.(初九, 歸妹以娣. 跛能履. 征吉.)

제1효는 정당한 자리에 있으나 위로 호응이 없다. 어린 누이동생을 시집보내는데, 본처가 아니라 첩으로 딸려 보낸다. 절뚝발이 같은 신세일지라도 신을 신고 걸어가는 듯하다. 그나마 괜찮은 것과 같다.

구이(━): 애꾸눈이 본다. 숨어사는 사람이 곧게 행동함이 이롭다.(九二, 眇能視. 利幽人之貞.)

제2효는 음의 자리에 양으로 있어 정당하지 못하다. 그러나 가운데 자리를 차지하고 있으면서, 위로 육삼과 가까이 하고 육오와 호응한다. 한 눈으로만 보는 애꾸눈처럼 물건을 보는 사람의 모습이다. 덕성을 갖춘 여인이 성격이 좀 고약하고 현명하지 못한 남편을 배필로 삼는다. 보이지 않는 곳에서도 정조를 깊이 지켜야 괜찮다.

 육삼(━━): 소녀를 시집보내려는 데 기다리고 있다. 돌아와 첩으로 다시 시집보낸다.(六三, 歸妹以須. 反歸以娣.)

제3효는 양의 자리에 음으로 있어 정당하지 못하다. 위로 호응도 없다. 그러나 바로 위의 구사와 가까이 하며 올라가려고 한다. 시집가기를 기다리고 있는 누이동생을 시집보내려고 하지만 적당한 사람이 없다. 할 수 없이 첩으로 시집보내려고 한다.

 구사(━): 소녀를 시집보내는 데 그 시기를 늦춘다. 시집보내기를 늦추는 것은 때가 있어서다.(九四, 歸妹愆期. 遲歸有時.)

제4효는 음의 자리에 양으로 있어 정당하지 못하다. 그러나 아래의 육삼과 가까이 한다. 위 괘의 맨 아래 자리지만 좀 고귀한 지위다. 현명하지만 결혼 시기를 지난 한 여인이, 결혼에 적당한 때를 기다리고 있다.

육오(--): 제을(帝乙)이 누이동생을 시집보낸다. 그 아내의 옷소매가 첩의 소매만큼 아름답지 못하다. 달이 보름에 가깝게 찼으니, 좋다.(六五, 帝乙歸妹. 其君之袂, 不如其娣之袂良. 月幾望, 吉.)

제5효는 높은 자리에 있으면서 아래로 구이와 호응한다. 제을[은나라의 고종]이 누이동생을 현명한 남성에게 시집보내는 상황이다. 아가씨는 덕망을 숭상하고 겉모양으로 사람을 보지는 않는다. 하지만 아가씨의 옷소매는 맵시를 잘 낸 첩의 옷소매만큼 아름답지 못하다. 아가씨의 모습은 보름달이 아직 차지 않은 것과 같다. 그만큼 행복하고 괜찮다.

 상육(--) 여자가 광주리를 받들지만 담겨진 것이 없고, 남자가 양을 잡지만 피가 나지 않는다. 이로울 일이 없으리라.(上六, 女承筐无實, 士刲羊无血. 无攸利.)

제6효는 가장 높은 자리에 있으면서 아래로 호응이 없다. 여자인 아내는 조상에게 바칠 제물이 담겨 있지 않은, 빈 광주리를 가지고 있다. 남편은 조상에게 바칠 희생을 잡는데, 피가 나지 않는 죽은 양을 잡는 격이다. 이런 상황이니 어떤 이로움도 없다. 좋지 않다.

대비: 예방/치료의 배려

귀매(歸妹)는 '젊은 여자가 시집가는 일'을 말한다. 그것도 젊은 여자가 늙은 남자와 결혼하는 형국이다. 귀매는 본래 정부인 아래에서 남편을 섬기는 첩을 말한다. 한 남편에게 본부인이 있고 여러 명의 첩이 있는 결혼 제도이므로, 일종의 일부다처제다. 어떤 형태이건, 남녀가 접촉하여 함께 즐거움을 나누는 것은 자연스런 이치다. 즐거움을 나누는 가운데 서로 깊이 삼가며, 자신의 상황과 입장을 지켜나가면 별 탈 없이 무사하다.

귀매는 원래 남자보다 여자가 적극적으로 매달리는 형상이다. 여자가 자발적으로 나서서 가려는 뜻이 강하다. 그러나 자칫 지나치면 불행을 초래할 수도 있다. 너무 앞서 나가지 말고 자신의 입장을 뒤에서 차근차근 지켜나가는 것이 좋다. 성급하게 나아가면 계획한 약속을 위반하는 일이 생긴다. 나중에 닥칠 일들을 감당하지 못하는 처지가 될 수도 있다. 아직 결혼하지 못한 사람들의 경우, 결혼의 의미를 고민할 기회가 온다. 항상 여유 있는 마음으로 결혼의 의미와 그 때를 기다려야 한다.

현재 자신의 처지가 이 괘에 해당하는 경우, 젊은 여자가 늙은 남자를 따르며 결혼 예식도 갖추지 않고 함께 사는 것과 같다. 그러므로 사랑의 감정에만 사로잡히지 말고 결혼의 의미를 심사숙고하며 적절한 행동 조절이 필요하다. 정상적인 상황이 아니므로 어떤 일을 하건 중도에 포기할 수도 있다. 비정상적인 상황을 충분히 고려하여 순간적인 감정의 지배에서 벗어나야 한다.

55. 풍(䷶): 풍성함

```
䷶    震上
      離下
```

위 괘는 진(震☳ 雷)이고 아래 괘는 리(離☲ 火)다.
이에 '뇌화풍(雷火豐)'이라 한다.

괘의 뜻

풍[豐☳ 풍성함]은 형통하다. 왕이 여기에 이른다. 근심하지 말고, 마땅히 해가 중천에 뜬
듯이 해야 한다.(豐, 亨. 王假之. 勿憂, 宜日中.)

풍족한 만큼 삶이 시원스럽게 통한다. 나라를 부유하게 만들고 흥성시킨 임금의
모습이다. 나라가 잘 다스려지는 만큼 근심할 것이 없다. 태양이 중천에 떠 있는
것처럼 세상은 밝고 빛난다.

풍(豐䷶)의 모습을 보면, 위 괘는 진(震☳)이고 아래 괘는 리(離☲)다. 진(震☳)
은 우레[雷]를 나타내고 리(離☲)는 불[火]를 상징한다. 때문에 이 괘를 '뇌화풍
(雷火豐)'이라 한다. '풍(豐)'은 '풍성하다' 또는 '풍만하다' '풍족하다'는 말이다. 풍
요로운 만큼 '성대하다'는 뜻을 지닌다. 위에는 우렛소리가 우렁차고 아래에는 햇

빛이 밝게 비치는 형상이다.

풍(豐䷶)이 귀매(歸妹䷵) 다음에 자리하는 논리적 이유는 의미상 아래와 같이 설명된다. 귀매괘는 '돌아가다'는 뜻이었는데, '돌아가야 할 곳'을 얻은 사람은 그 다음에 반드시 성대해진다. 그러므로 풍요를 상징하는 풍괘로 받았다. 세상 사람이나 사물들이 돌아가야 할 곳에 돌아가 모이면, 반드시 성대한 모습을 이룬다. 때문에 귀매괘 다음에 풍괘가 자리했다.

괘의 모양은 우레[震☳: 雷]가 위에 있고 리[離☲: 火]가 아래에 자리한다. 위의 우레는 움직임을 나타내고 아래의 불은 밝음을 상징한다. 밝은 지혜로 움직이고, 움직이되 현명하면, 모두 풍요롭고 풍족함에 이를 수 있다. 밝은 햇빛이 세상을 충분히 비출 수 있고, 움직임이 시원하게 통할 수 있을 때, 성대한 풍요로움을 이룬다.

효의 뜻

 초구(一): 짝이 되는 주인을 만난다. 대등한 관계지만 잘못되는 일은 없다. 그대로 가면 칭찬받을 일이 있으리라.(初九, 遇其配主. 雖旬无咎. 往有尙.) 제1효는 정당한 자리에 있으면서 위로 호응이 없다. 하지만 같은 양의 기운으로 위의 구사와 서로 응대한다. 즉 아래에 있는 성격이 강한 사람이 위에 있는 성격이 강한 사람과 단짝이 되어 빛을 발휘한다. 두 사람이 같은 남자지만 특별한 허물이 없다. 힘을 합쳐 그대로 군주에게 나아가면 칭찬 받을 것이다.

육이(--): 덮개를 풍성하게 만들어, 해가 중천에 떴는데도 북두성을 본다. 가면 의심과 질시를 얻는다. 믿음을 가지고 감동시키니, 그만큼 좋다.(六二, 豊其蔀, 日中見斗. 往得疑疾. 有孚發若, 吉.)

제2효는 정당한 자리에 있으면서 위로 호응이 없다. 아래에서 덕망 있는 신하가 어두운 임금을 모시는 일이 마치 태양이 일식에 가려지는 것을 보는 것과 같다. 임금에게 나아가면 더욱 큰 의심을 받을 수 있다. 그러나 신뢰를 주면서 다가가면 아무리 어두운 임금일지라도 현명한 신하에게 의지할 것이다. 그때 서로 의심하는 마음이 없어지면서 관계가 개선된다.

 구삼(一): 휘장을 풍요하게 만들어, 해가 중천에 떴는데도 작은 별을 본다. 오른쪽 팔이 부러졌으나, 잘못되는 일은 없다.(九三, 豊其沛, 日中見沫. 折其右肱, 无咎.)

제3효는 정당한 자리에서 위의 상육과 호응한다. 태양이 우레 소리에 가려져 있어 어두운 형국이다. 소나기가 내리는 데 있는 가시덤불과 같고 황사에 가려진 태양과 같다. 임금이 오른팔과 같은 신하를 잃었다. 신하와 임금사이가 나쁘기는 하나, 임금이 어머니에게 사랑을 받고 있어, 크게 잘못될 일은 없다.

구사(一): 덮개를 풍요하게 만들어, 해가 중천에 떴는데도 북두성을 본다. 대
등한 주인을 만나니, 그만큼 좋다.(九四, 豊其蔀, 日中見斗. 遇其夷主, 吉.)
제4효는 음의 자리에 양으로 있어 정당하지 못하다. 아래에 호응도
없다. 그러면서 위로는 어두침침한 육오를 가까이 한다. 연못에 가
시덤불이 무성한 형상으로 태양이 일식에 가리는 것과 같다. 동쪽
의 덕망을 좋아하는 오랑캐, 즉 동이족의 왕을 만나면, 괜찮다.

 육오(--): 아름다움을 오게 하면 경사와 영예가 있으니, 그만큼 좋다.(六
五, 來章, 有慶譽, 吉.)
제5효는 양의 자리에 음으로 있어 정당하지 않다. 그러나 가운데
자리를 차지하여 그만큼의 덕망은 있다. 아래 육이와 호응하지 못
하지만 밝은 기운을 함께 지향하면 좋다. 임금의 자리에 있으나 암
흑시대다. 현명한 신하와 세상을 밝게 만들기 위해 노력하면, 기쁨
과 칭찬받을 일이 있어, 괜찮다.

 상육(--): 집을 풍요하게 하고 그 집을 덮개로 덮는다. 그 문을 엿보니, 고
요하고 사람이 없다. 3년이 지나도록 만나지 못하니, 그만큼 나쁘리라.(上
六, 豊其屋, 蔀其家. 窺其戶, 闃其無人. 三歲不覿, 凶.)
제6효는 가장 높은 곳에서 정당하게 자리하며 아래의 육삼과 호응
한다. 크고 높은 곳에 우뚝 솟아 있으나 가시덤불이 무성하여 내부
를 가리는 상황이다. 버려진 폐가가 연상된다. 그런 집은 밖에서 아
무리 엿보아도 고요하다. 3년 동안이나 살고 있는 사람이 보이지
않는다. 아주 나쁘다.

대비: 예방/치료의 배려

풍(豊)은 '풍부하다' '풍요롭고 풍족하다'는 말이다. 다른 표현으로는 무언가 크게 성행하고 있는 상황이다. 그러나 풍요롭고 성대한 기운이 무조건 좋은 것만은 아니다. 아무리 풍요 속에 있는 사람일지라도, 시간이 지나면 피폐해지는 쇠락의 기운이 닥친다. 그것이 이치다. 중천에 떠 있는 태양도 마침내는 기울고, 달도 차면 곧 이지러진다. 다시 말하면 풍요가 풍요인 것만은 아니다. 역설적으로 표현하면 풍요는 빈곤의 시작이다. 풍요는 이미 빈곤을 품고 있다!

풍성함은 지금 최고조에 이른 기운이다. 최고조에 이른 성대함은 느끼기 힘들다. 가장 강렬한 빛을 볼 수 없는 것과 마찬가지다. 이른바 '한낮의 어둠이다!' 빛이 강렬하면 강렬할수록 그 실상은 더 어두운 법이다. 한참 성대한 기운을 받고 있는 사람일지라도 보이지 않는 곳에는 이미 쇠퇴의 기미가 나타난다. 겉으로는 밝고 활기차 보여도 안으로는 어둠이 깃든다. 걱정과 비밀이 속에 감추어져 있을 때다.

현재 자신의 처지가 이 괘에 해당하는 경우, 오늘 풍만하고 풍족한 상황이라고 하여 거기에 빠져 있어서는 안 된다. 성대하게 풍요로운 만큼 전성기를 구가할 수는 있지만, 그에 준하는 내리막길이 가까워 오고 있다. 따라서 다음에 다가올 사태를 미리 준비하는 자세가 요청된다. 가을에 수확하여 풍성함을 누림과 동시에 추운 겨울을 맞이할 준비도 잊지 않아야 하는 것과 같다.

56. 여(旅☲): 고달픈 나그네

☲ 離上
   艮下

위 괘는 리(離☲ 火)고 아래 괘는 간(艮☷ 山)이다.
이에 '화산려(火山旅)'라고 한다.

괘의 뜻

여[旅☲ 고달픈 나그네]는 조금 형통한 상황이다. 방랑의 길에서 곧게 행동하면 좋다.(旅, 小亨. 旅貞吉.)

산은 가만히 있는데 불이 움직이면서 옮겨가는 형상이다. 방랑하는 나그네도 이와 유사하다. 나그네는 한 곳에 가만히 머물러 있지 않고 여행한다. 여행 중에는 막히지 않고 나름대로 조금 통한다. 그때 마음을 바르게 가지면, 그래도 괜찮다.

여(旅☲)의 모습을 보면, 위 괘는 리(離☲)고 아래 괘는 간(艮☷)이다. 리(離☲)는 불[火]을 나타내고 간(艮☷)은 산(山)을 상징한다. 때문에 이 괘를 '화산려(火山旅)'라고 한다. '려(旅)'는 길을 가는 '나그네'를 뜻한다. 나그네는 자발적으로 여행하는 경우에 낭만을 즐기며 재미있는 생활을 추구할 수도 있다. 하지만 구체적으로 어떤 일을 찾아 떠돌아다니며 집을 떠나 고생하는 경우, 방황 속에서 아주 '고달픈 삶'을 이어갈 수도 있다. 이런 점에서 '고달프다'는 의미이기도 하다. 산 위에서 불이 활활 타고 있는 형상으로, 쓸데없이 바람에 따라 여기저기 옮겨 붙는 불의 모습이다. 외롭게 떠돌아다니며 방랑하는 인간사에 비유된다.

여(旅☲☶)가 풍(豐☳☲) 다음에 자리하는 논리적 이유는 의미상 아래와 같이 설명된다. 앞에 자리한 풍괘는 성대한 모습이자 풍요를 상징했다. 풍요와 성대함이 최고조에 이르면 조금씩 무너지면서 반드시 그 자리를 잃게 된다. 그러므로 방황과 방랑 속에서 고생하는 삶을 나타내는 여괘로 받았다. 풍요의 성대함이 끝에 이르면, 그 편안했던 자리를 잃게 된다는 말이다.

괘의 모양은 불[離☲: 火]이 위에 있고 산[艮☶: 山]이 아래에 자리한다. 산은 멈추고 있기 때문에 그 자리를 바꾸지 않고, 불은 활활 타오르면서 머물지 않기 때문에 움직인다. 둘은 서로 어긋나 떠나간다. 이렇게 머물러 처하지 않는 모습이므로 방랑하는 형국이다.

효의 뜻

초육(--): 나그네가 비루하고 쩨쩨하다. 이 때문에 불행을 가져오리라.(初六, 旅瑣瑣. 斯其所取災.)

제1효는 양의 자리에 음으로 있어 정당하지 못하다. 위로 구사와 호응하지만, 너무 아래에 있어 위로 나아가지 못하고 있다. 아래에 처해 있다 보니 사소한 일들에 얽매여 여행을 떠나지 못한다. 이것이 발목을 잡고 재앙을 가져올 수 있다.

육이(--): 나그네가 숙소에 들어가고, 여비를 가지고 있어, 어린 종복을 얻었다. 그만큼 곧게 행동한다.(六二, 旅卽次, 懷其資, 得童僕. 貞.)

제2효는 정당하고 가운데 자리를 차지하고 있어 안팎의 도움을 받는다. 방랑하는 여행자가 숙소를 잡자, 여비를 보태주는 사람도 있고 시중을 드는 비서도 얻었다. 모두가 바르게 행동한다.

 구삼(一): 나그네가 머무는 숙소가 불타 버려, 어린 종복을 잃는다. 곧게 행동하더라도 위태롭다.(九三, 旅焚其次, 喪其童僕. 貞厲.)

제3효는 아래 괘의 맨 위에 있으면서 강한 기운을 가졌다. 위로 호응도 없다. 방랑하는 여행자가 강한 성격을 드러내어 인심을 잃었다. 숙소가 방화를 당하여 불타고, 그가 데리고 있던 어린 종복에게까지도 믿음을 잃는다. 아무리 바르게 행동해도 위태하다.

 구사(一): 나그네가 한 곳에 거처하며, 여비와 도끼를 얻었다. 하지만 나의 마음은 시원하게 뚫리지 않는다.(九四, 旅於處, 得其資斧. 我心不快.)

제4효는 음의 자리에 양으로 있어 정당하지 못하다. 그러나 아래로 초육과 호응하고 위로는 육오와 가까이 한다. 유순한 성격을 지닌 방랑자가 한 곳에 머무르고 있다. 필요한 경비와 자신을 보호할 무기는 가지고 있으나 숙소에 들어가지 못해 아주 불쾌한 마음이다.

육오(--): 꿩을 쏘다가 화살 하나를 잃어버린다. 끝내는 영예와 복록을 얻는다.(六五, 射雉, 一矢亡. 終以譽命.)

제5효는 양의 자리에 음으로 있어 정당하지 못하다. 아래로 호응도 없다. 다만, 가운데 자리를 차지하고 있어 그만큼 덕성이 있고 아래의 구사와 위의 상구와 화합한다. 높은 자리에 있는 만큼 방랑하며 고달픈 여행자가 꿩을 잡으려고 활을 쏘다가 화살 하나를 잃어버린 꼴이다. 아래위로 화합할 수 있으므로 마침내는 좋은 일들이 생길 수 있다.

 상구(一): 새가 둥지를 불태운다. 나그네가 먼저 웃고 나중에는 울부짖는다. 소홀히 하여 소를 잃어버리니, 나쁘리라.(上九, 鳥焚其巢. 旅人先笑, 後號咷. 喪牛於易, 凶.)

제6효는 음의 자리에 양으로 있어 정당하지 못하다. 아래로 호응도 없다. 너무 높은 자리에 있어 편안하지도 않다. 나무 위에 둥지를 튼 새, 고달픈 여행자, 소를 몰고 가는 사람 등을 통해 시대를 파악한다. 새는 둥지를 불사르고, 나그네는 처음에는 웃다가 나중에는 울부짖는다. 그리고 소를 끌고 가던 사람은 어느 지점에선가 소를 잃어버린다. 이 모두가 나쁜 형국이다. 방랑하는 여행자, 그 고달픔의 끝이 이러하다.

대비: 예방/치료의 배려

여(旅)는 '나그네' '여행하다'는 의미다. 여행은 즐겁고 기대되는 삶 가운데 하나다. 그러나 옛날 사람들은 여행을 고통으로 생각했다. 방랑하는 나그네가 되어 떠나는 길에는 여러 가지 난관이 기다린다. 그 가운데 교통의 어려움과 숙소의 불편함이 가장 크다. 그만큼 여행은 불안정한 삶의 상태이자 고독한 인생 여정이다. 서산으로 해가 질 무렵이면 나그네는 숙소를 구해야 한다. 낮 동안 지친 몸을 하루 밤의 휴식으로 풀고, 날이 밝으면 다시 길을 떠나야 한다. 이런 때일수록 조급하게 굴지 말아야 한다. 적절한 계획을 세워 목적지를 향해 차근차근 나아가는 것이 중요하다.

지금 당신은 불안과 고달픔으로 지친 한 나그네다. 무언가 희망을 추구하고는 있다. 그러나 방랑하는 만큼 기운이 약한 때를 만나, 모든 일이 생각대로 전개되지 않는다. 이럴 때는 방황을 잠시 접고 멈추어 서라! 그리고 먼저 기초를 다져라! 침착하게 미래의 계획을 고안하라! 무엇을 마음에 새길 것인가?

현재 자신의 처지가 이 괘에 해당하는 경우, 방황하는 사람은 공연히 외롭고 불안한 감정에 휩싸이기 쉽다. 낯선 곳에서 주변의 눈치를 보며, 조심스럽게 하루하루를 넘긴다. 때문에 적극적으로 나서지 말고, 때와 장소, 인간관계의 상황과 분위기를 보며, 적절하게 세상에 적응할 수 있도록 힘써야 한다.

57. 손(巽☴): 공손함

巽上
巽上

위 괘도 손(巽☴ 風)이고 아래 괘도 손(巽☴ 風)이다.
이에 '손위풍(巽爲風)'이라 한다.

괘의 뜻

손[巽☴ 공손함]은 조금 형통한 상황이다. 나아갈 데가 있는 것이 이롭다. 훌륭한 사람을 만나 봄이 이롭다.(巽, 小亨. 利有攸往. 利見大人.)

바람 위에 바람이 있는 형상이다. 따라서 크게는 통하지 않지만 조금 통할 수 있다. 바람이 가만히 머물러 있지 않듯이, 한 곳에 조용히 있지 않고 갈 데가 있는 것이 좋다. 그런 가운데 훌륭한 사람을 만나보는 것이 이롭다.

손(巽☴)의 모습을 보면, 위 괘와 아래 괘가 모두 손(巽☴)이다. 손(巽☴)은 바람[風]을 상징한다. 때문에 이 괘를 '손위풍(巽爲風)'이라 한다. '손(巽)'은 바람이 가볍게 부는 형상이다. 산들산들 바람이 부는 형국이므로 바람처럼 마음이 흔들릴 수도 있고, 여기저기 기웃거리며 다른 사람을 따라 다닐 수도 있다.

손(巽☴)이 여(旅☲) 다음에 자리하는 논리적 이유는 의미상 아래와 같이 설명된다. 여괘는 방황과 방랑 속에서 고생하며 편안했던 자리를 잃는 의미였다. 방랑하고 있는 사람을 받아들이는 경우는 흔하지 않다. 그러므로 겸손하게 자신을 낮추고 다른 사람을 따라 다닐 수밖에 없다. 이것이 손괘로 받는 이유다. 타향을 떠돌며 방랑하는 경우, 이미 알거나 친한 사람이 적다. 그만큼 공손하며 순종하는 태도가 아니면, 다른 사람들의 호감을 얻기 어렵다.

괘의 모양은 바람[巽☴: 風]이 위아래에 모두 자리한다. 하나의 음효(--)가 두 개의 양효(—) 아래에 있어, 양효(—)에게 공손하고 순종하는 태도를 보인다. 바람은 어떤 물체나 사물을 마주하여 부딪치게 되면, 그것을 뚫고 나가는 것이 아니라 옆으로 스쳐 지나간다. '스쳐 지나간다'는 직접 부딪치며 자신의 주체적 능력을 발휘하기보다 겸손한 태도로 옆으로 비껴 휘감으며 따라가는 형상이다.

효의 뜻

초육(--): 나아가려고도 하고 물러나려고도 한다. 무인의 곧은 행동이 이롭다.(初六, 進退. 利武人之貞.)

제1효는 양의 자리에 음으로 있어 정당하지 못하다. 그만큼 앞으로 나가려 하고 뒤로 물러나려고도 하지만 결단을 내리지 못한다. 우유부단하다. 결단력 있는 무인처럼 행동하면 좋다.

구이(ー): 공손함이 제사상 아래에 있다. 축사와 무당을 많이 쓴다. 그만큼 좋고 잘못을 저지를 일이 없다.(九二, 巽在床下. 用史巫紛若. 吉无咎.)

제2효는 음의 자리에 양으로 있어 정당하지 못하다. 하지만 가운데 자리를 차지하고 있어 그만큼의 덕성은 갖추었다. 제사를 지낼 때는 신에게 올리는 축문을 담당하는 사관과 노래와 춤을 담당하는 무당이 많이 있다. 제사를 주관하며 돕는 사람이 많아 제사가 잘 진행될 수 있다. 제사를 잘 지내고 복을 많이 받아 큰 잘못이 생기지 않는다.

 구삼(ー): 빈번하게 공손하다. 부끄럽다.(九三, 頻巽. 吝.)

제3효는 정당한 자리에서 아래 괘의 맨 위에 있으면서 자주 움직이려고 한다. 그러나 위로 호응이 없고, 상구가 내리 누른다. 지나치게 공손하면 오히려 부끄러운 일이다.

 육사(--): 뉘우침이 없어진다. 사냥하여 세 부류의 짐승을 얻는다.(六四, 悔亡. 田獲三品.)

제4효는 정당한 자리에 있으나 위 괘의 맨 아랫자리에 있으면서 아래로 호응도 없다. 하지만 아래 구삼의 기운을 타고 위로 구오의 기운을 이어 받고 있다. 사냥을 나가 제사에 쓸 수 있는 짐승을 잡아 왔다. 그런 만큼 후회할 일은 없다.

구오(ー): 곧게 행하면 좋다. 뉘우침이 없어져, 이롭지 않음이 없다. 처음에는 아무 것도 없지만 끝에는 결말이 있다. 경일(庚日) 이전이 3일이고 경일 이후가 3일이니, 그만큼 좋다.(九五, 貞吉. 悔亡. 无不利. 無初有終. 先庚三日, 後庚三日, 吉.)

제5효는 정당하고 가운데 자리에 있지만 아래로 호응이 없다. 임금이 바른 마음을 가지고 정치를 하면 후회가 적다. 처음에는 정책이 잘 시행되지 않을 수 있으나 나중에 성과가 있다. 경일[庚日: 바뀜이 시작되는 날]을 중심으로 앞뒤 3일 간, 즉 6일 사이에 여러 가지 나라 일을 혁신하면 괜찮다.

 상구(ー): 공손함이 제사상 아래에 있어, 경비와 도끼를 잃는다. 곧게 행하나 나쁘리라.(上九, 巽在床下, 喪其資斧. 貞凶.)

제6효는 음의 자리에 양으로 있어 정당하지 못하다. 가장 높은 자리에서 아래로 호응도 없다. 제사를 지내려고 해도 경비도 없고 권위도 잃어 버렸다. 아무리 바르게 행동해도 나쁘게 인식될 뿐이다.

대비: 예방/치료의 배려

손(巽)은 '바람'을 뜻한다. 바람이 바람 위로 겹겹이, 부드럽게 살랑살랑 불어오는 모습이다. 바람 위에 또 바람이 있는 형상이므로 모든 것이 자기를 주체로 삼아 행동하는 것이 아니다. 사물에 따라 비로소 그 입장을 얻는다. 이럴 때는 실질적 권력을 지닌 사람의 명령에 따라 자신의 힘을 발휘하는 것이 좋다. 실질적 권력을 지닌 사람이 부하에게 명령을 내려 계통을 밟아 행동하도록 만들어야 한다. 그것이 공손함으로 이끄는 기초다.

바람은 눈에 보이지 않는다. 바람 자체가 아니라 다른 형상을 통해 감지된다. 예를 들면 초목이 흔들리는 것을 보고, 또는 파도가 일렁이는 것을 보고서야 바람이 부는 것을 알 수 있다. 바람은 움직이면 멈추지 않는다. 때문에 바람이 겹겹이 불어대는 경우 침착성을 잃고 나아갈지 물러날지를 망설이게 된다. 바람이 아래위로 겹쳐 있는 상태에서는 좋은 일이든 나쁜 일이든 사건도 겹쳐서 일어난다. 좋은 의미로 이해하면, 사업을 할 경우 두 세배의 영업 이익을 얻을 수도 있다. 바람을 타고 사업이 번창한다. 나쁜 의미로 이해하면 이중적으로 마음이 불안정한 때일 수도 있다. 어떤 일에나 우유부단하여 사업을 그르치기 쉽다는 말이다.

현재 자신의 처지가 이 괘에 해당하는 경우, 겸손하게 잠시 옆으로 비껴 있는 것은 괜찮다. 그러나 겸손이나 공손함이 지나치면, 결단력 없이 우유부단한 생활로 전락할 염려도 있다. 바람이 이리저리 옮겨 다니면서 자신의 역할을 하듯이, 상황에 따라 겸손함을 유지하면, 큰 풍파를 일으키지 않고 자신을 향상시켜 나갈 수 있다.

58. 태(兌☱): 기뻐함

☱ 兌上
   兌下

위 괘도 태(兌☱ 澤)고 아래 괘도 태(兌☱ 澤)다.
이에 '태위택(兌爲澤)'이라 한다.

괘의 뜻

태[兌☱ 기뻐함]는 형통한 상황이다. 곧게 행동하면 이롭다.(兌, 亨. 利貞.)

위에도 물이 있고 아래에도 물이 있는 형상이다. 물과 물이 만나므로 서로 섞이고 통한다. 사람 사이에 개인적 기쁨이 넘쳐흐르고, 바르게 마음을 가지면 그만큼 좋다.

　태(兌☱)의 모습을 보면, 위 괘와 아래 괘가 모두 태(兌☱)다. 태(兌☱)는 연못[澤]을 상징한다. 때문에 이 괘를 '태위택(兌爲澤)'이라 한다. '태(兌☱)'는 자연의 사물로 보면 연못을 상징하지만, 문자적 의미로는 '빛나다' '기쁘다'는 뜻이다. 사람으로는 어린 여자 아이인 '소녀'를 나타낸다. 위아래가 모두 기쁨이자 소녀가 모여 있는 형국이다. 그러므로 소녀들이 모여 즐겁게 웃는 모습을 연상할 수 있다.

태(兌☱)가 손(巽☴) 다음에 자리하는 논리적 이유는 의미상 아래와 같이 설명된다. 앞에 자리하는 손괘는 공손하며 순종하는 태도를 지닌다. 공손하고 순종하는 태도는 사람의 마음을 움직일 수 있다. 마음에 들면 기뻐하기 쉬우므로 기쁨을 상징하는 태괘로 받았다. 어떤 일이건 서로 마음에 들면 기뻐하고, 기뻐하면 그만큼 마음으로 받아들이기 마련이다.

괘의 모양은 연못[兌☱: 澤]이 위아래에 모두 자리한다. 연못의 물이 모여들어 함께 하므로, 소녀들이 어울려 기쁨과 즐거움에 도취하여 웃는 형국이다. 소녀들의 귀엽고 기뻐하는 모습은 즐거움을 주고, 소녀들이 모이면 대수롭지 않은 일에도 웃음보를 터트리는 경우가 많다.

효의 뜻

 초구(一): 화합하면서 기쁘게 한다. 그만큼 좋으리라.(初九, 和兌. 吉.) 제1효는 정당한 자리에 있으나 위로 호응은 없다. 다만, 위의 구사가 같은 양의 기운이므로 기쁨을 나눌 수 있을 정도는 된다. 서로 화목하게 지내며 서로 행복을 추구한다.

구이(ー): 믿음으로 기쁘게 한다. 그만큼 좋으므로, 뉘우침이 없어진다. (九二, 孚兌. 吉, 悔亡.)

제2효는 음의 자리에 양으로 있어 정당하지 못하다. 위로 호응도 없다. 위의 구오와 호응하지는 못하더라도 같은 양의 기운이므로 사이좋게 지낼 수 있다. 서로 믿음이 있는 만큼 좋아서 특별히 후회할 일은 없다.

 육삼(--): 와서 기쁘게 한다. 그만큼 나쁘다.(六三, 來兌. 凶.)

제3효는 양의 자리에 음으로 있어 정당하지 못하고 위로 호응도 없다. 다만, 위의 상육과 호응하지 못하더라도 같은 음기로서 사이좋게 지낼 수 있다. 아래 괘의 제일 높은 곳에 있으면서 자신의 이익만을 추구하면, 기쁘기는커녕 그만큼 좋은 일이 있을 수 없다.

구사(ー): 기뻐함을 헤아려보니 편안하지 못하다. 절개를 지켜 미워하니 기쁜 일이 있다.(九四, 商兌未寧. 介疾有喜.)

제4효는 음의 자리에 양으로 있어 정당하지 못하다. 아래로 호응은 없다. 하지만 자리를 잡지 못한 만큼, 초구가 지닌 양의 기운을 끌어들이면 괜찮다. 자신의 지조를 지켜 나쁜 일을 싫어하여 피하면 반드시 좋은 일이 찾아온다.

구오(━): 깎으려는 것을 믿으니, 위태로움이 있다.(九五, 孚于剝, 有厲.)

제5효는 정당하고 가운데 자리에 있다. 그러나 결정적으로 위의 상 육에 가까이 있어 자리를 박탈당하기 쉽다. 윗사람에 의해 자리를 박탈당하고 깎이는 만큼 위태롭다.

상육(━━): 이끌어 기쁘게 하리라.(上六, 引兌.)

제6효는 가장 높은 곳에서 정당하게 제자리를 차지하고 있다. 그만 큼 힘이 있으므로 아래에 있는 구사와 구오 두 양의 기운을 끌어당 긴다. 임금의 어머니가 여러 신하는 물론 임금을 자기 주변으로 모 여들게 하여, 제 각각 기쁨을 준다. 하지만 지나치게 되면 바로 위 험에 처할 수 있다.

대비: 예방/치료의 배려

태(兌)는 '기뻐하다'는 말이다. 기쁨에 충만하는 만큼 온화한 분위기를 연출한다. 사람을 대할 때는 가능한 한 성실하게, 상대방의 기분이 나쁘지 않도록 유지하는 일이 중요하다. 이때 태가 지닌 의미를 적용하면 좋다. 태(兌)는 입이 두 개 겹쳐 있는 모습이다. 입은 기본적으로 진실에 관해 말하는 창구다. 하지만 거짓과 허위 를 발설하기도 한다. 이런 경우 상대방을 욕하고 그것으로 인해 싸움이 유발될 수도 있다. 여기에 기쁨이 끼어들 틈은 보이지 않는다. 하지만 입은 사람을 설득시키기도 한다. 그렇다고 달콤한 말이 인간을 설득시키는 것은 아니다. 기쁨을 줄 수 있는 말이어야 한다. 태(兌)는 '기쁘다'는 의미 이외에 '완전하지 못하다'는 뜻도 지니고 있다. 완전하지 못하다가 완전함에 가까워질 때 기쁨이 찾아온다. 이런 점에서 완전하지 못함은 기쁨을 예비한다.

기쁨은 작은 일에서 이루어진다. 작은 일은 생각대로 진행될 수 있다. 하지만 큰일은 성공에 도달하기 이전에 중도에서 좌절될 때도 있다. 겉으로 그럴듯하게 보이는 일도 안으로는 실속 없는 상태에 처해 있기도 한다. 현재는 무슨 일이 벌어지건 분명치 않다. 단정을 내릴 수 없다. 중상과 비방, 불신행위가 일어나기 쉽다. 기쁜 것 같으나 슬픔이 도사리고, 다시 소소한 기쁨들이 뒤섞인다.

현재 자신의 처지가 이 괘에 해당하는 경우, 기뻐서 웃으며 즐기는 상황에 빠질 수 있으므로 그만큼 경솔해질 수 있다. 이에 경솔함에 빠지지 않도록 조심해야 한다. 사람들과 사귀면서 진정으로 기뻐하고 즐길 수 있도록 신뢰를 쌓는데 힘써라! 기쁨과 즐거움을 보존할 수 있도록 언행에 조심하라!

59. 환(渙䷺): 흐트러짐

䷺ 　　巽上
　　　　坎下

위 괘는 손(巽☴ 風)이고 아래 괘는 감(坎☵ 水)이다.
이에 '풍수환(風水渙)'이라 한다.

괘의 뜻

환[渙䷺ 흐트러짐]은 형통한 상황이다. 임금이 사당을 두게 되었다. 큰 냇물을 건너는 것
이 이로우니, 곧게 행동하면 이롭다.(渙, 亨. 王假有廟. 利涉大川, 利貞.)

물로 물건을 씻으면 바람이 그 위로 불어 말려주는 형상이다. 물기에 젖은 물건
을 바람이 흩트려 말려주니 형통하다. 임금이 종묘에 있는 모습이다. 임금이 하는
일은 무엇이건 통하지 않는 것이 없다. 냇물을 건너 영토를 확장할 수도 있고 멀
리 있는 사람을 구제할 수도 있다. 마음을 바르게 먹으면 안 되는 일이 없다.
　환(渙䷺)의 모습을 보면, 위 괘는 손(巽☴)이고 아래 괘는 감(坎☵)이다. 손(巽
☴)은 바람[風]을 나타내고 감(坎☵)은 물[水]을 상징한다. 때문에 이 괘를 '풍수
환(風水渙)'이라 한다. '환(渙)'은 '흩어지다'는 말인데, '속에 있는 것을 바깥으로

흩트리다'는 뜻이다. 즉 '내부의 것을 외부로 발산한다'는 의미다. 물 위에 바람이 부는 형상이므로, 물에 떠 있는 여러 가지 사물이 바람에 이리저리 밀리는 모습이기도 하고, 젖은 물건을 바람으로 말려주는 형상이기도 하다. 다르게 표현하면, 깨끗하게 만드는 일이다. 더러워진 의복을 물로 세탁하여 바람에 말리면 깨끗해지는 것과 같다.

환(渙☲)이 태(兌☱) 다음에 자리하는 논리적 이유는 의미상 아래와 같이 설명된다. 태괘는 소녀가 기뻐하며 모여 즐기는 형국이다. 기뻐하고 즐겁게 지낸 다음에는 기분이 느긋해지고 풀어진다. 사람의 기분은 우울하면 그것이 뭉쳐 응집되고, 기쁘면 느긋해져 풀어진다. 기뻐함에는 흩어지는 뜻이 있기 때문에 환괘가 태괘를 이어 그 다음에 자리했다.

괘의 모양은 바람[巽☴: 風]이 위에 있고 물[坎☵: 水]이 아래에 자리한다. 바람이 물 위에서 불어오므로 물 위에 있던 여러 사물이 바람에 의해 흩어지는 형상이다. 그래서 '흩어지다'는 의미를 담고 있다. 또는 물에 의해 젖은 사물에 대해 바람이 물기를 흩날려 말려주므로 '흩트리다'는 뜻으로 사용되기도 한다.

효의 뜻

초육(--): 구제하려는데 말이 건장하니, 그만큼 좋으리라.(初六, 用拯馬壯, 吉.)
제1효는 양의 자리에 음이 있어 정당하지 못하다. 위로 호응은 없으나 구이의 강한 기운과 가까이 한다. 사람을 구제하기 위해 힘이 센 건장한 말을 타고 간다. 반드시 좋은 일이 있다.

구이(ー): 흩어지는 때 기댈 곳으로 달려간다. 뉘우침이 없어진다.(九二, 渙奔其機. 悔亡.)

제2효는 음의 자리에 양으로 있어 정당하지 못하다. 아래 초육과 위의 육삼 사이에 끼어 있으나, 가운데 자리를 차지하여 그만큼 덕성을 갖추었다. 어떤 물건을 깨끗하게 씻기 위해 물가로 달려간다. 그만큼 후회가 줄어든다.

 육삼(--): 몸을 흩어지게 한다. 뉘우침이 없다.(六三, 渙其躬. 无悔.)

제3효는 양의 자리에 음으로 있어 정당하지 못하다. 그러나 위의 상구와 호응한다. 더러워진 몸을 물로 깨끗이 씻어내면, 어떤 후회도 없어진다.

 육사(--): 무리를 흩어지게 하니, 엄청나게 좋다. 흩어질 때 언덕처럼 모이는 일은 보통 사람이 생각할 것이 아니다.(六四, 渙其群, 元吉. 渙其丘, 匪夷所思.)

제4효는 정당한 자리에 있으면서 위의 구오와 가까이 한다. 아래로 초육과 호응하지는 못하지만 구이와 가까이 하고 있는 초육을 깨끗하게 씻어 준다. 더럽혀진 자신의 무리를 깨끗하게 만들어 가므로 아주 좋은 상황이다. 깨끗하게 만드는 일이 언덕처럼 크게 보이므로, 일반 사람들은 그 공로를 상상하기 힘들다.

구오(一): 흩어지는 때 큰 명령이 몸에 땀이 스며들 듯이 한다. 임금의 재화를 흩어지게 하므로, 잘못되는 일이 없다.(九五, 渙汗其大號. 渙王居, 无咎.)

제5효는 정당한 가운데 자리를 차지하고 강력한 기운을 지니고 있다. 그만큼 아래에 있는 더러운 기운을 흩트려 깨끗하게 만들었다. 임금이 법령을 내리고 재물을 베풀어 잘 다스린다. 아주 정당한 일이다.

상구(一): 피가 흩어져, 제거되고 두려움에서 벗어난다. 그러면 잘못되는 일은 없으리라.(上九, 渙其血, 去逖出. 无咎.)

제6효는 음의 자리에 양으로 있어 정당하지 않다. 그러나 아래 육삼과 호응한다. 자기의 더러운 피를 깨끗이 씻고 근심 걱정에서 벗어난다. 그렇게 하면 잘못되는 일이 없다.

대비: 예방/치료의 배려

환(渙)은 '분산되다' '흩어지다'는 말이다. 그동안에 쌓여 더러워진 것들, 정체되어 있던 것을 자연스럽게 분산시켜 기분 전환을 꾀하는 일과도 같다. 깨끗하게 만드는 것이기도 하고 베풀어주는 사안이기도 하다. 하지만 나라나 집안이 흩어지는 상황에 직면하면 질서를 잃는다. 이에 옛날의 최고지도자들은 스스로 조상에게 제사를 지내고 백성들이 흩어지는 것을 막았다.

개인의 일로 보면, 마음에 있던 근심이나 괴로움에서 해방될 때다. 얽매여 있던 데서 벗어나면, 그만큼 자유스럽게 일하기가 쉽다. 작은 일에서 큰 일로 옮겨 가기에 가장 좋은 때다. 또한 지금까지의 불운을 만회할 수 있는 좋은 기회다. 흩어져 해방된 만큼 새로운 것을 향하여 노력하면 큰 성과를 얻을 수 있다.

현재 자신의 처지가 이 괘에 해당하는 경우, 흩어지면서 새로운 사안을 찾아가는, 이전과 다른 새 희망이나 전환기를 맞이할 수도 있다. 새로운 전환기는 그만큼 위험도 따를 수 있으므로 각오를 새롭게 다져야 한다. 이는 위험이기도 하지만 발전의 계기가 될 좋은 기회일 수도 있다. 이른바 '위험한 기회'다.

60. 절(節☵☱): 절제와 절도

☵ 坎上
　 兌下

위 괘는 감(坎☵ 水)이고 아래 괘는 태(兌☱ 澤)다.
이에 '수택절(水澤節)'이라 한다.

괘의 뜻

절[節☵☱ 절제와 절도]은 형통한 상황이다. 괴로운 절제는 곧게 될 수 없다.(節, 亨. 苦節不
可貞.)

연못 위에 물이 있는 형상이므로 담는 공간에 한계가 있다. 그만큼 사용에서 절
제와 절약이 필요하다. 지나치거나 모자라는 일이 없도록 절제하는 생활은 언제
어디서나 통한다. 그러나 고통을 느껴가며 억지로 절약하는 생활은 마음을 바르
게 가질 수 없게 만든다.

　절(節☵☱)의 모습을 보면, 위 괘는 감(坎☵)이고 아래 괘는 태(兌☱)다. 감(坎☵)
은 물[水]을 나타내고 태(兌☱)는 연못[澤]을 상징한다. 때문에 이 괘를 '수택절
(水澤節)'이라 한다. '절(節)'은 글자 그대로 보면, 사물의 한 단락을 뜻하는 '마디'

다. 거기에서 '절제'나 '절도', '규칙'과 같은 의미가 도출되고, 이는 '절약'과도 상통한다. 물이 연못에 담겨 있는 형상이다. 연못의 물은 밖으로 넘치지도 않고 바닥이 마르지도 않는다. 이런 형국이 바로 절도 있는 상황이다. 과불급(過不及)의 중용(中庸)이다.

절(節☰)이 환(渙☰) 다음에 자리하는 논리적 이유는 의미상 아래와 같이 설명된다. 환괘는 느긋해지고 풀어져 흩어지는 뜻이었다. 흩어진다는 말은 사람의 마음에서 떠나는 것이다. 그런데 어떤 사람이나 존재도 끝까지 떠날 수는 없다. 그러기에 절제를 상징하는 절괘로 받았다. 어떤 존재도 떨어져 흩어지면, 그것을 조절하여 그쳐야 하므로 절괘 다음에 환괘가 자리했다.

괘의 모양은 물[坎☵: 水]이 위에 있고 연못[兌☱: 澤]이 아래에 자리한다. 연못에 물이 담겨 있는 것은 당연하다. 하지만 연못이 물을 수용하는 데는 한계가 있다. 연못에 물이 가득 차면 더 이상 수용할 수 없다. 적절하게 균형을 잡고 절제할 필요가 있다.

효의 뜻

 초구(一): 문밖의 정원을 나가지 않는다. 잘못되는 일은 없으리라.(初九, 不出戶庭. 无咎.)

제1효는 정당한 자리에 있으면서 위로 육사와 호응한다. 문 밖의 뜰을 나가지 않고도 사는데 지장이 없다. 특별하게 잘못될 일도 없다.

구이(ー): 문안의 정원조차도 나가지 않는다. 그만큼 나쁘다.(九二, 不出

門庭. 凶.)

제2효는 음의 자리에 양이 있어 정당하지 못하다. 위로 호응도 없

다. 집안에 처박혀 뜰에도 나가지 않는다. 지나치게 절제되고 절약

하는 생활을 하므로, 나쁘게 될 수밖에 없다.

 육삼(--): 절제하지 않아 한탄한다. 그래도 잘못을 저지르는 일은 없다.

(六三, 不節若, 則嗟若. 无咎.)

제3효는 양의 자리에 음으로 있어 정당하지 못하다. 위로 호응도

없다. 그러면서 아래에 있는 구이의 강한 기운을 타고 있다. 절제하

지 않고 절도 없는 생활을 하니 나중에 후회하고 슬퍼한다. 절제 없

는 생활 자체가 무조건 잘못은 아니지만, 정말 탓할 곳이 없다.

 육사(--): 편안히 행하는 절제다. 형통하다.(六四, 安節. 亨.)

제4효는 정당한 자리에 있으면서, 아래로는 초구와 호응하고 위로

는 구오와 가까이 한다. 그만큼 균형 잡힌 절제 있는 생활을 한다.

아무런 군색함이 없이 형통하는 상황이다.

구오(━): 감미로운 절제다. 좋다. 그대로 가면 가상할 만한 일이 있다.(九五, 甘節. 吉. 往有尙.)

제5효는 정당하면서도 가운데 자리를 차지하고 있다. 절제는 물론 절약하며 절도 있는 생활을 모범적으로 실천한다. 행복할 뿐만 아니라 어떤 일을 하건 좋은 일이 가득하다.

 상육(－－): 괴로운 절제다. 곧게 행동하더라도 나쁘다. 뉘우침이 없어지리라.(上六, 苦節. 貞凶. 悔亡.)

제6효는 정당한 자리에 있다. 그러나 너무 높은 곳에 있어 위태롭다. 너무나 절약하며 생활하여 그 괴로움이 말하기 힘들다. 아무리 마음을 바르게 하더라도 좋을 리가 없다. 그렇다고 뉘우침도 없다. 자신의 생활 자세를 진지하게 성찰하고 뉘우쳐야 괴로움이 줄어든다.

대비: 예방/치료의 배려

절(節)은 '절제'나 '절약', '절도'를 의미한다. '마디'를 표상하는 절은 갈대가 마디마디 뻗어가고 있는 형상이다. 마디마디 이어져 있는 대나무를 떠올려도 좋다. 일상생활에서 절제와 절도는 삶을 이어가는 생명이다. 그만큼 삶의 자세와 태도를 가늠하는 소중한 기준이다. 너무 나아가거나 너무 물러나는 일에 대해 절제하는 것이 생활 안정에 필요하다. 절은 지나치게 고집을 부리는 '옹고집'이라는 뜻도 담겨 있다. 그래서 무조건 이로운 특성만을 지닌 것은 아니다. 절제가 지나침으로 인해 뒤떨어지면 오히려 자신의 삶을 쪼그라들게 만드는 결과를 낳는다. 강물도 오래 머물러 있으면 썩는 법! 때와 장소에 따라 신속하게 흘러 보내고 다시 받아들여야 한다. 이런 이치나 원리가 삶에도 필요하다.

절제는 모든 일에 적용되어야 한다. 절제되지 않은 채 일단 나아가게 되면 일이 원만치 못하다. 오류가 생기고 좌절을 겪는다. 일상에서 우리의 생명과 가장 가까운 음식을 보면, 절제하지 못했을 때 과음 과식을 저지른다. 일이 지나치면 피로를 느끼고 쓰러지기 쉽다. 대인관계에서도 지나친 친절이나 겸손은 오히려 자신을 약하게 만든다. 이 모든 무절제의 상황은 호소할 곳 없는 슬픔을 가져온다.

현재 자신의 처지가 이 괘에 해당하는 경우, 일상생활에서 절도와 절제, 그리고 절약 등, 행위의 마디마다 그 기준을 깊이 고민해야 한다. 어떤 경우이건 사람은 절도를 지키지 않고, 절제하지 않으면 파멸하기 쉽다. 아무리 기쁠지라도 정도에 맞지 않으면 향락으로 빠지고, 아무리 슬플지라도 적절하게 조절해나가면, 행복한 삶을 회복할 수 있다.

61. 중부(中孚☲): 진정한 믿음

☴ 巽上
兌下

위 괘는 손(巽☴ 風)이고 아래 괘는 태(兌☱ 澤)다.
이에 '풍택중부(風澤中孚)'라고 한다.

괘의 뜻

중부[中孚☲ 진정한 믿음]는 돼지와 물고기에게까지 영향을 미칠 정도로 좋다. 큰 냇물을
건너는 것이 이롭다. 곧게 행동하는 것이 이롭다. (中孚, 豚魚吉. 利涉大川. 利貞.)

아래위로 두 개의 양의 기운이 있고 가운데 두 개의 음의 기운이 있는 형상이다.
인간사회의 계층 가운데 가장 큰 규모인 중간층의 일반적인 상황을 일러준다. 진
실한 마음에서 우러나오는 믿음이 삶의 중추라는 말이다. 진정한 믿음은 돼지나
물고기와 같은 짐승도 감명을 받고 그들에게도 소통된다. 그것을 바탕으로 하면
냇물을 건너 멀리 있는 사람에게 영향을 미치러 가도 아무 탈이 없다. 마음을 바
르게 가지면 더욱 이로울 뿐이다.

중부(中孚☲)의 모습을 보면, 위 괘는 손(巽☴)이고 아래 괘는 태(兌☱)다. 손(巽

≡)은 바람[風]을 나타내고 태(兌≡)는 연못[澤]을 상징한다. 때문에 이 괘를 '풍택중부(風澤中孚)'라고 한다. '중부(中孚)'에서 '중(中)'은 적절하거나 알맞게 처리하는 마음을 뜻하고, 부(孚)는 글자 그대로 보면 '새가 발톱 사이에서 새끼를 까는 것[爪+子]을 상징한다. 이는 마음으로 사랑과 정성을 다하여 돌보는 상황이다. 참되고 신뢰가 있음을 의미한다. 그러므로 '중부'는 '마음으로 믿고 성실한 것'과 상통한다. 바람이 연못 위에 불어 잔잔하게 물결을 일으키듯이, 윗사람이 아랫사람에게 영향을 미치는 형상이다.

중부(中孚☲)가 절(節☳) 다음에 자리하는 논리적 이유는 의미상 아래와 같이 설명된다. 앞에 자리한 절괘는 절제를 상징하며 조절하는 작업을 의미했다. 절도를 지켜 믿을 수 있다. 때문에 성실하고 신뢰를 상징하는 중부괘로 받았다. 절제란 행위를 조절하여 과도하게 넘치지 않게 하는 일이다. 절도 있는 행위다. 이는 믿음이 있은 뒤에야 행할 수 있다. 그러므로 윗사람이 믿음을 가지고 지킬 수 있다면, 아랫사람들이 신뢰하면서 따른다. 윗사람들이 절도를 지키면 그만큼 아랫사람들이 믿게 된다.

괘의 모양은 바람[巽≡: 風]이 위에 있고 연못[兌≡: 澤]이 아래에 자리한다. 연못 위에서 바람이 불고, 물속에서 감동하는 형국이다. 위아래 두 괘의 형상을 보면 위아래 괘의 가운데 효인 오효와 이효가 꽉 차 있는 양효(▬)이고, 괘의 전체적 형상을 보면 가운데의 삼효와 사효가 텅 비어 있는 음효(▪▪)다. 가운데가 텅 비어 있는 것은 믿음의 근본을 나타내고, 가운데가 꽉 차 있는 것은 믿음의 바탕을 상징한다.

효의 뜻

 초구(━): 헤아리면 좋다. 다른 마음을 가지면 편안하지 못하리라.(初九, 虞吉. 有它不燕.)

제1효는 정당한 자리를 차지하고 위로 육사와 호응한다. 세상일은 처음부터 일일이 헤아려나가면 실수가 적다. 반대로 헤아리지 않고 멋대로 마음을 가지면 그만큼 편안할 수 없다. 그것이 이치다.

 구이(━): 우는 학이 그늘에 있는데 그 새끼가 화답한다. 내가 좋은 술잔이 있으니 너와 함께 나누고 싶다.(九二, 鳴鶴在陰, 其子和之. 我有好爵, 吾與爾靡之.)

제2효는 음의 자리에 양으로 있어 정당하지 못하다. 그러나 가운데를 차지하여 그에 해당하는 덕성을 갖추고 있다. 또한 강한 양의 기운을 지니고 있어 그만큼 음의 기운과 합치할 수 있다. 어미 학이 새끼와 서로 응대하여 화합하며 지저귄다. 또한 좋은 술을 여러 사람이 함께 나누며 즐기니 화합하는 모습이다.

육삼(--): 적을 맞이했다. 어떨 때는 북을 치고 어떨 때는 그만두며, 어떨 때는 울고 어떨 때는 노래한다.(六三, 得敵. 或鼓或罷, 或泣或歌.)

제3효는 양의 자리에 음으로 있으니 정당하지 못하다. 그러면서 위로 상구와 호응한다. 전쟁터에서 적을 대치한 상황이다. 어떤 때는 북을 치며 공격하기도 하고, 어떤 때는 공격을 멈추고 소강상태를 유지한다. 또 어떤 때는 전투에서 져서 슬퍼하고, 어떤 때는 이겨서 환호성을 지르기도 한다.

 육사(--): 달이 거의 가득 찼다. 말의 짝을 잃어도, 잘못되는 일은 없다. (六四, 月幾望. 馬匹亡, 无咎.)

제4효는 정당한 자리에 있으면서 아래로는 초구와 호응하고 위로는 구오와 가까이 한다. 보름 직전인 14일 달밤에 왼쪽과 오른쪽에서 짝을 이루던 말 한 마리가 없어졌다. 말 한 마리를 잃었다고 해서 크게 잘못되는 일이 벌어지지는 않는다.

 구오(─): 믿는 것을 잡아 묶어 두듯이 해도, 잘못되는 일이 없다.(九五, 有孚攣如, 无咎.)

제5효는 정당한 가운데 자리에 있다. 아래의 구이와 호응하지는 않으나, 같은 양의 기운이라 함께 하려고 한다. 그만큼 진정으로 믿으므로 잡아 묶어 두듯이 하려고 한다. 그래도 크게 잘못되는 일은 없다.

상구(ㅡ): 새가 날개 짓하는 소리가 하늘로 올라간다. 곧게 하더라도 나쁘리라.(上九, 翰音登于天. 貞凶.)

제6효는 음의 자리에 양으로 있어 정당하지 못하다. 더구나 너무 높은 곳에 있어 위태롭다. 제대로 날지도 못하는 새가 날개 짓하며 우는 소리가 하늘을 찌르는 상황이다. 아무리 바르게 마음을 먹더라도 좋을 리 없다.

대비: 예방/치료의 배려

중부(中孚)는 마음 깊숙한 곳에서 우러나오는 믿음이다. 진실하고 진정한 신뢰를 의미한다. 간단하게 말하면 '성심껏' 또는 '성의껏'이라는 뜻이다. 돈어(豚魚)는 돈(豚)과 어(魚)로 나누어서 보면 '돼지'와 일반적인 '물고기'를 말한다. 하지만 한 단어로 보면 '돌고래'를 지칭한다. 돌고래는 바람에 몹시 민감하여 바람의 방향을 향해 입을 벌린다고 한다. 때문에 옛날부터 뱃사람들은 그것을 보고 바람의 방향이나 바람이 어느 정도 있는지 그 유무를 알아냈다. 바람을 향하는 돌고래처럼 인간도 서로가 마음을 다하여 민감하게 느끼고 협력할 필요가 있다. 물론 돼지나 물고기에 미칠 정도로 진실한 마음을 전할 수 있다면 더 이상 말할 것도 없다. 요즘은 다양한 반려동물을 통해 그런 믿음이 확인되기도 한다.

다른 사례로는 어미 새가 알을 품고 새끼를 까서 기르듯이 진실한 믿음도 있다. 줄탁동시(啐啄同時)라는 말처럼 어미 닭과 병아리 사이의 본능적 교감이 이런 믿음을 보여준다. 진정한 믿음이나 절대적 신뢰는 성의를 가지고 친화를 도모한다. 때문에 둘 이상의 관계에서 진행되는 교육이나 상담, 공동 작업에서 매우 중요하다. 무슨 일이건, 성심성의껏 해 나간다면 모든 일이 순조롭게 풀려나갈 것이다. 마음으로 믿어라! 내가 먼저 진정성을 보여라! 신뢰를 주라! 그리고 타자를 진정으로 믿어라! 그리하여 진정한 믿음으로 상호 소통하라!

현재 자신의 처지가 이 괘에 해당하는 경우, 신뢰 형성이 매우 중요하다. 자신의 발톱 아래에서 알을 까고 사랑과 정성으로 새끼를 돌보는 새처럼, 사람들 사이에 마음에서 우러나오는 신뢰를 형성해야 한다. 인간관계에서 믿음과 정성이 진정으로 전달되면 안 되는 일이 없다. 믿음은 성공의 담보다.

62. 소과(小過䷽): 조금 지나침

䷽
震上
艮下

위 괘는 진(震☳ 雷)이고 아래 괘는 간(艮☶ 山)이다.
이에 '뇌산소과(雷山小過)'라고 한다.

괘의 뜻

소과[小過䷽ː 조금 지나침]의 경우, 곧게 행동하는 것이 이롭다. 작은 일은 할 수 있지만
큰일은 할 수 없다. 나는 새가 소리를 남기는 데, 위로 오르는 것은 마땅하지 않고, 아래로
내려오는 것은 마땅하다. 그만큼 좋다.(小過, 利貞. 可小事, 不可大事. 飛鳥遺之音. 不宜
上, 宜下. 吉.)

어떤 일에 임하건 지나치게 하는 것보다는 모자라는 듯이 하는 것이 낫다. 그래야 시원
하게 처리될 수 있다. 그러나 언제나 마음은 바르게 가져야 한다. 일을 할 때도 처음부터
큰일을 하려고 덤벼들지 말라. 작은 일부터 차근차근 올라가는 것이 성공 확률이 높다.
허공을 나는 새가 소리 내어 울 때, 너무 높이 올라가기보다는 낮은 데로 내려와 지저귀
는 것이 좋다. 조금 모자라는 것 같을 때, 만족할 줄 아는 삶의 자세는 아주 괜찮다.

소과(小過䷽)의 모습을 보면, 위 괘는 진(震☳)이고 아래 괘는 간(艮☶)이다. 진(震☳)은 우레[雷]를 나타내고 간(艮☶)은 산[山]을 상징한다. 때문에 이 괘를 '뇌산소과(雷山小過)'라고 한다. '소과(小過)'는 문자 그대로 '조금 지나치다'라는 말이다. 산 위에 우레가 있어 평소 때보다 소리가 조금 시끄러운 형상이다.

소과(小過䷽)가 중부(中孚䷼) 다음에 자리하는 논리적 이유는 의미상 아래와 같이 설명된다. 앞의 중부괘는 성실하고 신뢰를 상징하는데, 믿음을 가지고 있는 사람은 반드시 행동을 하게 된다. 믿음으로 실천하다 보면 그 행동이 좀 지나칠 수 있다 그러므로 조금 지나침을 상징한 소과괘로 이어 받았다. 괘의 형상을 보면, 음효(--)가 양효(—)에 비해 많다. 음효가 많다는 것은 소인의 무리가 지나치게 득세하여 군자가 빛을 발하지 못하는 형국이다.

괘의 모양은 우레[震☳: 雷]가 위에 있고 산[艮☶: 山]이 아래에 자리한다. 산 위에 우레가 있는 형국이다. 우레가 높은 곳에서 진동하면 그 소리가 과도하므로 지나치다고 했다. 또한 음효가 존귀한 자리에 있고, 양효가 제자리를 얻지 못했으므로, 작은 것이 과도한 상황이다.

효의 뜻

 초육(--): 나는 새이니, 나쁘리라.(初六, 飛鳥, 以凶.)
제1효는 양의 자리에 음효로 있어 정당하지 못하다. 그러나 위로 올라가 구사와 호응한다. 날아가는 새가 너무 위로 올라가려고 하므로 좋지 않다.

육이(--): 할아버지를 지나치고 가서 할머니를 만난다. 군주에게 미치지 않고, 신하의 도리에 합당하다. 그래도 잘못을 저지르는 일은 없다.(六二, 過其祖, 遇其妣. 不及其君, 遇其臣. 无咎.)

제2효는 정당하면서도 가운데 자리에 있다. 위로 호응은 없으나, 구오가 같은 음의 기운을 지니고 있어 함께 하려고 한다. 그러면서 바로 위의 구삼이나 구사와는 가까이 하려 들지 않는다. 할아버지가 있는 곳을 지나 할머니를 만나보고, 임금을 가까이 하지 않고 신하를 만나본다. 그래도 크게 잘못되는 일은 없다.

 구삼(一): 지나치게 방비하도록 만들지 않는다. 그러면 따라와서 간혹 해친다. 나쁘다.(九三, 弗過防之. 從或戕之. 凶.)

제3효는 정당한 자리에서 위의 상육과 호응한다. 도둑이 들어 왔는데도 너무 막지 않아 도리어 해를 당한다. 도둑은 반드시 막아 내야 한다.

구사(一): 잘못되는 일은 없다. 지나치게 만나도록 만들지 않는다. 그대로 가면 위태롭고 반드시 경계해야 한다. 오래도록 곧음을 쓰지 말아야 한다.(九四, 无咎. 弗過遇之. 往厲, 必戒. 勿用永貞.)

제4효는 음의 자리에 양으로 있어 정당하지 못하다. 하지만 아래로 초육과 호응하고, 위 괘의 맨 아래에서 강한 양의 기운으로 있어 별 탈은 없다. 너무 강하지 않게 처신하면서 올라가지 않는 것이 좋다. 가면 위태롭다. 오히려 아래로 내려가는 것이 좋다. 항상 자신을 경계하여 높은 사람을 만나지 않도록 애쓰면 오래토록 마음이 바르게 될 것이다.

육오(--): 빽빽하게 구름이 모였지만 비가 내리지 않는다. 나의 서쪽 교외로부터 왔기 때문이다. 공이 저 구멍에 있는 것을 쏘아서 잡는다.(六五, 密雲不雨, 自我西郊. 公弋取彼在穴.)

제5효는 양의 자리에 음으로 있어 정당하지 않다. 아래로 호응도 없다. 대신, 아래 구사의 양의 기운을 타고 있다. 구름이 빽빽하게 모여 공중에 떠 있으나 비를 내리지 못한다. 서쪽에 있던 문왕이 아무리 풍운을 일으켜도 주(紂)임금과 전쟁을 치르지는 않는다. 아직은 때가 무르익지 않았고, 현명한 사람들을 더 많이 얻어야 하기 때문이다.

상육(--): 만남이 지나치게 되도록 하지 않는다. 날아가는 새의 무리가 서로 떨어지는 듯하니, 그만큼 나쁘다. 이를 재앙이라 하리라.(上六, 弗遇過之. 飛鳥離之, 凶. 是謂災眚.)

제6효는 정당한 자리에 있으나 지나치게 떨고 있다. 아래 구삼과 호응하지만 제대로 만나지도 못하고 그냥 지나간다. 만나야 할 신하를 만나지 못하고 지나가므로, 협조자를 구하지 못한 꼴이다. 새가 무리지어 날지 못하고 공중에서 붕 떠 있는 것 같다. 소득이 없다. 아주 나쁜 상황이다. 거의 재앙 수준이다.

대비: 예방/치료의 배려

소과(小過)는 '조금 지나치다'는 뜻이다. 조금 지나침이 있는 경우, 올바르게 자기를 지키고 작은 일에는 적절히 대처한다. 하지만 큰 책임을 지기는 위험하다. 조금 지나치지 않고 너무 지나친 경우는 역효과가 난다. 예를 들어 새가 너무 높이 날아가다 해가 져서 돌아오는 길을 잃는 격이다. 어떤 일에서건 너무 교만한 태도보다는 조금 지나친 겸허한 편이 훨씬 효과적이다. 상대에게 비굴할 만큼 저자세로 나가는 것이 오히려 좋을 수 있다.

옛날 사람들은 문 앞에 병졸이 서 있는 모습을 연출하며 재난을 피해왔다. 이런 모습이 바로 '조금 지나치다'는 뜻이다. 모든 일에 도를 지나쳐서 행하지 말라. 다시 경계한다. 도를 지나치지 말라! 무슨 일을 하건 너무 몰두하면 시기를 놓치기 쉽다. 부담이 무거우면 다른 사람과 마찰을 일으키기 쉽다. 상대도 자기에게서 떠나가고 자기도 상대를 거부하는 현상이 발생한다. 서로 의사가 통하지 않는다. 너무 지나치지 말라!

현재 자신의 처지가 이 괘에 해당하는 경우, 소인배들의 득세로 말미암아 아주 곤란한 지경에 이르렀다. 가능한 한 문제를 크게 만들지 않고, 행동을 삼가라. 인내로써 그 위험이 잦아들기를 기다릴 필요가 있다.

63. 기제(旣濟䷾): 이미 이루어짐

䷾ 坎上
離下

위 괘는 감(坎☵ 水)이고 아래 괘는 리(離☲ 火)다.
이에 '수화기제(水火旣濟)'라고 한다.

괘의 뜻

기제[旣濟䷾ 이미 이루어짐]는 조금 형통한 상황이다. 곧게 행동하는 것이 이롭다. 처음에는 좋고 끝에는 혼란스럽다.(旣濟, 亨小. 利貞. 初吉, 終亂.)

일이 이미 이루어졌다는 것은 형통한 상황이 작다는 말이다. 이런 경우, 크게 형통하려면 마음을 바르게 가져야 좋다. 처음에는 좋지만 나중에는 어지러워질 수 있기 때문이다.

　기제(旣濟䷾)의 모습을 보면, 위 괘는 감(坎☵)이고 아래 괘는 리(離☲)다. 감(坎☵)은 물[水]을 나타내고 리(離☲)는 불[火]을 상징한다. 때문에 이 괘를 '수화기제(水火旣濟)'라고 한다. '기제(旣濟)'는 어떤 일이 '이미 이루어졌다'는 말이다. 불 위에 물이 있으므로 불이 제대로 꺼지는 상황으로, 물과 불의 역할과 기능이 그 속성에 맞게 이행된다. 효의 자리를 보아도 아래위의 음양이 제대로 호응하고 가까이에서 친밀하게 지내고 있어 모든 일이 잘 이루어진 형국이다.

기제(既濟☲☵)가 소과(小過☳☶) 다음에 자리하는 논리적 이유는 의미상 아래와 같이 설명된다. 소과괘는 행동이 지나쳐 조금 과도함을 상징한다. 지나친 일이 있으면 반드시 문제를 해결하려고 노력하기 때문에, 성취를 상징하는 기제괘로 받았다. 어떤 일이건 지나치면, 평상시처럼 절도를 지키려고 나아가려는 일상의 회복을 꿈꾼다.

괘의 모양은 물[坎☵: 水]이 위에 있고 불[離☲: 火]이 아래에 자리한다. 물이 불 위에 있어 물과 불이 서로 교류하면서 각각의 역할을 한다. 제 각기 그 쓰임을 담당하므로 어떤 일이건 성취할 수 있다. 그리하여 기제괘는 세상의 모든 일이 성취된 때다.

효의 뜻

초구(一): 수레바퀴를 끌며, 꼬리를 적신다. 잘못을 저지르는 일은 없으리라.(初九, 曳其輪, 濡其尾. 无咎.)

제1효는 정당한 자리에서 위의 육사와 호응한다. 그러나 앞으로 나아가지는 않는다. 수레를 뒤에서 끌고 여우가 꼬리를 적시는 것은 위험한 곳으로 나아가지 않는 상황이다 그러므로 잘못되는 일은 없다.

육이(--): 부인이 그 가리개를 잃었다. 쫓아가지 않으면, 7일 만에 얻는다.(六二, 婦喪其茀. 勿逐, 七日得.)

제2효는 정당하면서도 가운데 자리를 차지하고 위로 구오와 호응한다. 머리에 쓰는 가리개를 잃어버린 부인이 그것을 찾고 있다. 위의 오효와 호응하는 만큼, 그것은 찾지 않아도 7일 만에 다시 돌아오게 마련이다.

 구삼(-): 고종이 귀방을 정벌하여, 3년 만에 이겼다. 소인은 쓰지 말아야한다.(九三, 高宗伐鬼方, 三年克之. 小人勿用.)

제3효는 정당한 자리에서 위로 상육과 호응한다. 은나라 고종이 북방의 여러 나라를 정벌한 뒤 3년 만에 겨우 평정했다. 이제 백성들을 안정시키고 교화하는 시기이므로, 단순하게 무력만을 쓰는 소인을 등용해서는 안 된다. 현명한 사람을 인재로 모셔야 한다.

 육사(--): 물에 젖어 헌옷을 마련했다. 종일토록 경계한다.(六四, 繻有衣袽. 終日戒.)

제4효는 정당한 자리에서 아래 초구와 호응한다. 낡아서 헤진 옷을 입고 있는 사람이 종일토록 경계하는 상황이다.

■■ 구오(━): 동쪽 이웃에서 소를 잡아 성대히 제사지내는 것이, 서쪽 이웃에서 검소한 제사를 지내는 것만 못하다. 실제로 그 복을 받는다.(九五, 東鄰殺牛, 不如西鄰之禴祭. 實受其福.)

제5효는 정당하면서도 가운데 자리를 차지하고, 아래 육이와 호응한다. 동쪽 은나라의 주(紂)임금이 소와 돼지를 잡아 놓고 성대하게 제사를 지낸다. 하지만 이 난잡한 제사에는 별 정성이 들어가지 않았다. 서쪽 주나라의 문왕은 소박하지만 정성을 다하여 제사를 지낸다. 문왕의 소박하지만 정성어린 제사에 신이 감동하여, 큰 복을 줄 것이다.

■■ 상육(- -): 머리를 적시는 일이다. 그만큼 위태롭다.(上六, 濡其首. 厲.)

제6효는 가장 높은 자리에서 아래 구삼과 호응한다. 여우가 물을 건너다가 머리가 빠졌다. 여우의 생명이 위태롭다. 어느 정도 일이 성취되었는데, 더 큰 욕심을 부려서는 곤란하다. 헤어날 수 없는 지경에 이를 수 있다.

대비: 예방/치료의 배려

기제(旣濟)는 '이미 이루어지다' '모두 이루어졌다'는 의미다. 즉 일이 이미 성취된 때다. 모두 이루어진 후, 정리 정돈을 하는 시기다. 때문에 일상의 작은 일이 성취되고 완성되는 것을 헤아려보는 데는 아주 유용한 형상이다. 중요한 것은 성취한 만큼의 현상유지다. 더 이상 욕심을 부리면 성취한 것조차 일그러지기 쉽다.

기제(旣濟)를 보면 괘 전체의 구성에서, 음과 양이 잘 조화되어 있다. 바른 위치에서 완성된 모양을 갖추었다. 온전하게 정상적인 것이 오히려 위태롭다. 세상일은 끊임없이 바뀐다. 진보적으로 순환한다. 그러므로 항상 좋은 일만 계속될 수는 없다. 어찌 보면 현상을 유지하는 것 자체도 큰 어려움이다. 때로는 모험도 필요하지만 그만큼 위험이 따르는 큰 사업은 삼가는 것이 좋다. 처음에는 호조를 띠는 듯하다. 하지만 얼마 지나지 않아 시들 수 있다. 지속성을 고민해야 한다는 의미다. 한마디로 말하면, 일이 이미 성취된 후, 성공한 후에 영속성은 존재하지 않는다! 지속적 성공은 정말 어렵다!

현재 자신의 처지가 이 괘에 해당하는 경우, 자신에게 딱 맞는 제자리를 차지하고 있다. 인생에서 가장 왕성한 기운을 받고 있다. 사업은 번창하고, 확고한 기반이 다져지는 때다. 이럴 때일수록 자신이 진행하는 사업을 외부로 확장해 나가기보다, 내부의 충실을 다지며 성찰의 시간을 가질 필요가 있다.

64. 미제(未濟☲☵): 아직 이루어지지 않음

☲ 離上
  坎下

위 괘는 리(離☲ 火)고 아래 괘는 감(坎☵ 火)이다.
이에 '화수미제(火水未濟)'라고 한다.

괘의 뜻

미제[未濟☲☵ 아직 이루어지지 않음]는 형통한 상황이다. 어린 여우가 냇물을 건너는데, 그 꼬리를 적셨다. 그만큼 이로울 게 없다.(未濟, 亨. 小狐汔濟, 濡其尾. 无攸利.)

아직 온전하게 채 이루지 못한 일은 어떤 측면에서건 가능성을 남겼다. 그만큼 통하게 마련이다. 통할 수 있는 상황을 예비한다. 어린 여우가 냇물을 거의 다 건너갔을 때 꼬리를 적시고 만다. 그 꼴을 보니 어떤 이로움도 없을 것 같다. 조심하라!

미제(未濟☲☵)의 모습을 보면, 위 괘는 리(離☲)고 아래 괘는 감(坎☵)이다. 리(離☲)는 불[火]을 나타내고 감(坎☵)은 물[水]을 상징한다. 때문에 이 괘를 '화수미제(火水未濟)'라고 한다. '미제(未濟)'는 어떤 일이 '아직 이루어지지 않음'을 말한다. 물 위에 불이 있으므로, 물이 불을 끄지도 못하고 불이 제대로 타오르지도 못하는 상황이다. 불과 물의 역할과 기능이 그 속성에 맞게 이행되지 않는다. 효의 자리를 보면 음양이 호응은 하고 있으나 제자리에 있지 못해 일이 온전하게 이루어지지 않은 형국이다.

미제(未濟䷿)가 기제(既濟䷾) 다음에 자리하는 논리적 이유는 의미상 아래와 같이 설명된다. 기제괘는 성취를 상징하는 데, 어떤 일도 온전하게 성취하는 데서 끝날 수는 없다. 그러므로 아직 온전하게 이루어지지 않은 미완성을 상징하는 미제괘로 받아서 주역의 64괘를 마쳤다. 어떤 일을 성취했다는 것은 하나의 사안이 끝났다는 뜻이다. 어떤 사안이 종료되었는데 다른 사안으로 바뀌지 않으면, 세상일은 멈추어 버린다. 더 이상의 진전, 진보는 없다! 역사는 진보한다. 인생은 나아간다. 역(易)은 변화와 조화를 통해 지속되고, 끝나지 않으므로, 기제괘 다음에 미제괘로 받아서 마쳤다. 성취를 이루지 않았다면 끝나지 않은 것이다. 때문에 끝나지 않았다면 살리고 또 살리려는 뜻을 품는다.

괘의 모양은 불[離☲: 火]이 위에 있고 물[坎☵: 水]이 아래에 자리한다. 불이 물 위에 있는 형상이어서 제대로 상호작용을 하지 못하므로 미완성이다. 음효와 양효가 모두 제자리를 얻지 못하고 있어, 일이 이루어지지 않는다. 그만큼 제자리 찾을 날을 기다리며, 현실의 우환을 견디고 있는 상황이다.

초육(--): 꼬리를 적셨다. 부끄러우리라.(初六, 濡其尾. 吝.)

제1효는 양의 자리에 음으로 있어 정당하지 못하다. 그러나 위로 구사와 호응하여 올라가려 하지만, 바로 위의 구이가 타고 있다. 여 우가 물을 건너가며 꼬리를 적셔 창피한 꼴이다. 부끄러움을 피할 길이 없다.

 구이(一): 수레바퀴를 끌고 있다. 조심하며 곧게 행동하면 좋다.(九二, 曳 其輪. 貞吉.)

제2효는 음의 자리에 양으로 있어 정당하지 못하다. 그러나 위로 부드러운 육오의 음의 기운과 호응한다. 그런 만큼 급하게 달리려 는 수레바퀴를 잡아당겨 천천히 가게 하는 상황이다. 마음을 바르 게 하니 더욱 좋다.

 육삼(--): 아직 이루어지지 않은 때 정벌을 나가면 나쁘다. 큰 냇물을 건 너는 것은 이롭다.(六三, 未濟, 征凶. 利涉大川.)

제3효는 양의 자리에 음으로 있어 정당하지 못하다. 그러나 위로 강 력한 양의 기운인 상구와 호응한다. 아직 준비가 다 되지도 않았는 데 군사를 일으켜 정벌을 나가는 것은 아주 위험하다. 패배할 가능 성이 높다. 그러나 상구의 강력한 힘이 지원하고 있으므로 큰 냇물 을 건너가도 크게 잘못되는 일은 없다. 오히려 좋을 수 있다.

구사(━): 곧게 행동하면 좋다. 뉘우침이 없어진다. 떨쳐 일어나 귀방을 정벌하고, 3년이 지나 큰 나라에 상을 내린다.(九四, 貞吉. 悔亡. 震用伐鬼方, 三年有賞於大國.)

제4효는 음의 자리에 양으로 있어 정당하지 못하다. 그러나 아래로 초육과 호응한다. 위로는 육오와 가까이 한다. 원래 소인이 있을 자리인데 강한 힘을 가진 충성스런 신하가 북방의 나라를 정벌한다. 마음을 바르게 가져야 좋아지고 점차로 후회도 없어진다. 힘써 싸운 지 3년이나 걸린 후에, 세상을 어느 정도 안정시켜 가면서 공로를 세운 사람들에게 나라에서 상을 준다. 그것이 기본 예의다.

 육오(━━): 곧게 행동하면 좋으면서도 뉘우침이 없다. 군자의 빛에 믿음이 있으므로 그만큼 좋다.(六五, 貞吉, 无悔. 君子之光, 有孚吉.)

제5효는 양의 자리에 음으로 있어 정당하지 못하다. 그러나 가운데 자리를 차지하여 그만큼의 덕성이 있고, 아래로 구이와 호응한다. 덕망 있는 군자의 교화에 감동을 받아 신뢰가 높아진다. 사람들의 마음이 바르게 되고 후회가 없어지면서 더욱 좋아진다.

상구(一): 믿음이 있으면 술을 마셔도, 잘못되는 일이 없다. 머리를 적시면 믿음이 있어도, 옳음을 잃으리라. (上九, 有孚于飮酒, 无咎. 濡其首, 有孚失是.)

제6효는 음의 자리에 양으로 있어 정당하지 못하다. 그러나 가장 높은 곳에서 아래로 육삼과 호응한다. 술을 함께 마셔도 서로 신뢰가 형성되면, 크게 잘못되는 일은 없다. 그러나 술을 지나치게 많이 마셔, 물에 빠진 여우가 머리를 적시는 것처럼 행동하면, 아무리 신뢰가 있다 하더라도 올바르지 못하게 된다. 신뢰는 적절한 행동, 정당한 행위, 바른 마음가짐에서 자연스럽게 형성되어 우러나온다.

대비: 예방/치료의 배려

미제(未濟)는 '아직 이루어지지 않은' 미완성을 뜻한다. 미완성이므로 새로운 시작이 되고, 다시 '번영'으로 나아갈 수 있다. 미완성임에도 형통할 수 있다는 것은 분발하고 노력함으로써 일을 성사시킬 수 있다는 말이다. 그만큼 가능성의 영역이 존중된다. 새끼 여우의 경우, 처음에는 의기양양하게 물을 건너간다. 하지만 아직 어린 탓에 냇물을 건너는 능력이 부족하다. 실력이 제대로 갖춰지지 않았다. 그러기에 마지막 한걸음을 남기고 꼬리를 적시고 만다. 때문에 어떤 일을 하건, 마지막에 가서 좌절하지 않도록 주의를 기울여야 한다. 이른바 '유종의 미'를 고려하라!

미제(未濟)는 앞의 기제(旣濟)와는 괘가 반대로 구성되어 있다. 음양이 균형을 이루고는 있으나, 위치는 정반대다. 그만큼 기제에 비해 유리한 입장에 서지 못한다. 정당한 자리에서 성취하지 못하고, 정당하지 못한 자리에서, 정당하게 만들어가는 노력을 감행해야 한다. 그것이 미제괘의 단점이자 한계이면서 동시에 장점이자 가능성이다. 완성된 상황이 아니라, 완성이 뒤집어진 미완성의 사태! 뒤집어지고 정당한 자리에 있지 못하므로, 노력에 따라 앞날이 새롭게 열린다. 이때 무엇보다도 자신의 내부에 어떤 약점이 있는지 인식할 필요가 있다.

현재 자신의 처지가 이 괘에 해당하는 경우, 아직 이루어지지 않은, 미완성의 형국에 처해 있으므로, 때가 올 때까지 무리하지 말고 인내심을 발휘해야 한다. 아직 이루어지지 않았다는 말은 '미래에 이루어질 때가 있다'는 뜻을 내포한다. 즉 현재의 난관을 극복하고 일어설 날이 있음을 함축한다. 아직 이루어지지 않음을 존중하자. 그것은 또 다른 의미의 희망이다. 삶의 축복이다. 살아가야 할 이유다. 조용히 노력하며 미래를 예비하라!

참고문헌

『周易傳義大全』
『說文解字』

김경탁(역저), 『주역』, 명문당, 2011.
김기현, 『주역, 우리 삶을 말하다』(상·하), 민음사, 2016.
김석진, 『주역전의대전역해』(상·하), 대유학당, 1996.
남동원, 『주역해의』(Ⅰ·Ⅱ·Ⅲ), 나남출판, 2001.
노태준(역해), 『주역』, 홍신문화사, 1978.
신창호, 『유교의 교육학 체계』, 고려대학교출판부, 2012.
신창호, 『배려』, 고려대학교출판문화원, 2016.
왕부지/김진근(옮김), 『주역내전』(전6책), 학고방, 2014.
왕필/임채우(역), 『주역 왕필 주』, 길, 2006.
이광지/신창호(책임역주), 『주역절중』(전12책), 학고방, 2018.
이기동(역해), 『주역강설』, 성균관대출판부, 2006.
정병석(역주), 『주역』(상·하), 을유문화사, 2010/2011.
정이천/심의용(옮김), 『주역』, 글항아리, 2015.
한국주역대전편찬실, 『한국주역대전』(전14책), 학고방, 2017.

今井宇三郎, 『易經』(上·下: 新釋漢文大系23·24), 東京: 明治書院, 1988.
魯衛賓, 『易經的人生 64個感悟』, 臺北: 廣達文化, 2015.
鈴木由次郎, 『易經』(上·下: 全釋漢文大系9·10), 東京: 集英社, 1975.
默識 編, 『周易集義』(上經·下經), 杭州: 西泠印社出版社, 2016.
富山房編輯部, 『周易』(漢文大系16), 東京: 富山房, 1977.
孫暎達·楊亦鳴, 『「六十四卦」中的人生哲理与谋略·『易经』对话录』, 北京: 社会科学文献出版社, 2016.
金景芳·呂紹綱, 『周易全解』, 長春: 吉林大学出版社, 1989.
徐子宏, 『周易全译』, 贵阳: 贵州人民出版社, 1991.
李道平 撰(清), 『周易集解纂疏』, 北京: 中華書局, 1994.
李鼎祚 撰(唐), 『周易集解』, 北京: 中華書局, 2016.

朱駿聲 著(清),『六十四卦經解』, 北京: 中華書局, 2013.

陈博文·王沫编,『易经的知慧』, 长春: 吉林出版社, 2010.

黃壽祺·張善文,『周易譯注』, 北京: 中華書局, 2016.

Alfred Huang, *I CHING(易經)*, Vermont: Inner Traditions Bear & Company, 1998.

James Legge, *The I Ching*, New York: Dover Publications, 1963.

W.A.Sherrill & Wen Kuen Chu, *An Anthology of I Ching*, London: Routledge & Kegan Paul, 1977.

高樹藩 編纂,『正中形音義綜合大字典』, 臺北: 正中書局, 1974.

김승동,『易思想辭典』, 부산대학교출판부, 2006.

신창호申昌鎬

현재 고려대학교 교육학과 교수로 재직 중이다.

고려대학교에서 교육학과 철학을 공부하고 한국학중앙연구원 한국학대학원 석사과정에서 철학을 연구하였으며, 고려대학교 대학원에서 '『중용(中庸)』의 교육철학'을 연구하여 박사학위를 취득하였다. 경희대학교 교수를 거쳐 고려대학교로 옮긴 후, 고려대학교 입학사정관실장 및 교양교육실장을 역임하였고, 현재 교육문제연구소장을 맡고 있다. 학회 활동으로는 한국교육사학회 편집위원장, (사)창조교육학회 부이사장, 한국교육철학학회 회장, 한국죽음교육학회 회장, 한중철학회 회장 등을 맡아, 교육학과 동아시아철학 관련 학술단체에서 봉사하고 있다.

논문으로는 「중용 교육사상의 현대적 조명」(박사논문)을 비롯하여 100여 편이 있고, 저역서로는 『교육과 학습』, 『수기(修己), 유가 교육철학의 핵심』, 『유교의 교육학 체계』, 『율곡 이이의 교육론』, 『함양과 체찰−퇴계의 공부법』, 『정약용의 고해−자찬묘지명』, 『정조책문』, 『논어의 지평』, 『맹자』, 『한글 사서(四書)』, 『공자평전』(역), 『노자평전』(공역), 『관자』(공역), 『주역절중』(책임역주) 등 50여 권이 있으며, 저서 가운데 여러 편이 대한민국학술원 우수학술도서 및 세종학술도서로 선정되었다.

대학(원)에서는 배려의 철학, 동서양 고전, 교육철학사상 등을 강의하면서 후학을 양성하고, 동서양 고전의 현대적 독해에 관심을 두고 연구에 매진하고 있다. 10여 년 전부터는 시민들을 대상으로 매주 무료 교양강좌(동양고전강독)를 진행하며 세상에 진 학문의 빚을 갚고 있다.

주역 64괘 384효의 본질 우환(憂患)의식, 예방과 치료의 배려 미학

2019년   2월 15일 초판 1쇄 발행
2021년 11월 10일 초판 2쇄 발행

지은이 신창호

펴낸이 한정희
편집·디자인 김지선 유지혜 한주연 박지현 이다빈
마케팅 전병관 유인순 하재일

펴낸곳 역사인
출판신고 제313-2010-60호(2010년 2월 24일)

주소 경기도 파주시 화동길 445-1 경인빌딩 B동 4층
대표전화 031-955-9300 ㅣ 팩스 031-955-9310
홈페이지 www.kyunginp.co.kr ㅣ 전자우편 kyungin@kyunginp.co.kr

ISBN 979-11-86828-13-7 03150
값 22,000원